本书为国家社会科学基金青年项目"移情伦理研究"
(批准号：15CZX051) 研究成果

移情伦理研究

陈张壮 著

YIQING LUNLI YANJIU

苏州大学出版社
Soochow University Press

图书在版编目(CIP)数据

移情伦理研究／陈张壮著. --苏州：苏州大学出版社，2023.9
ISBN 978-7-5672-4546-4

Ⅰ.①移… Ⅱ.①陈… Ⅲ.①德育－移情作用 Ⅳ.①G410

中国国家版本馆 CIP 数据核字(2023)第 174120 号

书　　名：	移情伦理研究
著　　者：	陈张壮
责任编辑：	史创新
出版发行：	苏州大学出版社（Soochow University Press）
社　　址：	苏州市十梓街1号　邮编：215006
印　　装：	江苏凤凰数码印务有限公司
网　　址：	www.sudapress.com
邮　　箱：	sdcbs@suda.edu.cn
邮购热线：	0512-67480030
销售热线：	0512-67481020
开　　本：	700 mm×1 000 mm　1/16　印张：16.75　字数：301 千
版　　次：	2023 年 9 月第 1 版
印　　次：	2023 年 9 月第 1 次印刷
书　　号：	ISBN 978-7-5672-4546-4
定　　价：	58.00 元

凡购本社图书发现印装错误，请与本社联系调换。服务热线：0512-67481020

CONTENTS 目录

引 言

第一章 移情伦理概述
第一节 移情伦理界定 / 1
第二节 移情伦理要解决的问题 / 10
第三节 移情伦理的特征或优势 / 24

第二章 移情伦理的心理学基础
第一节 移情的含义 / 33
第二节 移情的唤起方式 / 39
第三节 移情的认知功能和规范功能 / 48

第三章 移情伦理的价值论
第一节 "自我中心"在移情中的表现 / 60
第二节 自我中心(关涉自我)与关涉他人的关系 / 73
第三节 自我中心的本质 / 87

第四章 移情伦理的行为论
第一节 行为选择的过程 / 94
第二节 移情基础上的行为理由 / 104
第三节 同情无法成为行为选择依据的原因分析 / 116

第五章 移情伦理的尊严论
第一节 "向他人提出要求"的心理过程 / 127

第二节　作为道德性自利的尊严　/ 138

第六章　移情伦理的第二人立场
第一节　传达权威性要求的反应态度　/ 159
第二节　作为平等责任的道德　/ 165
第三节　以尊重的方式要求尊重　/ 171

第七章　移情伦理对陌生人社会和道德教育的意义
第一节　规范陌生人社会中的主体行为　/ 179
第二节　移情对道德教育的意义　/ 190

第八章　基于移情伦理理解"人类命运共同体"
第一节　人类命运共同体的道德目标　/ 202
第二节　人类命运共同体的道德规范　/ 206
第三节　推动构建人类命运共同体的中国实践　/ 212

参考文献　/ 218

引 言

一、问题缘起

"电车难题"似乎是一个很难解决的思想实验题,伦理学家们试图给出自己的解释,以驳斥其他理论在解决这一难题时的不同回答或同一回答的不同论证。电车难题由英国哲学家菲莉帕·富特首先提出,后由美国哲学家朱迪思·贾维斯·汤姆森加以发展,说的是这样的一种情形:你是一个扳道工,某天工作时间,一列失去控制的电车沿着铁轨疾驰而来,在电车前进的方向,有五名修路工人在铁轨上施工。如果不采取任何措施,则电车会撞死这五名工人;如果你扳动道岔,将电车引至侧线,那么电车会撞死侧线上工作的一名工人。这时,你会怎样选择?是作为一名旁观者,无动于衷,将一切交给命运,还是扳动道岔,杀一而救五?后来,汤姆森又对电车难题加以发展:你站在一座跨越电车轨道的天桥上,天桥下是一条直行铁轨,没有道岔,没有侧线。这时,一列电车飞驰而来,在电车运行的正前方,有五名修路工人在铁轨上施工,如果不采取任何措施,则电车会撞死这五名工人。你发现,要挽救这五个人的生命,唯一的办法就是在电车前投以重物,迫使电车停止。你身边唯一的、其重量足以迫使电车停止的,是与你一同站在天桥上的一个陌生的胖子。你是否应当将他推下天桥,从而挽救五名修路工人的生命?虽然很多人都曾质疑此类思想实验的价值,认为真实生活中的道德抉择虽然复杂得多,却没有电车难题这般牵强。不过,"正是因为此类思想实验的简洁性,可以帮助我们看清在更复杂的伦理问题中,我们是如何抉择的,或者应该如何抉择"①。显然,两个假设中的情形不同,但在某些方面同时考验着我们所做的选择是否正当,所依据的标准是否恰当,所进行的推理是否合理,而且,有时针对前一情形所做的分析可能无法通过后一情形的

---

① [美]托马斯·卡思卡特:《电车难题》,朱沉之译,北京大学出版社2014年版,第7页。

检验。

依据康德的义务论,"要只按照你同时认为也能成为普遍规律的准则去行动"①,我们对电车难题可以做出三种分析:第一,在前一种情形中,你扳动道岔可以救下五人,救人的行为毫无疑问可以成为普遍规律的准则,所以你应当扳动道岔。同样,在后一种情形中,你应当将陌生的胖子推下天桥。第二,在前一种情形中,你扳动道岔导致一名无辜工人死亡,杀人的行为毫无疑问不可以成为普遍规律的准则,所以你不应当扳动道岔。同样,在后一种情形中,你不应当将陌生的胖子推下天桥。第三,康德同时指出,"任何时候都不应把自己和他人仅仅当作工具,而应该永远看作自身就是目的"②。在前一种情形中,如果你扳动道岔,就是将一名工人当作挽救另外五名工人的工具,所以,你不应当扳动道岔。同样,在后一种情形中,你不应当将陌生的胖子推下天桥。或许有人会对第三种分析提出质疑,认为在前一种情形中,即使扳动道岔,也不是将那一名工人当作工具,只是他恰好出现在扳动道岔后火车前行的铁轨上,所以应当扳动道岔,显然,这样的解释不适用于后一种情形。

还有人对两种情形进行比较,指出其中的差异。认为在前一种情形中,如果扳动道岔,那你只是"预见"或"放任"一名工人将会死去;而在后一种情形中,如果你将陌生的胖子推下天桥,那你对胖子的死亡存在主观上的"故意"。换句话说,在前一种情形中,即使扳动道岔,你也不是在利用侧线上一名工人的死亡来挽救五名工人;而在后一种情形中,将胖子推下天桥则不然。这一区分是基于圣·托马斯·阿奎那提出的"双效原则"的一部分:一个本来符合伦理的行为,也许存在不良的副作用,但是绝不能以坏的手段来达成好的结果。按照圣·托马斯·阿奎那的主张,如果为达成善的目的而同时造成的结果是可以被允许的,那么必须满足四个条件:(1)该行为本身在道德上必须是善的,或至少不是恶的。(2)行为人不能主观希望恶的结果产生,但可以允许其产生。如果能够避免恶的结果而同样达成善的结果,他应当首先这样做。(3)善的结果与行为本身的关系,其直接程度必须等同或高于善的结果与恶的结果之间的关系。也就是说,善的结果必须是由这一行为直接造成的,而不是通过恶的结果间接造成的。否则,行为主体就

---

① [德]伊曼努尔·康德:《道德形而上学原理》,苗力田译,上海人民出版社2005年版,第39页。

② [德]伊曼努尔·康德:《道德形而上学原理》,苗力田译,上海人民出版社2005年版,第53页。

是以恶的结果为工具来达成善的结果,这是永远不被允许的。(4)善的结果是可取的,当且仅当其足以弥补恶的结果之恶。

依据上述一观点,在前一种情形中,如果将行为与结果相剥离,改变电车行进方向的行为在道德上无论如何都不是恶的,所以符合第一条件。任何人都不希望那一名工人死亡,但为了救下另外五名工人,我们只能"预见"并"允许"这一副作用的发生。可以认定,如果有办法不造成那一名工人死亡而同样能挽救五名工人,任何人都会那样做。条件二符合。如果扳动道岔,这一行为并不是先杀死那名工人,然后利用他的身体去制止电车。扳动道岔行为的直接结果是挽救了五名工人的生命,只是后来(虽然仅仅是几秒钟后),电车(而不是扳动道岔的行为)造成了那一名工人的死亡。条件三符合。挽救五名工人的善超过了失去一名工人的恶。符合条件四。所以,在前一种情形中,扳动道岔的行为是被允许的。而在后一种情形中,推胖子下天桥的选择却无法满足这四个条件:(1)杀死一名无辜者的行为本身不是善的,因此条件一不符合。(2)从表面上看,推胖子下天桥的行为存在致其死亡的主观故意。条件二不符合。(3)推胖子下天桥的行为直接导致他死亡这一结果,在结果与行为之间存在一种直接关系。并且,是胖子的死亡或者说其身体导致电车的停止,而不是推胖子下天桥的行为导致电车的停止,所以推胖子下天桥的行为与电车停止、五名工人获救的善的结果之间不存在直接关系。不符合条件三。(4)在后一种情形中,善的结果似乎的确胜过恶的结果。因此,推胖子下天桥的行为是不被允许的。①

但是,功利主义者或许会依据其所坚持的"合乎道德的行为或制度应当能够促进'最大多数人的最大幸福'"②直接认定,在两种情形中杀一人而救五人的行为是可取的,并且"永远追求最大多数人的最大幸福"同样可以符合康德的"要只按照你同时认为也能成为普遍规律的准则去行动"的义务论要求。作为一种道德理论,功利主义表现出一些明显的吸引力:(1)功利主义所认定的"价值"似乎在直观上是合理的,在两种情形中,"生命"这一所有人都无法否认的价值应该成为考量行为合理与否,甚至是道德与否的最根本标准,毕竟,生命的存续对于幸福具有重要意义,本身或者是幸福的构成部分,或者是幸福的前提。这一对生命的理解,毫无疑问能成为一种共识。以存续生命为目的或结果的行为,必定能够得到道德辩护。显然,五个

---

① [美]托马斯·卡思卡特:《电车难题》,朱沉之译,北京大学出版社2014年版,第92–96页。

② [英]约翰·穆勒:《功利主义》,徐大建译,上海人民出版社2007年版,译者序。

人的生命在数量上要比一个人的生命更值得追求，所指向的幸福在数值上更大，这就为当下的选择提供了判断依据。(2) 功利主义在结构上简单，而且具有较大的说服力。功利主义以幸福数值的大小判断行为的道德与否，越是指向、实现更多幸福的行为，越是具有道德价值。显然，在两种情形中，无论在谁看来，或者从哪个层面看来，五个人的生命都比一个人的生命更应该成为当下行为意图实现的结果。这在日常意义和两难的道德选择中，或许是最简单，但同时也可能是最有效的判断依据。(3) 功利主义的道德理论采纳和承诺了一种不偏不倚的观点，对"平等"提出了自己的理解。例如边沁认为，每个人的幸福都同等重要，没有任何一个人的幸福比他人的幸福更重要，生命同样如此。对于"电车难题"每一情形中的六个人而言，其生命是等价等值的，既不会比别人的生命更重要，也不会比别人的生命更轻微。此时，决定当下应该做何种选择，行为主体或许只能考虑哪种选择可以挽救更多的生命。在这一过程中，行为主体应当赋予每个人在道德抉择过程中以平等的重要性。基于这一"平等"，挽救五个人的生命无论如何都不能视为对另外一个人生命的漠视，相反，这是在将这一个人的生命与五个人的生命做了一种等值考量后做出的选择，是对其生命的一种尊重。(4) 功利主义的实践合理性概念避免了所谓的"义务论的悖论"。义务论者认为，致人死亡的行为在道德上不可取，即使采取这一行为是挽救更多人生命的唯一方式，但他们无法解释为什么当能够避免更多人的死亡时，致一人死亡的行为同样是不可取的。这就导致判定"致人死亡的行为在道德上不可取"的依据或标准很难被人们理解和接受。假定存在这样的依据或标准，那它应当同样适用于应当避免更多人死亡，即使可能导致一人死亡。这种依据或标准对于两种情形应当同样适用，并且在辩护力度方面应当不存在差异。但功利主义在一定程度上避免了这一悖论。如果承认更多幸福的实现是判断行为在道德上正当的标准，那么当一个行为能够实现更多的幸福时，则在道德上是可取并且是应当的，即使是采用一种致一人死亡而避免五人死亡这样的方式。但对于功利主义而言，"最大幸福"的测量是难以实现的，尤其是在仅凭借行为主体自身能力的情况下。对于任何人而言，考虑"电车难题"的这两种情形，都可能会进行一种换位思考；假定自己处于前一种情形中那名工人的位置，或者处于后一种情形中天桥上的胖子的位置，并且意识到有人采用功利主义的方法做出选择时，都会产生一种随时可能被人致死而去挽救他人生命的恐惧心理。在"保证全民不被惊吓"和"五个人的生命"之间，很难判断到底哪种情形才是真正的"最大多数人的最大幸福"。

现代社会心理学研究证实，人们都有一种"移情"能力，并且这种能力可能是与生俱来的。借助于移情，人们能够感受到他人的感受，能够基于他人立场做出与对方相一致的价值判断，从而通过自身行为来实现对于他人利益的增进或损害的制止、弥补，也就是做出道德的行为以达到利他的结果。在电车难题中，无论是何种情形中的五名工人，我们都能通过移情感受到他们丧失生命的痛苦，或者是一种生命受到威胁的消极感受。当下，任何人都试图通过某种方法来保证他们生命的存续，对于某些人而言，甚至可能采用牺牲自己的方式，毫无疑问，这都是指向善的价值实现的道德行为。但如果只能采取一种牺牲他人生命的方式，如同在电车难题前一种情形中牺牲那名工人，后一种情形中牺牲那个胖子，那么此时，这名工人和这个胖子就会成为我们的移情对象，我们一样能通过移情感受到他们生命受到威胁和失去生命的痛苦，而且这种痛苦是我们自己通过做出某种选择所导致的。此时，我们会像试图挽救那五名工人的生命一样，极力采取某种方式避免这种痛苦降临到他们身上。而后一种感受在我们对整个情形的感受过程中，在次序上更接近行为的做出。所以，我们会避免以牺牲一个人的方式来挽救五个人的生命。这可能只是在我们假定自己身处电车难题时会有的感受以及会做出的行为。但在这一过程中，如同功利主义将"生命"视作一种价值，并将这一价值平等赋予我们行为所可能指向的每一个人，本身就是一种对他人及其生命的尊重，而正是这种尊重使我们当下的行为在具有一种自然主义色彩的同时，也具有一定的道德属性。与功利主义不同，在我们借助于移情感受他人感受的过程中，一个人和五个人生命的丧失带给我们的感受似乎并无差异。同样，对于一个人生命和五个人生命的价值判断也几无差异，即使借助于理性也很难做出五个人的生命比一个人的生命更有价值的判断。所以，基于移情，以及以移情为基础的道德理论，对于电车难题，在前一种情形中，我们不应该扳动道岔，在后一种情形中，我们不应该将胖子推下天桥，即使这么做会挽救另外五名工人的生命。

　　近年来，移情受到西方社会心理学家的高度关注。移情在人类生活，尤其是道德生活中发挥着重要作用。"移情可以丰富和增强道德思考、道德行为和道德判断"[①]，并被认为是"人类关心他人的火花，使社会生活成为可

---

① Julinna C. Oxley, The Moral Dimensions of Empathy: Limits and Applications in Ethical Theory and Practice, New York: Palgrave Macmillan, 2011, p.4.

能的粘合剂"①,"移情在我们社会生活中扮演着基础性角色,通过它,我们可以分享情感、经历、需要和目标"②。移情被认为是道德生活的基础,发展移情将是解决我们目前道德问题的出路。社会心理学家在对移情的研究过程中指出,人类之所以能够做出"亲社会行为"或利他行为,在于人们所具有的移情能力使自己能够感受到他人的消极情感,如忧伤、痛苦、愤怒等,并认识到他人在表现消极情感时需要或偏好的是什么,自己做出什么样的行为能帮助他人消除消极情感。移情与伦理学之间的关系最明显地表现在"金规则"中,即要认识自己在某种境遇中应当做什么,可以通过想象自己在此境遇中希望别人做什么来实现。可以说,移情这一心理过程中为主体做出道德行为所提供的抉择模式是当前伦理学理论旨在证实和辩护的重要方面,所以移情伦理研究是可能的并且是必要的。移情伦理在明确移情的属性基础上,借助移情过程中伴随的"自我中心"明确其坚持的价值论,并通过移情心理过程指明移情伦理范围内的道德行为抉择过程,引入"双重移情"确证任何人应当具有的"尊严",为"陌生人社会"和"道德教育"所面临的问题提供解决思路,并为"人类命运共同体"这一当今世界各国都应坚持、践行的理念提供辩护和支持。

　　关于移情的属性到底是情感的还是认识的,抑或移情兼具情感和认识两种属性,一直以来都存在争论。许多社会心理学家认为,移情是一种与他人情感或境遇相一致的情感状态,这对移情者"感受他人感受"进行了诠释,却无法回答为什么移情者能够认识到他人的需要,为什么移情者能够做出符合对方需要的利他行为。因此,仅基于情感定义移情并不充分。③ 也有学者提出,移情是一种认知过程,通过移情,移情者想象自己处于他人境遇,并像他人那样思考、感受、行为,但这对于移情者何以要进行这一认知过程、为什么移情者能够在认识到他人相关状态后做出利他行为没有给出合理解释。因此,移情中必然包含情感,正是移情情感使移情者所具有的关心他人福利的潜在动机,转化成增加他人福利、消除他人消极情感的行为动机,④移情情感有可能是移情的核心要素。由移情心理过程到利他行为的做出,移

---

① [美]马丁·L. 霍夫曼:《移情与道德发展:关爱和公正的内涵》,杨韶刚、万明译,黑龙江人民出版社2003年版,第3页。

② Marco Iacoboni, Mirror People: The Science of Empathy and How We Connect with Others, New York: Picador, 2009, p. 109.

③ D. Underwood and B. Moore, Perspective taking and altruism, Psychological Bulletin, 1982(91), pp. 143 – 173.

④ C. Daniel Batson, Altruism in Humans, New York: Oxford University Press, 2011, p. 29.

情者不仅经历了"感受他人感受"的情感阶段,还经历了"采取他人观点"等认识过程,因此,移情不能仅仅是情感的或认知的,而必须同时具有情感和认知两种维度。移情的情感维度促使移情者感受到他人感受,即使在移情者不情愿的情况下;移情的认识维度保证移情者能够通过一系列的心理过程,认识到他人表现出消极情感的原因。

  近几十年来,社会心理学家研究了移情与亲社会行为之间的关系,认为越认同他人,或者与他人越相似,移情者对其移情,进而对其产生利他动机的可能性就越大。虽然这阐述了移情与利他之间的关系,但也将移情建立在"偏见"的基础上。人们倾向于对家庭成员、自身所在群体成员、亲密朋友和那些与自己具有相同需要和偏好的人移情;同时,人们也倾向于对处在当前境遇下而不是对那些远离自己的人移情。如果将移情等同于道德,就会得出结论:对其移情越多,我们对其所负有的道德责任就越多;对其移情越少,我们对其所承担的道德责任就越少,或者根本不承担道德责任,但这就使"道德"不具有任何客观性、普遍性,完全沦为主体个人情绪化的外在表现。实际上,移情本身并不是道德,如果要保证移情基础上的道德理论能够与普遍化的道德原则相兼容,就必须对移情进行限制,对移情偏见进行规避。移情偏见的存在表明,人们在移情过程中始终无法避免"自我中心"倾向,对自身利益的关注使人们在"利他"的同时进行利益计算。在动机上,人们不会对超出自身认识范围或能力的他人境遇进行认知移情,即使表现出移情忧伤,移情者也不会付出更多代价深究他人表现出消极情感的原因;在行为上,人们很难做出需要自身付出巨大代价以消除他人消极情感的行为。同时,"自我中心"倾向使移情基础上的利他行为也无法等同于道德行为,当为自己博取好的名声或逃避惩罚时,人们同样可以通过移情做出消除他人消极情感的利他行为。实际上,道德行为在作为利他行为的同时,还要求道德主体以增加他人福利为目的,即要求一种利他动机。因此,基于移情的以消除他人消极情感、增加他人福利为目的的利他行为才是道德行为。另外,"自我中心"倾向使移情情感不一定是针对他人、关心他人利益的移情忧伤,在移情过程中,移情者有可能会产生针对自身的消极情感,或者通过回忆自身经历,感受到自己以往类似经历中的消极感受,或者因认识到自己对消除他人消极感受无能为力而产生的一种消极感受。但这也并不意味着在移情伦理中要将"自我中心"一味摒弃。"自我中心"作为移情过程中的自然倾向,必然有一定的合理之处。应当认识到,"自我中心"在移情中的作用不仅仅是限制"利他",同时也为移情者提供对他人需要或偏好进行判断的基础，即移情者对他人需要或偏好的判断，是基于想象自身处在他人境遇下会做出怎样的价值判断得来的。可以说，移情伦理的价值论在某种程度上就是源于"自我中心"。

虽然从本质上来说移情不是道德，而且经常无法引导移情者做出道德思考或道德行为，尤其当移情者只是单纯地被策动做出"亲社会行为"，以取悦被移情者或逃避惩罚时，在结果上的利他行为不能被认为是道德行为或审慎行为。但移情能够加强和促进针对他人的道德思考、道德行为和道德理由。移情的道德维度在于它使人们具备感受他人感受的能力，从而在移情者方面产生利他动机；认识到他人在表现出消极情感时的需要和偏好，从而做出利他行为，以消除他人的消极情感。在道德行为中，移情者对他人相关情况的认知，以移情忧伤所代表的、对他人消极情感的"最初认同"为前提，由对他人福利的关注所引起，并始终围绕着他人福利。正是以消除他人消极情感、增加他人福利为目的，移情者通过移情对自身提出关涉他人的内在道德行为理由，这一理由对于移情者而言，关涉着他人利益，因此它是客观的。同时，这也包含着移情者自己做出的价值判断，因此它也是主观的。移情者在做出这一行为时，没有将被移情者视作自身依靠准则认识的第三者，而是视作第二者，认为自己能够赞同他人的理由、关注和价值。因此，将基于移情的道德行为所体现的原则作为移情者在移情及移情基础上的行为中应坚持的原则，就可以保证移情始终能成为人们做出道德行为的抉择过程，即通过移情，人们可以得知怎样的行为能够增加他人福利及消除其消极情感表现。

通过移情，移情者了解他人的内状态信息，这一信息同时作为移情者自身的移情情感或相关价值判断等内状态信息存在，由此，移情者同时也可以作为被移情者被他人对其进行移情，这就是双重移情过程。社会心理学家对移情的理解往往局限于一般移情，认为移情只是移情者对被移情者进行感受或认知的过程。实际上，同时存在着被移情者作为移情者对他人进行移情的双重移情心理过程。因此，有必要对双重移情做出解释，以发掘移情中适用于道德的更多东西。同时，对双重移情过程中移情者相关状态的阐述，可以解释主体的某些自利行为，尤其是当主体认识到仅凭自己无法实现自身需要时，对他人提出的自利性要求，即尊严要求。

尊严基于移情才是第二人称的，人们在向他人提出尊严要求时，实质是以一种"以尊重的方式要求尊重"① 来实现的。由此，主体所提出的尊严要求成为他人内在性的最终行为要求，即主体的尊严要求能够并且应当成为他人的道德责任。在移情过程中，移情双方都只考虑自己针对对方如何做出行为抉择，所以无论是尊严、道德责任还是道德，都是第二人称的，并且是通过实际是移情情感的反应态度来保证移情双方形成一种道德关系。② 道德理由无论是作为第二人称要求，还是作为行为主体的内在性最终行为理由，都旨在协调道德关系中双方的行为，以实现彼此针对对方所具有的"第二人立场"或"第二人权威"。在这一过程中，主体在做出行为选择时，无论如何都无法避免对于价值的考量。在建基于移情的道德行为过程中，作为移情者的道德主体正是通过做出与对方相一致的价值判断和行为选择，才有在结果上消除对方消极感受的可能。当然，无论是对于"价值"的理解还是对于"价值"的考量，移情伦理都不同于功利主义。功利主义认为，价值在任何情形中都适用于所有人，所有人都应被一致性地予以一种数量上的计算，以实现"最大多数人的最大幸福"。这就忽视了对于不同主体而言，即使同一价值也因主体为自身所设定的长远的好的生活而具有不同判定，遑论不同价值。

中国社会正在步入"陌生人社会"，这意味着在血缘和地缘基础上的传统道德规范无法被照搬到陌生人之间的交往过程。同时，陌生人之间契约型的人际关系和信任模式，要求人们在将他人视作陌生人的同时，也必须承认他人具有与自己相同的权利，自己具有与他人相同的利益需求。在传统道德规范失效的"陌生人社会"，人们之间的契约型道德关系要求人们在理解他人感受、观点和行为时，将他人置于与自身平等的位置，即将他人当作第二人称他人，而不是无关紧要的第三人，或自己能够对他人进行完全解释的第一人。在道德教育过程中，儿童道德教育的实现在于如何使儿童认识到自身行为对他人带来的伤害，如何使儿童在他人表现出消极情感时，能够产生一种对他人利益的关切；青少年或成人道德教育，在于激励被教育者对固有的社会习俗、传统道德进行批判性对待，以形成自己对于"道德"的理解。可以说，移情伦理为"陌生人社会""道德教育"提供了新的解决思路，同时，"陌生人社会""道德教育"中相关问题的解决也是对移情伦理的检验。

---

① ［美］斯蒂芬·达尔沃：《第二人称观点：道德、尊重与责任》，章晟译，译林出版社2015年版，第90页。
② ［美］斯蒂芬·达尔沃：《第二人称观点：道德、尊重与责任》，章晟译，译林出版社2015年版，第18页。

当今世界，全球化趋势已不可逆，"人类命运共同体"理念的提出和推进已成为全人类解决共同问题的最佳选择。移情伦理能为人类命运共同体的合理性和正当性提供辩护。人类命运共同体的价值目标，即建设持久和平、普遍安全、共同繁荣、开放包容、清洁美丽的世界，首先是中国和中国人民基于对自身所处历史阶段的科学判断而提出的价值追求，同时也是中国和中国人民站在世界各国立场上，结合当前世界所面临各种共同问题及各国发展需求而提出的价值追求，是中国和中国人民基于第二人立场提出的价值目标。因此，这一理念是科学的、合理的，是能够为世界各国共同认同的。人类命运共同体理念同时内含了世界各国交往时的行为规范，即相互尊重、公平正义、合作共赢，这一规范既具有实现人类命运共同体的价值目标的逻辑必然性，因此具有合理性，同时也是世界各国在追求这一共同目标过程中，不妨害他国利益并尊重他国平等地位应遵守之规范，是对世界各国提出的道德要求，因此具有正当性。

二、研究综述

（一）国外研究综述

1. 移情研究的历史

移情概念第一次被讨论是在 1873 年，由德国艺术史家、哲学家费肖尔（Robert Vischer）提出。他指出，"Einfühlung"是指由艺术作品所激起的观察者的情感，① 描述人的情感投射到自然世界或无生命物体上。因此，德文术语的"移情"一开始并不是用来指人与人之间的情感，而是描述欣赏艺术作品时的个人感受，尤其当这些情感使观察者自己和艺术作品之间的区别变得模糊时。1897 年，德国心理学家、哲学家利普斯（Theodore Lipps）将"Einfühlung"由美学引入心理学。在描述与"Einfühlung"相关的个人经验时，利普斯指出，"当我看到马戏表演者悬于火上时，我感到我在他内部"。1903 年，冯特（Wilhelm Wundt）——实验心理学之父，第一次在人类关系的语境中使用"Einfühlung"。② 后来，首先由铁钦纳（Edward B. Titchener）

---

① Jørgen B. Hunsdahl, Concerning Einfühlung (empathy): A concept analysis of its origin and early development, Journal of History of the Behavioral Sciences, 1967(3), pp. 180 – 191.

② Jørgen B. Hunsdahl, Concerning Einfühlung (empathy): A concept analysis of its origin and early development, Journal of History of the Behavioral Sciences, 1967(3), pp. 180 – 191.

将"Einfühlung"翻译为"empathy"。① 1918年，索瑟德（Elmer Ernest Southard）第一次表述了移情在医生与患者之间的重要意义。② 此后，美国社会学家和心理学家经常在精神治疗或咨询、亲社会行为和利他关系的讨论中使用移情概念。在早期研究中，学者们将美学领域的移情概念纳入心理学领域来讨论，具有开创性意义，并且这一时期对移情的基础性界定和在实践中的应用为后来的研究奠定了基础，明确了移情本质上是一种主体了解他人相关信息的心理过程。

在后来半个多世纪的研究中，心理学家和相关领域的学者不断探究移情的心理发生机制，随着移情心理过程的逐步明晰，人们对移情的了解逐步深入。1925年，在第一篇针对移情进行研究的精神分析学论文中，施罗德（Theodore Schroeder）认为，作为一种获取他人相关信息的精神分析方法，"移情洞察（empathic insight）暗示了从被观察者内部看待和分析问题"③。米德（George Herbert Mead）在1934年提出，移情是指主体"扮演他人角色，采取他人观点的能力"④。阿林（Charles D. Aring）在1958年将移情描述为欣赏他人情感而不掺杂自身情感的行为或能力。⑤ 1959年，罗杰斯（Carl R. Rogers）认为移情是一种能力，通过这一能力，我们"获取他人的内部观点（internalframe of reference），其精确性就好像自己是他人，在这一过程中始终没有丢失'好像'（as if）的条件"⑥。谢弗（R. Schafer）在1959年将移情定义为"分享和理解他人瞬间（momentary）心理状态（psychological state）的内部经验"⑦。霍根（Robert Hogan）在1969年将移情定义为"虽然没有真实经验他人情感，但可以智力地（intellectual）或想

---

① Robert Audi（Ed.）, The Cambridge Dictionary of Philosophy（second edition）, Cambridge: Cambridge University Press, 1999, p.261.

② Elmer Ernest Southard, The empathic index in the diagnosis of mental diseases, Journal of Abnormal Psychology, 1918(13), pp.199–214.

③ Theodore Schroeder, The psycho-analytic method of observation, International Journal of Psychoanalysis, 1925(6), pp.155–170.

④ George Herbert Mead, Mind, Self and Society, Chicago: University of Chicago Press, 1934, p.27.

⑤ Charles D. Aring, Sympathy and empathy, Journal of the American Medical Association, 1958(167), pp.448–452.

⑥ Carl R. Rogers, A theory of therapy: Personality and interpersonal relationships as developed in the clientcentered framework, In S. Koch（Ed.）, Psychology: A Study of A Science—Foundations of the Person and the Social Context, New York: McGraw Hill, 1959, pp.184–256.

⑦ R. Schafer, Generative empathy in the treatment situation, Psychoanalytic Quarterly, 1959(28), pp.342–373.

象地理解他人的心理条件或状态"①。1975年,罗杰斯将移情过程描述为进入他人个人知觉(perceptual)世界,变得完全精通它(at home in it)。② 克拉克(Kim B. Clark)在1980年将移情定义为"人类像感受自己一样感受他人经验、需要、愿望、挫折、伤心、喜悦、焦虑、痛苦或饥饿"③。霍根和克拉克的定义符合罗杰斯在描述移情时"好像"的状态和阿林的"没有参与"(without joining)的移情特征,"好像"状态是区分移情和同情的关键特征。④ 格雷夫(E. B. Greif)和霍根在1973年指出,移情发展是道德成熟的一个平行功能。⑤ 汉密尔顿(N. G. Hamilton)在1984年认为移情是一种"以有意义的方式理解他人的工具"⑥。1986年,维斯普(Lauren Wispé)描述移情为"一个人自我意识的自我(self-aware self)对他人自我积极或消极经验的无判断理解的尝试"⑦。

进入20世纪90年代,在被更为深入探讨发生过程的同时,移情对于道德行为的积极影响和意义日趋明朗。贝莱特(P. S. Bellet)和马洛尼(M. J. Maloney)于1991年认为移情是"从他人观点(frame of reference)出发理解他人经验的能力,也就是说,将自己置于他人境遇的能力(the capacity to place oneself into other's shoes)"⑧。勒瓦瑟(J. Levasseur)和万斯(A. R. Vance)在1993年指出:"移情不是一个心理或情感体验,也不是精神上跳进(a psychic leap into)他人的意识(mind),而是对他人人格(personhood)

---

① Robert Hogan, Development of an empathy scale, Journal of Consulting and Clinical Psychology, 1969(33), pp. 307 – 316.

② Carl R. Rogers, Empathic: An unappreciated way of being, Counseling Psychologist, 1975(5), pp. 2 – 11.

③ Kim B. Clark, Empathy—A neglected topic in psychological research, American Psychologist, 1980 (35), pp. 187 – 190.

④ Mohammadreza Hojat, Empathy in Patient Care: Antecedents, Development, Measurement and Outcomes, New York: Springer, 2007, p. 6.

⑤ E. B. Greif and Robert Hogan, The theory and measurement of empathy, Journal of Counseling Psychology, 1973(20), pp. 280 – 284.

⑥ N. G. Hamilton, Empathic understanding. In J. Lichtenberg, M. Bornstein & D. Silver (Eds.), Empathy Ⅱ, Hillsdale, NJ: The Analytic Press, 1984, pp. 217 – 222.

⑦ Lauren Wispé, The distinction between sympathy and empathy: To call forth a concept, a word is needed. Journal of Personality and Social Psychology, 1986(50), pp. 31 – 321.

⑧ P. S. Bellet and M. J. Maloney, The importance of empathy as an interviewing skill in medicine, Journal of the American Medical Association, 1991(266), pp. 1831 – 1832.

的敞开（openness to）和尊重。"[1] 布罗格尼尼（Stefano Bolognini）在1997年认为移情是"建立在分离和分享基础上的互补型（complementary）意识—前意识（conscious-preconscious）联系的状态"[2]。1997年，伊克斯（William Ickes）将移情定义为"我们所反映的我们的精神状态"[3]。1999年，施姆阿桑德（M. R. C. Shamasundar）认为移情与意识的敞开（open-mindedness）和对模糊、复杂的宽容（tolerance for ambiguity and complexity）有关。[4] 巴伦-科恩（Simon Baron-Cohen）和惠尔赖特（Sally Wheelwright）在2004年描述移情为社会生活的"黏合剂"（glue），认为移情可以使人们帮助他人，停止伤害他人。[5] 另外，勒瓦瑟和万斯认为移情实际上是一种关怀的模式（a mode of caring），并指出，"移情不针对那些幸福的人……移情针对那些需要帮助或正在受苦或以某种方式奋斗的人"[6]。相似地，施姆阿桑德认为移情共鸣的强度对于消极状态，如悲伤、愤怒和敌意更大。[7] 对移情做这样的理解强调了在他人受苦境遇中，感受他人痛苦或悲伤时移情的重要性。

2. 移情的定义

通过梳理移情研究的历史可以看到，移情或者具有认知属性，或者具有情感属性，抑或两者兼而有之。移情作为一种心理活动，是移情者为了更好地理解他人而获取和加工信息的过程，在这一过程中，移情者既可以借助移情情感，也可以利用移情认知来实现对他人感情的分享，从而体验到他人的感受。根据对移情的认知或情感属性的强调，可以将移情的定义分为三类。

---

[1] J. Levasseur and A. R. Vance, Doctors, nurses, and empathy. In H. M. Spiro, M. G. Mccrea Curnen, E. Peschel, and D. St. James (Eds.), Empathy and Practice of Medicine, New Haven: Yale University Press, 1993, pp. 76 – 84.

[2] Stefano Bolognini, Empathy and "empathism", International Journal of Psychoanalysis, 1997(78), pp. 279 – 293.

[3] William Ickes (Ed.), Empathic Accuracy, New York: Guilford Press, 1997, p. 183.

[4] M. R. C. Shamasundar, Reflections: Understanding empathy and related phenomena, American Journal of Psychotherapy, 1999(53), pp. 232 – 245.

[5] Simon Baron-Cohen and Sally Wheelwright, The empathy quotient: An investigation of adults with Asperger syndrome or high functioning autism, and normal sex differences, Journal of Autism and Developmental Disorders, 2004(34), pp. 163 – 175.

[6] J. Levasseur and A. R. Vance, Doctors, nurses, and empathy. In H. M. Spiro, M. G. Mccrea Curnen, E. Peschel, and D. St. James (Eds.), Empathy and Practice of Medicine, New Haven: Yale University Press, 1993, pp. 76 – 84.

[7] M. R. C. Shamasundar, Reflections: Understanding empathy and related phenomena, American Journal of Psychotherapy, 1999(53), pp. 232 – 245.

(1) 认知视角的移情

这类观点认为移情的核心要素在于个体对他人心理状态的认知，而不是移情中的情绪因素，认知过程如观点采择和角色扮演，是某些学者在描述移情时的重点。这类观点又可以分三种：第一，强调移情的认识过程。艾利亚斯（H. Eliasz）区分了三种意义上的移情，认为认知性的角色选取（cognitive role-taking）是移情发生过程的方式，① 戴维斯（M. H. Davis）早期更是在观点采择（perspective-taking）之外，认为想象（fantasy）是心理学家研究移情时应重视的一种方式。② 戴蒙德（Rosalind F. Dymond）认为移情是"想象地置换（transforming）自己进入他人思考、感受和行为，并且像他人那样建构这个世界"③。此种观点强调观点采择、换位思考等诸如此类的认知过程是移情过程经常采用的方式，移情者可以运用此等方法，想象性地处于他人的角色，从而理解及预测他人的思想、感情和行为。

第二，强调移情过程中去中心化，即非自我中心的反应。这种观点认为，在移情过程中，无论是选择的立场还是思考或行为的动机，移情者都是由他人出发，并且清楚地认识到哪些是自己的观点，哪些是他人的观点，不会将自己的观点与他人的观点相混淆。如麦凯（Ruth C. MacKay）、休斯（Jean R. Hughes）和卡弗（E. Joyee Carver）认为，移情实际上是"理解他人处境但却不会将其与自己处境相混淆的能力"④。

第三，强调移情过程中对情绪因素的拒斥。霍根认为"移情是对他人所处境遇以及心理状态在认知或想象层面上的理解，这其中并不包含对他人情感的实际体验"⑤。科胡特（Heins Kohut）描述移情为"一种认知模式，尤其适用于对复杂心理组合（complex psychological configuration）的觉察"⑥。巴斯彻（M. F. Basch）也认为移情是一种包含认知功能，如判断和事实分

---

① H. Eliasz, On understanding the concept of "empathy", English Abstract in Psychological Abstracts, 1982(68), p.640.

② M. H. Davis, Measuring individual differences in empathy: Evidence for a multi-dimensional approach, Journal of Personality and Social Psychology, 1983(44), pp.113 – 126.

③ Rosalind F. Dymond, A scale for the measurement of empathic ability, Journal of Consulting Psychology, 1949(13), pp.127 – 133.

④ Ruth C. MacKay, Jean R. Hughes and E. Joyee Carver (Eds.), Empathy in the Helping Relationship, New York: Springer, 1990, p.155.

⑤ Robert Hogan, Development of an empathy scale, Journal of Consulting Psycholoty, 1969(33), pp.307 – 316.

⑥ Heins Kohut, Introspection, empathy and psychoanalysis, Journal of American Psychoanalysis, 1959(7), pp.459 – 483.

析（reality testing）的复杂认知过程。① 布莱克曼等人定义移情为一种进入他人境遇并能在需要时轻易回身的能力。② 强调移情认知的学者，将重点放在了通过移情主体实现对他人的理解和洞察上，而不是情感参与方面。

（2）情感视角的移情

有学者将移情定义为一种产生认同情感、分享他人情感的情感回应。情感视角的移情研究将情绪体验视为移情的核心要素，移情过程即是产生与他人情绪状态相一致或相匹配的情绪反应过程，仅仅对他人情绪状态的判断、推测等认知并不能真正代表移情的产生。梅拉比安（Albert Mehrabian）和爱泼斯坦（N. A. Epstein）认为移情是"对知觉到的他人情绪体验的情绪反应"③；艾森柏格（Nancy Eisenberg）和米勒（Paul A. Miller）认为"移情是源自理解他人的情绪状态或情境而产生的与其相一致的情绪反应"④；巴特森、富尔茨（Jim Fultz）和斯科亨内德（Patricia A. Schoenrade）则认为移情是由于见证他人的痛苦而产生的以他人为主导的情绪，包括关心、同情、爱怜等多种情绪反应；哈尔彭（J. Halpern）描述移情为"一种因为包括理性而可能犯错的情感理性（emotional reasoning）形式"⑤。卡茨（R. L. Katz）认为移情是"一种感受自己与他人相似或近乎一致的内部体验"⑥。卡利什（B. J. Kalisch）将移情定义为"进入他人生活的能力，以精确地获知他人的当时情感和它们的意义"⑦。

另外，认为移情是一种情感回应的学者还承认，移情情感是针对他人境遇、由他人福利引起的情感。巴特森和科克定义移情为"一种由他人福利引

---

① M. F. Basch, Empathic understanding: A review of the concept and some theoretical considerations, Journal of the American Psychoanalytic Association, 1983(31), pp. 101 – 126.

② N. Blackman, K. Smith, R. Brokman and J. Stern, The development of empathy in male schizophrenics, Psychiatric Quarterly, 1958(32), pp. 546 – 553.

③ Albert Mehrabian and N. A. Epstein, A measure of emotional empathy, Journal of Personality, 1972(40), pp. 525 – 543.

④ N. Eisenberg and P. A. Miller, Empathy, sympathy, and altruism: Empirical and conceptual links. In N. Eisenberg and J. Strayer (Eds.), Empathy and Its Development, Cambridge, MA: Cambridge University Press, 1987, pp. 292 – 316.

⑤ J. Halpern, From detached concern to empathy: Humanizing medical practice, New York: Oxford University Press, 2001, p. xv.

⑥ R. L. Katz, Empathy: Its Nature and Uses. New York: Free Press, 1963, p. 1548.

⑦ B. J. Kalisch, What is empathy? American Journal of Nursing, 1973(73), pp. 1548 – 1552.

起，并与之一致的情感回应"①。此时，移情情感与他人状态或境遇相一致。拉什顿（J. P. Rushton）定义移情为"对他人情感状态的体验"②；艾森柏格描述移情为"由对他人情感状态或条件的了解而产生的一种情感回应，它与他人的情感状态或条件相一致"③；霍夫曼定义移情为"一种针对他人情境而不是自己的间接（vicarious）情感回应"④。这些观点在强调移情情感是一种针对他人境遇、由他人福利引起的情感方面具有相似性。

从情感角度对移情的界定往往在移情者是否会产生与被移情者相一致的情绪反应上有所争论，或者认为移情是一种平行性情绪反应。持这一观点的研究者强调移情性情绪反应必须与移情对象的情绪表现相一致，如看到别人恐惧时自己要感到恐惧，别人伤心时自己也一定要感到伤心，移情情感必须与对方情感相一致，如果移情者产生与被移情者不一致的情感，那么这种情绪反应不应被视为移情；或者认为移情是一种反应性情绪反应，持这一观点的研究者认为移情者的情绪反应与被移情者的情绪表现并不一定要完全匹配，只是在性质方面与被移情者的情感相一致，当看到别人伤心或处于困境时，移情者就可能会产生同情、关心、怜悯等情绪反应。

（3）认知—情感双重视角的移情

移情作为一种复杂的社会现象，认知和情感似乎缺一不可，班尼特（M. J. Bennett）定义移情为"一种个人了解他人精神内容的模式，包括情感的和认知的，尤其在有关系的两个人之间"⑤。霍奇斯（S. D. Hodges）和韦格纳（D. M. Wegner）认为"移情可能包括情感因素……或认知因素，或两者都有"⑥。巴伦-科恩、惠尔赖特承认移情既包括认知成分又包括情感

---

① C. Daniel Batson and J. S. Coke, Empathy: A source of altruistic motivation for helping? In J. P. Rushton & R. M. Sorrentino (Eds.), Altruism and Helping Behavior: Social Personality, and Developmental Perspectives, Hillsdale, NJ: Erlbaum, 1981, pp. 167–211.

② J. P. Rushton, The altruistic personality. In J. P. Rushton & R. M. Sorrentino (Eds.), Altruism and Helping Behavior: Social, Personality, and Developmental Perspectives, Hillsdale, NJ: Erlbaum, 1981, pp. 251–266.

③ N. Eisenberg, Empathy and Related Emotional Responses (Vol. 44), San Francisco: Jossey-Bass, 1989, p.108.

④ M. L. Hoffman, The development of empathy. In J. P. Rushton & R. M. Sorrentino (Eds.), Altruism and Helping Behavior: Social Personality and Developmental Perspectives, Hillsdale, NJ: Erlbaum, 1981, pp. 41–63.

⑤ M. J. Bennett, The Empathic Healer: An Endangered Species, San Diego, CA: Academic Press, 2001, p.7.

⑥ S. D. Hodges and D. M. Wegner, Automatic and controlled empathy. In W. Ickes (Ed.), Empathic Accuracy, New York: Guilford, 1997, pp. 311–339.

成分,在他们看来,移情首先必须是一种能力;① 科恩和斯特雷耶(J. Strayer)等人认为移情是理解及分享他人情绪状态的一种能力。② 总之,移情作为主体对他人情绪理解和做出适当反应的能力,既可以表现为情感能力,也可以表现为认知能力。

还有学者强调,移情包括认识过程和移情情感两部分,其中,移情情感是对他人情绪状态的反应,情绪体验的核心是产生与他人相一致的情绪状态,认知过程调节着移情唤醒,同时影响着移情体验的强度和性质。戴维斯认为,移情包括认知成分和情感成分,观点采择和替代性的情绪反应是移情的不同维度,对个体的行为有不同的影响。他指出,观点采择而非情绪性移情在人际互动中起着重要的作用,个体在情绪反应上的差异是由于情绪性移情上的差异所致,而非观点采择上的不同所致,移情的认知和情感方面在移情的组织模式(organization model)中相互作用,由此移情是"针对个人对他人经验的回应而不得不做出的一系列结构(a set of constructs)",这些结构包括采取旁观者立场的过程和由这些过程产生的情感和非情感结果。③

3. 移情与道德的关系

在移情过程中,移情者会因他人境遇、消极情感表现而产生移情忧伤,消极性的移情情感有可能转变为增加他人福利的动机。研究者们对于移情忧伤能否等同于道德动机,移情过程能否被视为道德过程存在不同看法。

(1)移情忧伤与道德动机

关于移情与道德的关系存在两种观点。一种观点认为,移情情感本身是一种道德情感,在移情情感的影响下,移情者自然会做出道德行为。霍夫曼将移情和移情者的个人忧伤统称为移情忧伤,认为移情忧伤本身就是一种亲社会动机,能够直接引发亲社会行为。在他看来,移情通过对自我中心的拒斥,平衡了自我中心与道德行为。④ 诺丁斯在解释为什么知道了他人怎样感受移情者会被引导采取适当的行为时,指出"理解他人的现实状况,尽可能地像他人那样感受,是由他人观点出发、对他人关心的核心。因为,当我站

---

① Simon Baron-Cohen and Steven Wheelwright, The Empathizing Quotient(EQ): An investigation of adults with Asperser Syndrome and high-functioning autism, and normal sex differences, Journal of Autism and Developmental Disorders. 2004(34), pp. 163 – 175.

② D. Cohen and J. Strayer, Empathy in conduct-disordered and comparison youth, Developmental Psychology, 1996(32), pp. 988 – 998.

③ M. H. Davis, Empathy: A Social Psychological Approach, Boulder: Westview Press, 1994, p. 12.

④ [美]马丁·L. 霍夫曼:《移情与道德发展:关爱和公正的内涵》,杨韶刚、万明译,黑龙江人民出版社 2003 年版,第 154 页。

在他人立场,并像他人那样感受,我会感觉到:我必须因此做出回应"。在诺丁斯看来,移情实际上是一种向他人情感开放,与他人一起感受,分享他人情感和认知的"感受性"(receptivity)过程。同时,诺丁斯认为,移情在移情者身上唤起的不是行为的原则或规范,而是行为的意愿,"我们在自己内心唤起'我必须做……'的情感。当我们尽可能地认识到他人现实,我们必须做出行为以消除难堪、减轻痛苦、满足需要、实现梦想"。① 行为的目的不是为自己,而是为他人利益。因此,在诺丁斯看来,移情本身是一种道德情感,移情基础上的行为是一种道德行为,其特征就在于,通过移情,我们的行为动机是指向他人利益,而不是我们自身利益。

另一种观点认为,移情虽然可以使移情者产生针对他人的移情情感,从而使移情者做出利他行为,但不是所有的利他行为都以移情忧伤为基础,移情与利他行为之间并不存在必然关系。在巴特森看来,移情过程中,我们有可能产生针对他人的移情情感,同时也有可能产生指向移情者自身的个人忧伤。巴特森严格区分了移情情感和个人忧伤,并提出二者引发亲社会行为的两条不同路径。移情情感通过引发利他动机而激发帮助行为,个人忧伤则通过引发利己动机而诱发帮助行为。个人忧伤所唤起的帮助行为出自利己动机,② 利己动机有三种存在形式——获得奖励、避免惩罚和降低厌恶唤醒,三种动机的最终目的实际上都是自我利益,虽然行为上表现为利他,但动机和目的是利己的。③ 与霍夫曼相较,巴特森要探讨和验证的是人类亲社会行为动机的利他性或利己性本质,霍夫曼则将所有亲社会行为的动机统称为亲社会道德动机。

不过,移情作为一种自然情感,或许与道德没有直接关系,如麦独孤(William McDougall)在其《社会心理学导论》中认为,当被移情者的情绪兴奋直接引发移情者同样的情绪兴奋时,这一过程才叫移情。所以,他说:"我们就不能像许多学者那样,说移情是出于一种本能,而应说,移情是以每一种基本本能意向的接受部分的特殊适应为基础的。这种适应使人在知觉到他人的本能被激发而产生身体表现时,其自身的同种本能也能够被激

---

① Nel Noddings, Caring:A Feminine Approach to Ethics and Moral Education, Berkeley:University of California Press, 1984, p.16.
② C. Daniel Batson, Altruism in Humans, New York:Oxford University Press, 2011, p.23.
③ C. Daniel Batson, Altruism in Humans, University Press:Oxford New York, 2011, pp.26-29.

发。"① 因此，移情并不意味着任何高级的道德品质。与巴特森相似，麦独孤认为，一个人可以极具移情性，但同时可能非常自私，这种人"并不因为受到感动而去消除他人身上的痛苦，也不会给别人带去自己的快乐"②。

（2）移情与道德行为、道德原则的关系

对于移情与道德行为、道德原则关系的讨论，学者们表现出两种思路。一种观点认为，移情因为是一种关心他人利益的情感，所以本身就是一种道德情感，移情可以等同于道德。斯洛特（Micheal Slote）认为关怀伦理学建构在移情理论基础上，在《关怀伦理学和移情》（*The Ethics of Care and Empathy*）一书中，他认为关怀伦理考虑我们在尊重他人方面的责任，而移情和移情关怀是理解我们在尊重他人时所负责任的关键，③ 并且他强调，移情与道德之间存在广泛的一致性，从而移情关怀最终有理由成为道德标准。④ 但斯洛特的关怀原则在某种程度上却以移情偏见为基础，他指出，移情基础上的移情关怀可以作为道德评价的标准，当我们对一个人移情越多，我们对他的道德思考就会越多，而最容易使我们对之产生移情关怀的就是我们熟悉的朋友、家人，因此我们对他们负有比对一般人更多的道德责任。⑤ 斯洛特认为，虽然我们对于"熟悉者"与"非熟悉者"因移情关怀而负担的道德责任有所不同，但对于"非熟悉者"我们也应当像对"熟悉者"那样给予移情关怀。

不同于斯洛特，有学者指出，在助人行为中移情不同于"关怀"，虽然移情可以引导移情者做出针对他人的道德行为，因为移情本身是一种道德情感，但移情不足以解释所有的道德行为，在移情之外，还存在"关怀原则"。威廉（Mark Ottoni Wilhelm）和贝克斯（René Bekkers）指出，虽然当发现他人的需要时，我们有时会以移情的不同形式，如关切、移情或同情作为回应，并且在移情引导下对他人做出帮助行为，但有时，当发现他人需要时，我们并没有经历移情这一心理过程而帮助他人，因为我们内化了一种价值，即我们应当帮助需要的人们，这被称为"关怀原则"（principle of care）。威廉和贝克斯认为关怀原则似乎是具体境遇中的移情忧伤向普遍观念（即我们

---

① ［英］威廉·麦独孤：《社会心理学导论》，俞国良、雷雳、张登印译，浙江教育出版社1997年版，第75页。
② ［英］威廉·麦独孤：《社会心理学导论》，俞国良、雷雳、张登印译，浙江教育出版社1997年版，第75页。
③ Micheal Slote, The Ethics of Care and Empathy, Abingdon: Routledge, 2007, p.6.
④ Micheal Slote, The Ethics of Care and Empathy, Abingdon: Routledge, 2007, p.8.
⑤ Micheal Slote, The Ethics of Care and Empathy, Abingdon: Routledge, 2007, p.28.

应当帮助需要中的人们）的一种延伸，所以在助人行为中，移情与关怀原则同时发挥作用。①

另一种观点认为，移情的情感维度和认知维度使移情本身在道德过程中发挥了重要作用，但不能因此将移情等同于道德。奥克斯利（Julinna C. Oxley）深化了霍夫曼的"移情的信息功能依赖于道德原则"的观点，其在《移情的道德维度：伦理学理论和实践中的限制和应用》（*The Moral Dimensions of Empathy*: *Limits and Applications in Ethical Theory and Practice*）一书中认为，移情对于道德而言至关重要，对道理能力的培养也有帮助。移情可以丰富和增强道德思考、行为及为他人进行道德辩护，但移情本身并不是道德，移情经常无法导向道德思考或道德行为。② 移情的道德维度体现为移情具有认知功能，即收集关于他人的信息和理解他人，移情只有与道德原则相结合才能导致道德行为。③

在斯蒂芬·达尔沃（Stephen Darwall）看来，移情并不等同于道德，前者只是为主体提供了一种可以做出道德行为的立场。在《第二人称观点》（*The Second-person Standpoint*）一书中，达尔沃认为移情对于道德思考很重要，移情在道德行为中的表现实际上就是道德主体会以"第二人称观点"进行道德思考。第二人称观点是指我们在考虑彼此的行为和意愿时所采取的立场。他认为移情可以使他人的观点被我们接受，由此我们可批判地对待而不是单纯地记录他人的想法。④ 但他也承认，移情受"熟悉偏见"限制，移情者有可能在移情时不能接纳"第二人称"理由和陌生人的自主性。因此，为使第二人称观点具有有效性和权威性，就必须使移情偏见最小化。

（二）国内研究综述

国内学者在吸纳国外移情研究成果的同时，对移情理论进行了深化，对移情研究范围进行了扩展，在更广泛的领域中对移情进行讨论。

1. 围绕斯洛特的移情关怀伦理进行讨论

齐贵云在《移情关怀伦理学：斯洛特情感主义美德伦理学新进路》中认

---

① Mark Ottoni Wilhelm and René Bekkers, Helping behavior, dispositional empathic concern, and the principle of care, Social Psychology Quarterly, 2010(73), pp.11-32.

② Julinna C. Oxley, The Moral Dimensions of Empathy: Limits and Applications in Ethical Theory and Practice, New York: Palgrave Macmillan, 2011, p.4.

③ Julinna C. Oxley, The Moral Dimensions of Empathy: Limits and Applications in Ethical Theory and Practice, New York: Palgrave Macmillan, 2011, p.5.

④ ［美］斯蒂芬·达尔沃：《第二人称观点：道德、尊重与责任》，章晟译，译林出版社2015年版，第46页。

为，关怀伦理学能提供一种关于正义自身合理的理解，进而提供关于道德领域所有问题的关怀视角的解释，实现个人道德和政治道德领域的一致理解。关怀伦理作为成系统的圆融体系，并不是对传统伦理学如契约论、义务论或功利主义的补充和植入。在个人行为和社会制度领域，斯洛特的评价标准是行为主体带有移情态度的关怀动机，即如果一种行为反映了行为者移情式关怀的态度，则这种行为是道德的；如果一个社会的制度、法律及社会习俗和惯例反映了那些负责制定和维护它们的人具有移情作用的关怀动机，那么它们就是正义的。移情的关怀伦理学可以合理地、全面地解释帮助别人的义务问题，也可以用自己的术语为尊重和尊重自主性提供基础，从而使关怀伦理学成为一种全面的理论。斯洛特利用当代心理学关于移情的研究成果来发展和印证休谟的移情观念，并以移情观念为基础来发展和完善关怀伦理学，使之成为一种既能解释个体性道德问题，又能够解释公共领域、政治领域道德问题的全面的当代情感主义美德伦理学。① 在《移情：道德情感主义中的"先天"性元素——兼论斯洛特对近代英国情感论的批判性继承》中，齐贵云进一步指出，斯洛特改造了克里普克的指称固定理论，以证明道德命题是分析命题，并把道德的善理解为一种情感表现形式，即使人产生温暖的感觉。通过证明移情为道德情感主义确立了先天性、规范性和客观性，斯洛特的道德情感主义与近代英国道德情感主义实现了创造性关联，同时又对后者的理论结构进行了全新的改造。②

王建斌在《"移情"作为正义的基础何以可能？——斯洛特道德情感主义正义观探析》中指出，"斯洛特道德情感主义'正义'理论始终与'移情'及其发生机制紧密相关"。正是由于移情不同于同情，斯洛特将其"正义"理论建立在移情基础上，将情感作为道德动机和行为的基础，将能否"移情"作为人们道德行为的主要动机和道德判断的主要依据。并且，"移情"在时间、空间上的"偏袒"性，使得其正义理论以情感的亲疏远近为基础。因此，斯洛特的整体思路就是将"移情"作为评价社会正义的标准，具有"移情"关怀的行为就是正义的，缺乏"移情"关怀的行为就是不正义的。但"建立在'移情'基础上的正义，由于移情所具有的偏袒性，对熟悉的群体较不熟悉的群体有更多的移情关怀，因此无论在立法、宗教，还

---

① 齐贵云：《移情关怀伦理学：斯洛特情感主义美德伦理学新进路》，《求索》2012 年第 2 期，第 114－116 页。

② 齐贵云：《移情：道德情感主义中的"先天"性元素——兼论斯洛特对近代英国情感论的判性继承》，《渤海大学学报》（哲学社会科学版）2018 年第 6 期，第 66－70 页。

是在国家关系的处理上，必然具有情感的倾向性，在立法中必然倾向于有利于自己的立法，对自己所信仰宗教的情感也会深于对其他宗教的情感，对自己国家的情感肯定更深于对其他国家的情感，这肯定会导致移情关怀的差异性，从而导致不正义"①。

韩玉胜在《移情能够作为普遍的道德基础吗？——对斯洛特道德情感主义的分析与评论》中提出，在斯洛特看来，"移情"不同于"同情"，前者指"感受他人的痛苦"，后者指"感知那些处于痛苦的人"，移情不仅是如何帮助他人的决定因素，亦是避免对他人造成伤害的关键所在，前者可称为"积极"的道德义务，后者则可称为"消极"的道德义务。斯洛特以移情为基础建立起一个由"行为者""他人""第三方"组成的贯穿"一阶移情"和"二阶移情"两个阶段的道德情感主义理论体系。"一阶移情"指"行为者对他人的移情"，用于描述一种基于移情的规范伦理学，主要解释行为者如何通过对行为对象的移情反应来产生正确的或道德的行为规范；"二阶移情"指"旁观者对行为者及其行为的移情"，探讨基于移情的元伦理学，解释"第三方"如何对第一阶段行为者的移情状况进行移情，并据此表达对行为者的所作所为赞同与否。但斯洛特道德情感主义存在理论缺陷：首先，冷、暖移情并非一定能够准确表达道德态度进而提供可靠的道德判断；其次，移情者与移情对象之间的感觉相似性与差异性问题有待进一步解释；再次，利他移情与自我移情的关系问题有待澄清；最后，对基于移情的道德情感主义的适用范围问题应保持理性态度。不过，斯洛特在哲学立场上高扬情感主义而贬抑理性主义，在理论结构上致力于构建以行为者品质为中心的理论体系，在伦理形态上试图探索一种情感主义德性伦理。②

韩玉胜在《斯洛特移情关怀伦理学的价值内涵及其局限》中进一步明确，斯洛特的移情关怀伦理是极力论证"移情关怀"是一种较之理性主义更适合道德领域和更具道德解释功能的新道德情感主义。并且，斯洛特将关怀伦理纳入西方道德情感主义的伦理传统，认为关怀伦理可为公共道德或政治道德提供合理的道德解释，是一种具有整体性道德解释功能的总体伦理学方法，其最大特点在于对"移情"的强调。在个体道德生活领域，移情不仅是行为者帮助他人的内在动因，亦是行为者对他人所造成伤害之责任归因的关

---

① 王建斌：《"移情"作为正义的基础何以可能？——斯洛特道德情感主义正义观探析》，《齐鲁学刊》2020年第2期，第92-98页。
② 韩玉胜：《移情能够作为普遍的道德基础吗？——对斯洛特道德情感主义的分析与评论》，《哲学动态》2017年第3期，第84-89页。

键所在；在公共生活领域，移情是政治道德或公共道德的情感根基。但移情关怀伦理学必须面对如下三个质疑：第一，"'移情关怀'在个体道德领域能够起到如斯洛特所坚信的那种决定性作用吗？"因为人的移情能力和移情视域是有限的，过多移情反而可能导致行为者道德视域的缩小，甚至引发不道德行为，并且行为者的移情感受并不直接等同于其道德行为，移情关怀在个体道德领域的实际作用缺乏精确的理论论证。第二，"'移情关怀'能否真正作为社会正义的基础？"因为公共道德致力于探求社会全体成员所普遍认可、遵循的道德准则，移情关怀则将适用于个体道德的原则强行推广到公共道德领域，这极有可能适得其反，从而导致"价值错乱"。第三，"'移情关怀'能否真正取代理性成为道德行为的最终根据？"因为在道德行为中，情感与理性存在互证互通的公共部分，亦有不得随意僭越的独立空间，情感难以彻底将理性排斥在道德领域之外。总之，移情在道德领域中的普遍性并不表示它可以解释所有道德问题，也难以兼及所有行为规范，更不足以取代理性而成为人类道德生活的全部。[①]

郦平在《移情能否为道德奠基——情感主义德性伦理学的回应》中认为，斯洛特对"移情能够为道德奠基"的诠释，为我们开拓了一条走向情感主义德性伦理学的复兴之路。在回答"为何将移情作为道德的基础"的问题时，斯洛特提出移情可以解释我们为什么负有道德义务，可以解释日常生活中的道德冷漠现象，可以消解政治生活中的对立与冲突。斯洛特的关怀伦理证明："移情原理"能够解释道德规范的客观性和普遍性，移情及移情关怀是道德动机与行为的有效基础，"二阶移情"可以为道德判断与评价提供参照标准，这足以回答"移情作为道德的基础是否可能"这一问题。并且，对斯洛特关怀伦理及所用"移情"概念的准确理解，足以回应批评者和质疑者提出的"冷暖移情不能为道德判断提供可靠基础""移情的利他倾向会导致牺牲自我或道德""移情的偏狭性影响移情作为道德基础"等观点。[②]

2. 在对国外理论进行总结的基础上深化"移情"在道德理论中的意义

寇彧、徐华女在《移情对亲社会行为决策的两种功能》一文中对霍夫曼和巴特森的"移情"进行比较，认为两人都承认移情对亲社会行为决策具有动机功能和信息功能。霍夫曼认为，移情忧伤不仅能够作为亲社会道德动机

---

① 韩玉胜：《斯洛特移情关怀伦理学的价值内涵及其局限》，《哲学研究》2017年第11期，第107-113页。

② 郦平：《移情能否为道德奠基——情感主义德性伦理学的回应》，《社会科学战线》2020年第6期，第26-34页。

促进亲社会行为的产生，而且能够激活观察者的道德原则，进而引发亲社会行为。巴特森强调移情不仅能够增强解除他人困境的动机，而且带有重视他人福利和想使他人困境得到解除的信息。移情的动机功能依赖于诱发移情的情境，而信息功能具有稳定的倾向性，比动机功能更持久，两种功能的共同作用使移情在亲社会行为决策中具有更强的适应性。两人也存在不同观点，在信息功能方面，霍夫曼认为移情在引发道德行为中主体认识到的是内化于己的作为"长时记忆"的道德原则，而巴特森认为移情信息功能主要表现为两点：对困境中他人的移情为个体提供了重视他人福利的信息；人们可以根据自己的移情水平去推断他们重视困境中他人福利的程度。总之，由于移情具有激发个体亲社会行为的动机功能和激活、强化道德原则的信息功能，因而以移情为基础的道德教育必定具有现实意义。①

余其彦在《移情理论能为普世伦理做些什么》中认为，作为人类本性共同性一部分的移情能够为普世伦理的建构做出自己独特的贡献。首先，移情能够为普世伦理提供基础。作为主体的自我与他者的自我产生同感的反应，移情反应的关键要求是心理过程的参与使主体的自我与他者的自我处于同一情境，因此，在作为道德源泉的同时，移情本身也是一种纯粹的道德情感。其次，移情能够为普世伦理提供资源。人类本性共同性之确证，正是交互主体间移情的结果，"金规则"所关涉的正是一种"人—我"关系，这种关系在现象学看来是"交互性"的，而移情则是交互主体间达成一致的关键。另外，移情还能够为人类道德共识提供方法论支持。不同文化之间为达成道德共识而展开的对话是一个复杂的过程，它至少包括文化内部的对话、不同文化之间的对话、传统文化与现代文化的对话，但归根结底就是人与人之间的对话。人与人之间的对话只有在"交互主体性"基础上才能互相理解，而"理解"必须借助于"移情"。②

方德志在《关怀伦理与儒家及马克思在感性学上的会通——基于对关怀伦理"移情"概念的追溯》中指出，道德心理学视域中，在能力或潜能层面，"empathy"被理解为"共感"或"同感"，相当于人的道德潜质；在行为层面，"empathy"被理解为"移情"，相当于指向性的道德行为。现象学视域中，移情问题其实就是关于"自我"与"他者"之间的共通的或一致的感受性问题。关怀伦理学视域中，"移情"主要包括两层意思，一是人们

---

① 寇彧、徐华女：《移情对亲社会行为决策的两种功能》，《心理学探新》2005年第3期，第73-77页。

② 余其彦：《移情理论能为普世伦理做些什么》，《理论月刊》2005年第4期，第58-61页。

关心"他者"的那种德性潜质,二是一种作为道德命题的情感性的认知/判断机制。由于通过感官感受来展示其生命特征,因而人具有"共感"移情这一普遍性的属性,并且人对这种情感有一种自为能力,即"同情","同情"使人的道德行为最终指向人之"移情"这一目的性存在。最终使关怀论者提倡的"移情—关怀"思想,传统儒家所讲的"感通—恻隐"思想,以及马克思的"感性—活动"原理,三者之间有着感性学上的会通融合之处,都揭示了"人作为感性的存在者"的一般人性特质。①

薛勇民和骆婷在《论麦金太尔的移情想象力》中强调,"移情想象力是麦金太尔为传统的合理性辩护的一个关键环节。只有真正理解了移情想象力,才能体会缘何各种互竞传统之间存在合理性选择的可能;只有真正掌握了移情想象力,才能在面对传统的认识论危机之时,与相遇的传统进行有效沟通;只有真正运用了移情想象力,才能有机会续写自己传统的历史,证明传统的合理性"。相对应地,要理解麦金太尔的移情想象力,必须认识到"语言的转化是发挥移情想象力的前提要件","历史的维度是展开移情想象力的核心要素","想象的心灵是完成移情想象力的关键环节",从而达到"个体能够通过想象,将他或她自身想象性地置于那些忠诚于对方传统的人所寄寓的信仰图式之内,以便像他们感知和设想自然世界和社会世界那样,来感知和设想自然世界和社会世界"。②

刘晗在《平等、移情与想象他者:普遍人权的道德情感基础》中将"移情"建构为人权更为坚实的基础。如果人权的核心权利是平等地受到关切的权利,那普遍的移情则是这种权利的根基所在。因为通过移情,我们把陌生人想象成和"我们"处境类似、休戚与共的人,并且能够敏感地接收到他人的痛苦,进而将他人和自身紧密联系在一起,从而关注他人的苦难。在一国层面,在国家内部超越阶层、性别和种族的移情是构建平等自由共和国的基本条件;在国际层面,普遍人权的拓展需要超越国家与跨越民族的移情过程。由此,人权教育的核心更为重要的是情感能力和同情感觉的培育,而非仅是基于理性的法律教育和法治意识的培养。③

---

① 方德志:《关怀伦理与儒家及马克思在感性学上的会通——基于对关怀伦理"移情"概念的追溯》,《吉首大学学报》(社会科学版) 2016 年第 3 期,第 39 - 46 页。
② 薛勇民、骆婷:《论麦金太尔的移情想象力》,《山西大学学报》(哲学社会科学版) 2016 年第 5 期,第 11 - 15 页。
③ 刘晗:《平等、移情与想象他者:普遍人权的道德情感基础》,《清华法学》2017 年第 4 期,第 53 - 65 页。

方德志在《移情的启蒙：当代西方情感主义伦理思想述评》中分析了以女性关怀伦理学和情感主义德性伦理学为代表的当代西方情感主义伦理思想产生于拒斥道德理性主义传统的现实背景，认为当代道德情感论者注重从现实人际角度描述道德行为带给道德行为者的体验效果，而不是一味追求精致的理论设计效果。这种关心或关怀的道德理论是一种去理论化的、关于行动的道德理论，在价值观上非常注重"自我"与"他者"之间的现实依存"关系"，而非抽象的理性"契约"，强调对"关系"的责任意识要优先于对"个体"的权利意识，对实际的"关怀/关心"行动要优先于抽象的道德规则。"移情"是当代西方情感主义伦理思想中的核心概念，用以解释"自我"与"他者"之间存在共通的或一致的感受。"当代西方道德情感论者大量使用'移情'而不是'同情'，主要在于同情的行为会使'自我'置身于'他者'的切身感受之外，从而使'自我'与'他者'在人格上表现为不对等状态，移情则能消除这种不对等状态。"[①]

李义天在《移情概念的渊源与指称》中对伦理学史上的"移情"含义进行了梳理。"移情"意指一个行为者对于另一个行为者的心灵状况尤其是情感状况的近乎等同的感受和体验，亦即一种基于感同身受的情感共鸣。亚里士多德并没有使用"移情"这一术语，但其所谈及的内容在词源上更多地偏向于现代人所说的"同情"。在使用"同情"这个概念时，休谟和斯密描述的是一种特定的心理机制，而不是一种特定的情感表达，指的是一个人对另一个人的情感转移与共鸣，而不是一个人对另一个人的怜悯和关怀。但在休谟和斯密间仍存在差异，斯密的移情概念就典型地属于"投射性移情"，休谟的移情概念则是指一种接纳性的心理体验过程。在利普斯看来，移情是一种专门的认知方式，是一种特殊的、涉及他人的认识方式或认识过程。对胡塞尔来说，移情是构成经验其他个体的前提条件，由此保证个体处在相互理解之中，从而实现"一个客观的外部世界只能主体间地被体验到，也就是说，被多数进行认识的个体所体验到"。舍勒认为，移情的发生根本就不需要建立在知晓另一个行为者的行为或表情等"有关其肉体的知识"的基础上。在施泰因看来，移情最重要的一项特征就在于它的"非原初性"，即移情者通过移情所感受到的他人的心灵状态，仍然是他人的，是他人而不是我本人直接从外部世界的被给予性中获得的。在澄清"移情"概念渊源的基础

---

① 方德志：《移情的启蒙：当代西方情感主义伦理思想述评》，《道德与文明》2016 年第 3 期，第 96 – 105 页。

上，可以明确"移情"不等于"知情"。移情是一个行为者对于另一个行为者的情感的感觉和体验，而不仅仅是对后者的知晓或理解；"移情"不等于"同情"，同情是一个行为者对于另一个行为者的情感所表达的一种相应的情感反应，前者并未感觉到后者的心理状况。另外，只有当移情者与被移情者之间不仅具备类似的欲望结构，而且具备类似的价值观念的时候，移情才更有可能准确地发生。①

3. 对移情与亲社会行为、利他行为关系进行实证研究

岑国桢等人通过调查发现，我国6~12岁儿童均能做出移情反应和一般助人行为倾向反应，8岁以上儿童的反应更为强烈和成熟；8岁以上儿童才能在自己也有困难的冲突背景下仍做出助人行为倾向的反应；6~12岁儿童的移情反应与其一般助人行为倾向反应有显著正相关关系；移情反应与冲突背景下的助人行为倾向反应的显著正相关则8岁以上儿童才具有；个人、集体两类情境会影响他们的移情反应；人身伤害、声誉损害、财物损坏三种情境会影响他们的助人行为倾向。② 在儿童亲社会行为中，认知能力尤其是观点采择能力是亲社会行为的首要认知条件，一旦儿童认识到他人的苦恼和不幸是他们自己移情情绪的原因，并且知道如果自己采取行动来安抚他人能减轻或消除这种情绪，儿童就会表现出利他行为。③

另外，国内学者对于移情与亲社会行为关系的研究还扩展到网络行为，宋凤宁等人通过对高中生移情水平与网络亲社会行为的调查得出结论：（1）高中生在网络上的亲社会行为表现比较乐观，其网络亲社会行为表现从高到低依次是抚慰、合作、分享、帮助；高中生的网络亲社会行为在年级和周上网时间上存在显著差异。（2）高中生移情水平较高，女生的移情水平要高于男生。（3）移情水平与网络亲社会行为有着极显著的正相关关系，高移情水平的高中生更易于在网络上表现出亲社会行为。④

4. 注重移情的道德教育意义

张忠仁认为，移情之所以在近年来引起人们的广泛关注，就是因为移情

---

① 李义天：《移情概念的渊源与指称》，《湖北大学学报》（哲学社会科学版）2017年第1期，第19-24页。
② 岑国桢、王丽、李胜男：《6~12岁儿童道德移情、助人行为倾向及其关系的研究》，《心理科学》2004年第4期，第781-785页。
③ 丁芳：《儿童的观点采择、移情与亲社会行为的关系》，《山东教育学院学报》2001年第1期，第10-13页。
④ 宋凤宁、黎玉兰、方艳娇、江宏：《青少年移情水平与网络亲社会行为的研究》，《广西师范大学学报》（哲学社会科学版）2005年第3期，第84-88页。

具有重要的德育价值。人们的道德行为受移情水平高低的影响，移情是个体道德发展的基础，移情产生的情感本身就具有道德的意蕴。移情是在道德内化中产生的，同时移情又会进一步促进道德内化。移情本身就是一种亲社会动机，具有引发助人行为和抑制攻击性行为等亲社会功能，是亲社会行为的动机源。学校道德教育理应重视学生移情能力的培养，道德教育应以移情为切入点，通过移情训练培养个体的同情心理是移情训练的直接目标。①

徐孝霞在《道德情感教育中的"同情"与"移情"》中对同情与移情做出比较，认为同情和移情存在差异：（1）移情的外延比同情更广泛，同情只包括由他人消极情绪体验引发的情感体验，一般伴有不愉快甚至痛苦，移情则涵盖了对他人所有不同性质情绪的体验；（2）主客体关系不同，同情更注重客体情绪的诱发，移情则更注重主体的主动性；（3）侧重点不同，同情更强调主体的情绪反应，移情则更注重主体对客体的认知过程。道德情感教育理论和实践的发展，要求一种知、情、意、行统一的理论框架，情绪驱动认知与行为，认知赋予情绪以特殊、具体的含义，并帮助界定情感—认知结构。②

齐贵云在《移情的功能理论对高校德育的启示》中指出，移情对亲社会行为具有动机功能和信息功能，因此高校在德育过程中，应加强体验式道德教育，激发道德动机，引导学生丰富自己的情感体验，鼓励并引导学生正确面对自己的情感情绪，关注自己的内心感受，保持健康的心态；提高观点采择能力，活化道德认知，在改变高校德育模式的同时，营造良好的校园文化氛围，并鼓励学生多参加各种校园文化活动和社会实践活动，多与同学交往。③ 在《移情视角下大学生社会主义核心价值观的培育》中，齐贵云强调社会主义核心价值观的培育过程体现了移情的内在要求，并且移情是社会主义核心价值观培育从宏观向微观拓展的内在要求，是新时代培育社会主义核心价值观的有效形式，这构成移情在社会主义核心价值观培育中的理论依据和现实需求。因此，移情理论对培育和践行社会主义核心价值观的启示包括：要积极推进公平正义的制度建设，要提高教师的移情能力，要提高大学

---

① 张忠仁：《移情的德育价值的心理学释义》，《吉林省教育学院学报》2010 年第 10 期，第 18 - 20 页。

② 徐孝霞：《道德情感教育中的"同情"与"移情"》，《鞍山师范学院学报》2004 年第 2 期，第 106 - 108 页。

③ 齐贵云：《移情的功能理论对高校德育的启示》，《重庆交通大学学报》（社会科学版）2015 年第 3 期，第 102 - 105 页。

生的移情能力,以及要将移情性评价体系贯穿始终。①

在道德教育与移情关系的基础上,有学者提出,早期道德教育过程实际上就是对儿童进行移情训练的过程。在对儿童进行移情训练的过程中,可以采用角色扮演、情境讨论和分享体验等方式。角色扮演是一种使人暂时置身于他人的社会位置,并按这一位置所要求的方式和态度行事,以增进人们对他人社会角色及自身原有角色的理解,从而更有效地履行自己角色的心理学技术。情境讨论是指通过为儿童展示情境图片或讲述情境故事,引导儿童进行讨论,引发儿童情绪反应和情感体验,从而提高儿童移情能力的训练方法。分享体验是指让儿童在现实情景中真实地体验分享者和被分享者的内心情感,引导他们表述自己实在的内心感受,从而提高儿童移情能力的训练方法。②

5. 对"文化移情"进行了讨论

文化移情(cultural empathy)是指交际主体自觉地转换文化立场,在交际中有意识地超越本土文化的俗套和框架模式,摆脱自身文化的约束,置身于另一种文化模式中,如实地感受、领悟和理解另一种文化。文化移情是跨文化交际中连接主体与客体的语言、文化及情感的桥梁和纽带,是有效沟通的技巧、艺术和能力,③ 是跨文化交际中主体和客体相互适应及情感沟通的重要方法。但在跨文化移情过程中,交际双方使用的语言不同、所处的文化背景不同,思维的方式和表达习惯也不尽相同,因而常常导致移情的失败,以至于不能达到有效交际。这就要求文化移情是既立足本土文化又超越本土文化基础之上的跨文化对话和交往,旨在于本土文化与异质文化之间建立双向协调、双向互馈和双向建构的机制。在文化移情过程中,人们应该遵循适度原则,即既不能移情不够,又不能移情过度。文化移情的适度主要体现为知觉移情和交际移情这两个方面的适度。要贯彻文化移情的适度原则,就必须坚持文化平等性原则,反对民族文化中心主义,克服文化偏见和定式等不正常的心态,在跨文化交际实践中提高文化移情能力。④ 在培养跨文化移情

---

① 齐贵云:《移情视角下大学生社会主义核心价值观的培育》,《浙江工商职业技术学院学报》2019 年第 4 期,第 58 – 61 页。

② 杨兴鹏:《加强儿童移情训练,促进儿童亲社会行为发展》,《黄石教育学院学报》2006 年第 1 期,第 67 – 70 页。

③ 赵桂华:《跨文化交际中的移情障碍及其克服》,《学术交流》2006 年第 3 期,第 167 – 169 页。

④ 高永晨:《跨文化交际中文化移情的适度原则》,《外语与外语教学》2003 年第 8 期,第 29 – 32 页。

的过程中，要注意其他交际者的情感表达，交际者要充分地表达彼此的立场和观点，熟悉交际者所处文化的价值观和习俗，克服文化定型的消极影响，区分自我和异己的文化倾向，摆脱固有文化习惯的束缚等。①

另外，国内学者对移情在具体行业中的运用进行了考察。对于媒体从业人员，尤其是播音员、主持人，罗赛清认为，在竞争激烈的当今传媒行业，要想拥有受众，媒体工作人员必须具备移情能力。作为联系传媒与受众的播音员、主持人的移情能力，与受众对节目的关注程度有着重要关系。如果播音员、主持人善于移情，就能使节目更具感染力，更能吸引受众注意，达到预定的宣传目的。② 对于企业道德决策，移情也能够发挥作用。李晓明等人通过对移情因素在道德强度对企业道德决策影响中的作用的调查，得出结论：移情反应在道德强度对企业道德决策的影响中具有中介作用；移情关怀特质会通过影响主观道德强度和移情反应而作用于企业道德决策；结果大小、社会舆论和效应可能性对道德判断和道德意图的影响机制各有特点。③

三、研究内容

学术界对于移情与道德的关系存在争论。一种观点认为，移情本身就是道德，如在霍夫曼看来，移情本身就具有道德性，移情作为"个人与社会的粘合剂"，平衡了自我中心与道德行为，④ 斯洛特在此基础上论证了"关怀伦理"的合理性；另一种观点认为，移情使移情者产生利他动机，但其本身还不是道德，如奥克斯利认为移情虽然在道德中具有重要作用，但移情还不是道德，只有与道德原则相结合，移情才具有道德性。⑤ 目前，研究者几乎都承认，移情与道德行为之间存在必然联系。将移情引入伦理学，一方面为道德行为提供了心理学基础，另一方面在具体情境中可以利用移情引出相关主体的道德责任，避免多个道德规范在该情境中可能出现的道德悖论。移情

---

① 刘俊琦：《跨文化交际中的文化移情能力及其培养》，《理论导刊》2012年第1期，第96 - 97页。

② 罗赛清：《播音员主持人的移情与受众的注意》，《湖南大众传媒职业技术学院学报》2003年第4期，第70 - 71页。

③ 李晓明、傅小兰、王新超：《移情在道德强度对企业道德决策影响中的作用》，《心理科学》2012年第6期，第1429 - 1434页。

④ [美] 马丁·L. 霍夫曼：《移情与道德发展：关爱和公正的内涵》，杨韶刚、万明译，黑龙江人民出版社2003年版，第154页。

⑤ Julinna C. Oxley, The Moral Dimensions of Empathy: Limits and Applications in Ethical Theory and Practice, New York: Palgrave Macmillan, 2011, p.5.

伦理研究需要澄清以下几个问题。

(一) 移情伦理如何可能

移情伦理旨在以社会心理学和伦理学对"移情"及"移情的道德意义"的研究成果为基础，阐述移情这一心理过程所具有的道德特征，在对其加以规范和引导的过程中明确人们进行道德抉择应遵循的过程和方法，进而使人们对道德的理解更加深入合理，以在日常生活中更好地践行道德规范。移情伦理对人们为什么会做出道德行为、如何做出道德行为、什么样的行为才真正是道德行为及道德最根本的目的是什么等一系列问题做出回答。移情伦理以自身所内含的普适性的道德原则、双方共同承认的价值判断和行为抉择、自利与利他的统一、以合乎尊严的方式要求尊严等特征，回应批评者和质疑者提出的移情忧伤与道德责任并不对等，文化差异导致移情成为问题，以及移情的利他倾向要求自我牺牲等问题。除此之外，移情伦理还具有实现对人的尊重，认为跨文化乃至种族的合理性价值判断和行为方式选择是可能的，以及保证道德主体与道德对象地位平等的理论优势。

(二) 移情伦理的心理学基础

作为移情伦理的心理学基础，移情包含情感与认识两方面。由此，我们才可理解由情感和认知属性所决定的移情认知功能和规范功能。当被理解为情感的传递时，移情是以人类在生理和心理结构上的相似性为基础的，即情感的外在表现可以被具有相同心理和生理结构的他人在不自觉状态下做出相同情感表达作为回应。在认知角度，我们强调认知及认知过程在移情中的作用，即获取关于他人的信息，尤其是他人的内状态信息。两种角度分别侧重于移情的结果和移情的过程，即分别侧重移情的情感因素和认知因素在移情中的作用。不过，即使侧重于移情的过程，也无法否认因移情而产生的情感，即情感忧伤、移情内疚和移情愤怒在某种程度上与被移情者的情感存在一致性，这种一致性源于人类生理上的同一性；侧重于移情的结果，也无法否认移情认知对移情者感受他人感受的重要作用。

(三) 移情伦理的价值论

移情伦理的价值论由移情偏见所体现的"自我中心"引出。移情在具有过度唤醒的局限性之外，还有可能引起偏见，即"熟悉偏见"和"此时此地偏见"。移情偏见或局限性的存在证明了人的"自我中心"倾向。"自我中心"有可能是人类行为的基础，无论是在非道德行为中还是在道德行为中，人类都无法摆脱"自我中心"的影响。移情的道德性并不只是体现在行

为的利他结果上，对自身利益关注的"个人忧伤"一样会促进人们做出表面上利他的行为，但这种行为本质上却是利己的。移情无法解释什么事或物对被移情者而言是有价值的，这只有依赖于"自我中心"才能解释。"自我中心"实际上是人的自利要求的体现，人只有依赖于自利才能确认什么事或物对自己有价值。在移情过程中，移情双方实际上都是作为具有自利性需求的主体而存在的。而移情的道德意义则在于两个方面：一方面，移情者在移情过程中，通过假定自身处于对方立场，对被移情者针对自身当前境遇所做价值判断予以承认，在承认其价值判断相较于当前境遇具有合理性的同时，也承认这一价值判断相较于其所设定的长远的好的生活的重要性，从而予以对方一种双方作为道德共同体平等成员共同承认的尊重；另一方面，移情者从自身立场出发，认定被移情者所做价值判断相较于其所设定的长远的好的生活的实现具有重要意义，从而内在地将实现对方价值追求、消除其消极情感表现作为自己行为的唯一动机，从而做出道德行为。"自我中心"在移情过程中对移情进行限制，同时因自利要求的无法实现而使其处于利益受损状态是被移情者成为移情对象的前提，以移情为基础的行为表现出利他性，实质就在于这种行为实现或满足了被移情者的自利性要求。移情的道德价值正是来自移情者对他人"自利性价值"的维护或增进。

（四）移情伦理的行为论

移情的心理学研究为利他行为的心理过程做出了解释，明确移情在道德动机、道德理由的产生过程中所具有的特征，能使移情与道德之间的关系更为明确。移情忧伤使移情者关注他人福利、消除他人消极情感，这符合道德利他所要求的动机状态。在移情忧伤的基础上，移情认知始终围绕他人福利，对他人复杂的思想状态和社会地位进行认知，以理解他人作为"人"是怎样的。移情忧伤和移情认知决定了针对他人的行为理由是一种道德理由，因为这一行为理由是移情者对自己提出的，所以它是内在的；移情者将被移情者视为与自己相对的"你"，所以这一行为理由是由第二人立场出发的；移情者依据自身价值判断，在他人立场上、针对他人做出价值判断，因此这一行为理由具有符合主观的客观性。

（五）移情伦理的尊严论

移情可以使主体增加他人福利或消除他人利益受损，这不仅使移情成为道德行为的心理学基础，而且一定层面上也使移情成为指导我们在特定情境下应当如何行为的方法论。移情同样可以作为方法论，使他人做出某种行为帮助移情者实现自身利益，即借助移情我们可以向他人提出要求，这就使移情成为移情者与被移情者之间的双重移情，即通过移情我们认识到他人对我们移情。正是基于双重移情，当主体判定在当前境遇下仅依赖自身无法满足自身利益需求或消除自身利益受损，那么他向他人所提出的行为要求实际上就是一种合理要求，并且由此自己与他人间形成一种道德关系，这一合理要求就转变为一种针对他人的道德要求，其实质是一种尊严要求。尊严首先是对"人"应有道德地位的确证，在实现过程中我们应"以尊重的方式要求尊重"①，从而保证道德关系双方地位平等。

（六）移情伦理的第二人立场

不仅主体在向他人提出要求实现自身尊严的过程中采取第二人立场，在整个道德过程中，主体实际上都是在采取第二人立场。借助于第二人立场，表现为移情情感的反应态度的被传达者被赋予一种内在性的最终行为理由，要求对方站在主体立场来进行价值判断和行为选择，以此来实现反应态度传达者与被传达者间的道德关系。在这一关系中，不仅被传达者承认传达者的权威性立场和地位，而且反应态度的传达也以一种承认被传达者同样是作为道德共同体平等成员的方式，给予被传达者以尊重。因此，基于移情的第二人立场可以建构作为平等责任的道德理论。这一理论认为，道德共同体的每位成员都负有一种承认他人尊严的道德义务，同时，在要求自身尊严实现的过程中，只有"以尊重的方式要求尊重"才能真正做到"只要是人就平等地享有尊严"。

（七）移情伦理的合理性检验

将移情伦理放入各种道德问题中进行检验，我们可以对其合理性进行辩护。移情伦理的理论合理性辩护要求这一理论适用于两个层面。一是受同一文化影响的社会内部层面。在这一层面，移情伦理针对当前我国呈现出的"陌生人社会"这一趋向提出，当各种既有道德规范无法适用于各种新领域新形式的主体行为时，主体需要针对自身与他人所处的道德关系重新反思自身应有行为，只有遵循移情伦理提出的行为逻辑以实现某一指向双方共同认同的长远的好的生活时，这一行为才可能也必然是道德的。同样，在道德教育过程中，各方主体需要培养教育对象具有成熟的移情能力，能够基于移情合理地判断他人表现出消极情感的原因和使对方消除这一表现的行为，从而

---

① ［美］斯蒂芬·达尔沃：《第二人称观点：道德、尊重与责任》，章晟译，译林出版社2015年版，第90页。

提高道德实践能力。二是不同文化的国家、民族间层面。当前全球化趋势更加明显，人类共同面对的各种问题不断增多，只有加强国家间的沟通、合作，各种问题才能得到有效解决。对此，中国提出"人类命运共同体"理念。移情伦理能为这一理念进行跨文化的合理性论证，不仅能解释为什么"人类命运共同体"的价值目标符合各个国家、民族的共同利益，也能为"人类命运共同体"所提供的各国应遵守规范的合理性提供辩护。

总之，本书试图对以下问题做出回答：（1）移情伦理的主要观点和特征是什么？是通过提供怎样的道德行为抉择方法使人们践行遵守"人是目的"的根本道德原则的？（2）同时具有情感和认知维度的移情在道德行为中起着什么样的作用？（3）主体如何做出价值判断？主体如何通过移情认识到他人的价值追求？为什么想象自己处于他人境遇时能够做出符合他人需要的价值判断？（4）为什么判断一行为是道德行为的根本标准是道德动机？道德动机如何产生？移情过程中的移情忧伤如何能够成为道德动机？移情基础上的利他行为在成为道德行为时具有怎样的特征？（5）道德关系中的双方如何实现关于价值和行为的一致性判断？尊严为何是主体的自利要求以及在现实中如何实现？（6）第二人立场是怎样一种立场？为什么主体在道德行为和提出尊严要求过程中唯有采取第二人立场才是合理且正当的？（7）移情伦理如何适用于"陌生人社会""道德教育"，以及跨文化的国家、民族间交往，以为自身合理性进行辩护？

第一章

移情伦理概述

"移情"无论是在现实生活中还是在众多研究者的理论中,都已被证实是人们做出利他行为或者说道德行为的重要心理机制。在关于道德的很多方面,如道德动机如何产生、道德行为怎么做出,研究者们往往只有基于移情才能给出无可辩驳的解释。将移情运用于道德研究已成为当前国内外研究者的明显倾向。移情伦理作为一种道德理论,在运用社会心理学家和伦理学家针对"移情"这一人们普遍具有的心理过程所取得的各项成果的基础上,对道德行为给出不同于其他道德理论的解释,在明确判断道德行为的根本标准在于主体是否具有"增加他人福利"动机的同时,提出人们在道德行为针对他人进行价值判断和行为选择上应遵循的过程、应采取的立场,从而使"人是目的"的根本道德原则能够体现于人们的道德行为和维护自身尊严的过程中。同时,移情伦理相较于其他理论具有自身的特征和理论优势。

第一节 移情伦理界定

移情伦理旨在以社会心理学家和伦理学家对"移情"及"移情的道德意义"的研究成果为基础,阐述移情这一心理过程所具有的道德特征,借此解释人何以及如何做出道德行为,在对移情心理加以规范和引导的过程中提出人们在道德行为中应遵循的原则、应采取的立场,以为人们道德抉择提供方法,进而使人们对道德的理解更加深入合理,从而在日常生活中更好地践行道德规范和维护自身尊严。依据由情感到动机再到行为所涉及方面,移情伦理具有以下内涵。

首先,主体在对他人"移情"过程中感受到的移情忧伤是道德行为的发端,这是对于人们为什么会做出道德行为的回答。移情者所感受到的移情忧伤,一方面是对于对方当下消极情感表现的承认,移情者由此对于对方当下境遇有一最初判断，认定对方正当利益受损或仅依赖自身无法满足利益需求。不容否认，"道德"作为对人们应做出正当行为的要求，意在使主体在行为过程中实现对于某一道德规范的遵守。但对于规范的遵守并不必然源于主体对于规范的某种积极心理。虽然不容置疑，某些规范以成文或不成文的方式一直存在于人们生活中，但这并不等同于这一规范时刻都在赋予人们以一种道德责任，只有在具体的道德境遇中这一规范才变得明朗，直接对主体的行为进行规范性要求。

如"公交车上给老人让座"，这是一种在当前社会任何时候都有效的道德规范，但其规范作用的实现必然依赖于具体境遇。对于任一主体而言，当其在生活中不乘坐公交车时，这一规范无效，只有在其乘坐公交车时才可能有效；同时，在下列情形中，这一规范仍然无效：（1）当年轻人 A 乘坐公交车时，从上车到下车的整个过程中，都没有老人上车；（2）当年轻人 A 乘坐公交车时，有老人上车，但老人表现出明显的不坐在座位上的意愿；（3）当年轻人 A 乘坐公交车时，有老人上车并且表现出明显的要坐下的意愿，但此时 A 腿上有伤无法让座。显然，道德规范发挥作用有其前提条件，对这一条件的揭示能更准确地对人们的行为加以规范引导，无视这一前提条件的存在，必然导致道德规范的失效。

在对行为主体提出规范性要求时，我们必须考虑处于具体境遇中道德关系双方的地位，这一地位是由彼此间利益的实现程度比较而来的，由此保证道德自始至终都具有一种对所关涉双方利益的关注。这也就赋予主体在某些现有道德规范无法触及的领域以道德责任，使其基于自身与他人间利益实现程度比较，结合当下境遇做出道德行为。如在新冠疫情暴发后，为何医护人员会逆行疫区不遗余力地对病毒感染者进行救治，或许有人认为这是医护人员的职业规范对于他们的一种职业要求，但既然是职业规范，那前提是这些人是这一行业的从业人员，如果他们退出这一行业，这一规范自然也就不会产生作用，但我们的医护人员并没有这么做，显然存在某些东西在"规范"之前已然对我们的医护人员产生作用，如同对那些非医护人员的志愿者产生作用，从而使其自行参与抗疫。或许有义务论者认为，在疫情暴发后，所有人都有对那些感染者进行救治或进行救援物资捐助运送等义务，但这显然与疫情暴发后所有人都应积极响应国家在抗疫中所颁布的科学措施的义务相冲突，所以医护人员救治病患和志愿者自愿参与抗疫的行为不能归结为遵守某一规范的强烈意愿。或许有功利主义者认为，对感染者进行救治能使社会福利最大化，或对感染者进行救治这一规则的普遍遵守能使社会福利最大化，但在比较中国与外国抗疫后，可以明显看到，对于社会福利的理解在不同国家、社会存在根本性差异。显然对于功利主义者而言，无论抗疫是成功还是失败，都可以理解为是在实现社会福利最大化。所以，无论是国家还是医护人员、志愿者个人，之所以会不遗余力地救治感染者，甚至是那些年迈的感染者，只有基于移情在对彼此利益实现程度进行比较后，认识到感染者明显处于利益严重受损的状态。无论是直接面对，还是借助媒体对他们当下境遇有所了解，又或者仅仅是想到当下还有因感染病毒生命受到威胁的人存在，任何人都会因他们当下必然产生消极情感表现而对其产生一种移情忧伤，并由此产生对其进行在自身能力范围的救助行为，以消除其消极情感表现。

其次，明确道德发端于对他人消极情感表现的认同，也是将道德关系限定在了利益实现程度不同的主体之间，从而不会将道德要求无限延伸，使行为主体时时刻刻背负一种道德压力，从而导致道德对人的束缚，违背人们创造道德的初衷，也就是使人们的生活变得更好。另外，这也是对道德适用领域的明确。道德作为对社会中人们行为的规范，必然有其适用领域，在这一领域中，道德具有其他规范无法替代的特殊地位，但也只有在这一领域中，道德对人们的影响和意义才会是积极的。

功利主义者认为道德是对于身处社会中的人的幸福的增进和痛苦的削减，这自然会导出结论，即人无时无刻不负有一种道德责任，哪怕责任对象在自身认识能力和范围以外，你也应当竭尽所能地实现整个社会最大化的幸福。显然，这是一种道德强加，是对于人们的行为选择自主性的漠视。现实生活中，在供子女上学和捐钱给远方贫困孩子以使其实现温饱之间，任何父母都会首先选择前者。这并不仅是因为父母具有一种对子女的特殊关爱，还因为这是一种明确的道德责任。这一责任源于父母认定子女不上学会表现出一种强烈的消极情感，或者有违于自己应当帮助子女实现他对自身长远的好的生活的设定和追求的责任。类似于功利主义，义务论也具有一种强加于人的色彩。义务论者认为道德是普适的，当你负有一种捐钱给远方贫困孩子以使其实现温饱的责任时，哪怕你所拥有的钱财仅够供子女上学，你也应当把它捐出去。义务论对于原则的强调，使康德甚至认为"一个医生为把病人完全治愈作出的决定，和一个放毒者为了把人保证毒死作出的决定，就它们都是服务于意图的实现来说，在价值上没有什么两样"①。这就使基于日常判断

---

① ［德］伊曼努尔·康德：《道德形而上学原理》，苗力田译，上海人民出版社2005年版，第33页。

的道德行为和反道德行为之间的区隔骤然消失。在康德式的义务论者看来，拿仅有的钱供子女上学，和把它捐给远方贫困孩子以使其实现温饱具有同等价值，人们没有理由选择前者而否定后者。当然，这并不意味着不存在一种普遍适用的道德规范，以使主体对于某些不在自身视野内的对象尽到道德责任，如对于那些偏远地区的孩子进行救助，而是说当多种规范同时要求主体做出可能无法统一的两种或多种行为时，优先遵守哪一规范的选择权应在主体自身。可能有人会反驳，当主体面对这一境遇，拿仅有的钱财为子女买一个他念想很久并且父母已承诺为其购买的玩具，与拿这些钱去援助一个在买玩具路上发现的马上就要饿死的乞丐之间，父母是否有理由赋予自身优先遵守前一规范的权利，即为子女购买玩具而置就要饿死的乞丐于不顾。对此，可以这样理解，父母当然应优先救助乞丐，因为对于父母而言，无论是没有践行自己对子女做出的承诺而产生内疚，还是无法感受子女得到这一玩具后的喜悦，都没有乞丐当下生命受到威胁的利益受损情况来得严重。通过这一利益实现情况的比较，父母就将自己置于与乞丐的一种道德关系中，并且父母能清楚意识到自己对于乞丐负有对其进行救助的道德责任。可能又有人反驳，远方贫困孩子无法实现温饱的利益受损情况一样来得比子女无法上学的利益受损情况严重，为何在此情况中父母有理由选择拿仅有的钱财供子女上学，而不是捐钱给远方贫困孩子以使其实现温饱呢？显然，这与"救助乞丐"间存在差异。如果这一无法实现温饱的远方的贫困孩子对父母而言是一个能与之形成移情关系的主体，那么父母当然有责任对其进行救助，而如果只是一个想象出来的主体，那么对于父母而言，这些"贫困孩子"根本就是一种自身无法确定对其负有道德责任的存在，因此也就无法针对这些孩子做出以之为对象的道德行为。就如同当前社会，任何人都能想到这个世界还存在无法实现温饱的贫困孩子，却无法与之形成移情关系，即使能想到在利益实现情况比较中自己处于优势地位，自己也无法对其产生一种移情忧伤，进而无法对其做出道德行为。当然，当哪怕只是听到或看到相关报道，知晓现实中存在无法实现温饱的贫困孩子时，我们也会与其形成移情关系，对其产生移情忧伤，从而做出道德行为。所以，救助远方无法实现温饱的贫困孩子的责任对于任何人而言都是存在的，但这一规范效力的发挥，仍然依赖于主体能否将这些孩子作为移情对象。

明确道德发端于对他人消极情感表现的认同，也是对于"人是目的"这一道德律令的真正践行。以人为目的的实质就是在行为过程中，主体的行为动机只指向作为目的的他人，若有违于此，行为必将指向"目的"之外的其他目的，从而使本应作为"目的"的他人沦为实现其他目的的工具。在实现"最大多数人的最大幸福"的过程中，必然有无辜之人被牺牲掉，尽管功利主义的现代形态做出了很多努力，但依然没有解决这个问题。在实现个人福祉与公共福祉之间，作为功利主义根本原则的"最大化"要求无论如何都不可能达到平衡。虽然是义务论者提出"人是目的"这一命题的，但在要求普适性道德原则得到践行的过程中，遵照义务论的行为模式，人们实际被当作道德原则发生效力的工具，无论人们自身利益实现程度如何，都必须无条件地践行道德原则。康德强调"要只按照你同时认为也能成为普遍规律的准则去行动"①，道德主体以此来实现自身作为目的王国理性成员的身份，但这却是在赋予人们行为自由的同时也使道德行为最终只能实现"行为主体才是目的"，而道德对象却沦为道德主体实现自身目的的工具。现实生活中，借助于移情，主体感受作为对象的他人的消极情感，主体的注意力必然聚焦于移情对象，由此感受引发的进一步行为会最大可能地实现对方福利增加或利益损害停止。无论在移情过程中由他人消极情感表现而引发的关注，还是在接下来旨在消除对方消极情感表现的行为过程中，行为主体都始终将道德对象作为"目的"。之所以能做到这一点，是因为主体将对方的目的在某种层面上转化为自己的目的。当产生某一消极情感，他人当下的最大目的或唯一目的必然是消除自身这一消极情感，即增加自身福利或停止利益受损时，移情者借助移情将这一目的转化为自己的目的。

正是在将他人目的当作自己目的，以及通过自身行为来实现他人目的的过程中，移情者才将他人视作目的。现实中还存在这一类情形，即移情者有时根本不能认识到消除移情对象消极情感表现的合理有效的行为方式，即无法以自身行为来实现对方目的，但此时行为主体的目的仍可判定为与行为对象的目的相一致。以"公交车让座"为例：（1）年轻人 A 判定老人 B 产生消极情感表现是因为想坐下却没座位，但老人 B 仅仅是因为担心公交车会晚点到达预定位置，希望公交车司机能快点开以准点到达；（2）年轻人 A 判定老人 B 产生消极情感表现是因为想坐下却没座位，但老人 B 是因为心脏病发作，希望有专业人员能对其实施有效救治；（3）年轻人 A 判定老人 B 产生消极情感表现是因为想坐下却没座位，但老人 B 是因为没钱吃饭已经饿了两天肚子。此时，即使 A 做出让座行为，实际上也没有实现 B 的目的，但这

---

① ［德］伊曼努尔·康德：《道德形而上学原理》，苗力田译，上海人民出版社 2005 年版，第 39 页。

并不构成对主体没有实现"人是目的"的反驳。因为在 A 做出让座行为前，基于自身能力及日常经验，他认定 B 唯有坐下才是实现消除其消极情感表现目的的合理方式，也就是说，在 A 看来，自己所认定的 B 的当下目的，体现于 A 让座这一行为目的中，只有在让座过程中，两人的目的才能统一，从而实现"人是目的"。

在移情所引起的道德行为过程中，认知能力同样在发挥作用，这是对于人们如何做出道德行为的回答。义务论者要求人们无条件践行"道德律令"，但纯粹形式的绝对命令与现实具体的道德境遇存在明显差异，依据这一命令必然导致人们的无所适从。如引言所提到的"电车难题"，义务论者当然认定"不伤害他人"和"拯救他人性命"都是符合"要只按照你同时认为也能成为普遍规律的准则去行动"这一行为模式的道德规范，但两种规范在当下境遇中的冲突导致主体根本无法做出符合任一规范的行为。此时，原本应通过理性思考所得出的道德规范却在理性的主体面前变成一种违背理性的东西。功利主义虽以人们在日常生活所实际具有的欲求为基础，认为为实现"趋乐避苦"，人们应当做出实现最大化幸福及最小化痛苦的行为，由此，人们应充分运用自身所具有的计算理性，但当基于这一理性决定以牺牲一人的代价来挽救五人性命时，这一理性明显与"趋乐避苦"的本性相背离，也就是说，本应服务于本性的理性有时悖逆于本性。显然，基于义务论和功利主义，人们有时无论做出何种选择都可能不合理，根本原因在于两种理论在逻辑上不自洽。

在主体借助移情感受到他人消极情感的过程中，理性已参与其中，同时，在主体探究对方何以做出消极情感表现，以及如何消除对方消极情感表现时，理性的认知能力无疑在发挥作用。通过这一认知能力，一方面，主体判断对方消极情感表现在当下境遇是否合理，是否是基于移情双方都可以判定合理的标准来做出这一消极情感表现的，如到底是因为仅依赖自身行为无法实现利益满足或利益损害消除，还是只是因为自己行为或判断上的失误，移情对象才做出这一消极情感表现的；另一方面，主体运用这一认知能力判定何种行为能有效消除对方消极情感表现，即增加对方福利或消除利益损害。因此，当对"电车难题"中的一人和五人进行移情，认定双方都无能力摆脱当下对于自身生命威胁时，作为移情者，主体感受到一种移情忧伤，并认定对方当下的消极情感表现合理，自身负有一种消除对方消极情感表现的责任。但在思考何种行为能在合理性层面来实现这一目的时，却发现没有，此时主体的移情忧伤会变得更加强烈，但知道自身不负有将道岔扳向任何一方的责任。也就是说，理性能力的运用在保证合理的行为方式指向行为目的的同时，对这一目的本身的合理性也会进行判断。当两种目的具有同等意义，却在同一境遇中相互背离时，这根本就不是理性所能解决的问题，如果被要求选择某一行为，使之在实现其中一种目的的同时又不忽视另一目的，这已不是对于人们所具有理性能力的合理要求，当然也不会成为人们的一种道德责任。

  主体移情过程中站在对方立场所做出的价值判断和行为选择保证行为目的实现，这是对于什么样的行为是道德行为的回答。在义务论者和功利主义者看来，合理的行为必然是道德的行为。义务论者认为，合理性行为的做出是对自身实践理性的运用，实践理性所实现的就是普适性的道德原则，因此，合理性行为必然是对于道德原则的践履，即合理的就是道德的。功利主义者认为，合理的行为是满足主体自身幸福增加和痛苦减少的行为，这一行为的目的与功利主义道德原则所要求实现的目的相一致，而且除此之外也不可能存在其他目的。因此，功利主义者同样认定合理的就是道德的。但在具体的道德境遇中，存在合理性与正当性的区分，而且只有经历了从合理性向正当性的过渡，最终才能使行为合乎道德要求。合理性判断存在于两个层面，一个是价值判断层面，另一个是行为选择层面。

  在价值判断层面，又分为移情对象基于当下境遇中自身利益实现情况的价值判断和移情者所认定的对方利益实现情况的价值判断。移情对象之所以产生消极情感表现，正是他判断当下自身利益受损或仅依赖自身无法实现利益满足，在这一价值判断中，唯有消极情感表现与价值判断相一致才是合理的，否则，移情对象的消极情感表现就无法被他人基于对其当下利益实现情况的判断而予以承认。移情者之所以产生移情忧伤，是因为判定对方正当利益受损或仅依赖自身无法实现利益满足，即使对方或许没有表现出与其真实利益实现情况相一致的情感。最终，只有当移情双方的价值判断相一致时，基于移情的、实现有利结果的道德行为才有可能发生。否则，或者移情者不认同移情对象的价值判断，自行消除自身的消极感受，或者移情对象不认同移情者的价值判断，要么其消极情感表现继续存在，要么以一种合理主张的方式要求对方做出进一步的行为。同样以"公交车让座"为例：（1）年轻人A判定老人B产生消极情感表现是因为想坐下却没座位，但老人B仅仅是担心公交车不能按时到达预定位置，希望公交车司机能快点开（此种情形中，A与B的价值判断基本无关）；（2）年轻人A判定老人B产生消极情感表现是因为想坐下却没座位，但老人B是因为心脏病发作，希望有专业人员能对其实施有效救治（此种情形中，A 的价值判断远没有达到 B 的预期）；（3）年轻人 A 判定老人 B 产生消极情感表现是因为想坐下却没座位，但老人 B 是因为没钱吃饭已经饿了两天肚子（此种情形中，A 的价值判断虽没有达到 B 的预期，但仍可能实现一致）。此时，A 与 B 之间的价值判断存在不一致，即使让座的行为合乎一般性的"公交车上给老人让座"的道德规范，最终也不会实现道德结果，即老人消极情感表现得以消除。

在行为方式层面，移情对象基于自身利益受损或仅依赖其自身无法实现利益满足，对如何消除自身消极情感表现，即停止自身利益受损或实现利益满足而对他人可能针对自身的行为方式有所判定，同样，移情者对如何消除对方消极情感表现，即停止对方利益受损或实现其利益满足而对自身针对对方的行为方式有所判定，两种行为方式的判定是基于各自的价值判断，当两者价值判断不一致时，两者行为方式的判断必然不一致；当两者价值判断相一致时，两者行为方式的判断可能一致。在公交车让座中，（1）年轻人 A 判定自己做出给对方让座行为能消除老人 B 的消极情感表现，但老人 B 判定只有公交车司机快点开以准点到达才能消除自身消极情感表现（此种情形中，A 与 B 的行为方式判断基本无关）；（2）年轻人 A 判定自己做出给对方让座行为能消除老人 B 的消极情感表现，但老人 B 判定只有专业的医护人员对自己实施及时救治才能消除自身消极情感表现（此种情形中，A 的行为方式判断远没有达到 B 的预期）；（3）年轻人 A 判定自己做出给对方让座行为能消除老人 B 的消极情感表现，但老人 B 判定只有对方捐助自己 100 元钱才能消除自身消极情感表现（此种情形中，A 的行为方式判断虽没有达到 B 的预期，但仍可能实现一致）。此时，A 与 B 之间的行为方式判断存在不一致，即使 A 让座的行为合乎一般性的"公交车上给老人让座"的道德规范，最终也不会实现道德结果，即老人消极情感表现得以消除。但这并不意味着作为移情者的行为主体必须具有一种超常的理性判断能力，而是意味着当 A 无论在何种情形中，在依据对方当下所处境遇而对对方产生消极情感表现的原因进行判定时，A 所做出的价值判断和行为方式判断都具有一种能够并应当被双方共同认同的合理性，此时，合理的行为方式旨在实现合理的价值判断，以实现对于对方消极情感表现的消除，这一行为具有强烈的道德规范性，最终实现合理性向规范性的过渡。在此案例中，如果认定当且仅当 A 所做出的行为满足 B 当下真正需求才是合理且正当的，那么就是对于 A 进行超出一般理性能力的不合理要求；当 A 所做出的价值判断和行为选择都具有合理性时，针对 B 的行为必然具有道德正当性。

主体基于移情忧伤旨在消除他人消极情感表现的行为从根本上看是对于双方尊严的实现，这是对于道德最根本的目的是什么的回答。义务论者承认"超越于一切价值以上，没有等价物可代替，才是尊严"①。正因为具有尊严，人才成为目的王国的成员，可以说，尊严就是对作为目的的人的应有地位的确认。功利主义者将"幸福"的数值同等地赋予每一个人，每个人所代表的幸福数值既不会比别人多，也不会比别人少，从而承认人与人之间具有一种平等地位，以此来实现人所应具有的尊严。但若无法保证始终将他人作为"目的"来对待时，尊严就是一种空谈。只有通过将他人目的转化为自身目的，我们才是将他人视作目的的合理表现，唯有如此，才能实现其尊严。而且，尊严必须被移情双方共同享有并应同时实现，如果以一方尊严的损害来实现另一方尊严，那必然存在对于尊严的不合理理解或对待，或者根本就是违背尊严要求的。通过消除对方消极情感表现，移情主体承认并实现对方尊严，同时，移情主体也是在采取一种自身尊严得到对方认同的方式来实现自身尊严。任何超出自身能力或自身无法认同的要求，无论对方以哪种形式及哪种程度的消极情感表现来主张，都无法得到主体的认同，都会被主体以一种自身所认定的、消除对方消极情感表现的合理的价值判断和行为选择来予以否定，从而在保证对方尊严实现的过程中实现自身尊严。这就将尊严不仅在主体看来是平等地赋予了每一个行为对象，同时也是将其平等地赋予了处于道德关系中的双方，而且这一对于尊严的理解和实现，能够解决现实生活中可能存在的尊严冲突。

　　尊严冲突情形可能存在两种情况。一是当主体面对两人同时提出存在差异甚至相悖的尊严要求时。如之前所提，主体面对这样一种境遇：拿仅有的钱财为子女买一个他念想很久并且父母已承诺为其购买的玩具，但在拿这些钱去买玩具的路上发现一个马上就要饿死的乞丐。此时，对于子女而言，父母拿这些钱为自己购买玩具才能实现自身尊严；对于乞丐而言，拿这些钱来救助自己才能实现自身尊严。此时，作为父母的主体就面临一种尊严冲突情形。借助移情，我们可以判定乞丐所认定的拿这些钱来救助自己的尊严要求具有优先权，不仅因为乞丐的利益受损情况严重，而且在父母看来，自己子女也会认定乞丐的尊严实现应具有一种优先性，因为不仅父母在对乞丐进行移情的过程认同其尊严要求，而且通过对子女移情，认定子女也能够并且应

---

① ［德］伊曼努尔·康德：《道德形而上学原理》，苗力田译，上海人民出版社2005年版，第55页。

当通过移情认识到在与自己的利益实现情况比较中，乞丐的利益受损情况来得更严重。乞丐同样对子女提出一种尊严要求，即你应当劝说自己的父母拿这些钱来救助自己。二是当主体面对只能以一种违背道德规范的行为方式来实现他人针对自己所提出的道德要求时。如引言中所述"电车难题"，对于主体而言，无论是否扳动道岔，都无法同时实现双方对自己所提出的道德要求，即挽救其生命。若扳动道岔，就是以一种杀人的方式来挽救他人生命，若不扳动道岔，就是置他人生命于不顾，而无论扳与不扳，显然都在主体的行为能力范围之内，此时，主体面对尊严冲突情形。这一尊严冲突虽然也是因主体面对两方提出相悖的尊严要求而引发，但与前一种情形不同，此时还存在一种主体与对象间的尊严冲突，即无论怎样做，因两种道德责任所关涉对象存在利益实现情况相同，并且在满足其利益需求或停止其利益受损的行为方式方面相冲突，导致主体必然以一种违背自身所应负道德责任的方式来实现道德责任。此时，我们必须认定尊严要求只能以合乎尊严的方式提出，若一种尊严要求其内容合理，如要求他人挽救自身生命，却同时要求一种损害他人尊严的实现方式，如要求他人以杀害另一人的方式来挽救自身生命，此时这一尊严要求就变得不合理，根本无法成为对于他人的道德要求。生命与生命之间没有任何差异，甚至一人生命与五人生命之间看似有数量上的差异也不能否定"生命的平等"。因此，以杀一人而救五人来实现后者的尊严，悖逆于行为者关于生命的根本看法，是对于行为者尊严的损害。当身处"电车难题"所描述情形中，思考到底应否扳动道岔时，主体可以将自身置于移情对象的位置，将自己当下所面对五人及此情形外其他人作为移情者，从而得出判断，即自己当下不扳动道岔能够在价值判断和行为选择方面得到他人认同。

第二节　移情伦理要解决的问题

反对者和质疑者们提出，基于移情建构道德理论必然面临如下责难：首先，移情忧伤是一种主观情感，以此来判定移情者对于他人的道德责任，显然存在道德规范无法普遍适用的问题，因此当主体没有作为移情者而对他人产生移情忧伤，或者即使对他人进行移情却没有产生移情忧伤，那么在移情伦理者看来，主体就不承担对于他人的道德责任，但这显然与普适性的道德规范相违背。其次，将移情双方共同认同的长远的好的生活的实现作为最终目的无法适用于不同文化的人们所形成的道德关系，对于不同民族、国家、文化及种族的人而言，关于长远的好的生活的判定明显存在差异，这必然导致在无法判定对方关于长远的好的生活的理解时，移情者就有理由不承担对于对方的道德责任。即使双方达成关于长远的好的生活的一致理解，在实现这一生活的合理行为选择方面也可能存在不一致，同样会导致移情者认定实现对方所判定的长远的好的生活超出自身能力范围，从而不对其承担道德责任。再次，移情过程中存在移情偏见和移情过度的问题，此时，移情者实际上在实现自身的利益满足，所以当要求主体以某一方面重大利益的损失为代价来实现他人利益满足时，仅借助移情无论如何都不能给出合理解释。最后，如果移情伦理理论是合理的，任何人在任何情形中都可能对任何人产生移情忧伤，则必然导致作为移情者的主体时刻承担一种道德责任，这是对于主体的不合理要求。对此，我们可以做如下回应：

一、普适性的道德原则

"伦理学的首要任务，就是提供一种规范理论的一般框架，借以回答何为正当或应当做什么的问题。"[①] 这一框架实际是围绕道德原则展开的。在道德领域，道德原则是判断行为正当与否的根本标准，当一行为体现为对道德原则的遵守或践行，那么一行为就是正当的，相反，如果一行为违反了道德原则，则这一行为必然是不正当的。因此，无论是在理论还是在现实层面的道德体系中，道德原则都是不可或缺的重要部分，"它们可以用较为一般的判断表达出来，它们构成了这样一种基础：特殊的判断要据以形成，并由之得到理由"[②]。道德规范的一般表述，即"我应当做什么"，作为对主体行为的要求，实际就是道德原则为主体行为所提供的道德理由。道德原则与道德规范间就构成了"一般"与"特殊"的关系，作为"一般判断"的道德原则体现于"特殊判断"的道德规范中，因此，任何一种道德理论都必须有其根本性的"道德原则"。

理性主义道德理论往往基于客观中立的第三人立场，以一个绝对理性的旁观者来看待各种道德境遇，并运用一种普遍适用的道德原则来要求身处某

---

① ［美］威廉·K. 弗兰克纳：《伦理学》，关键译，生活·读书·新知三联书店1987年版，第9页。

② ［美］威廉·K. 弗兰克纳：《伦理学》，关键译，生活·读书·新知三联书店1987年版，第17页。

一特殊境遇中的道德主体，以一种合乎这一原则所导引出的规范的行为来遵守这一原则。义务论者认为，如果使道德原则具有普遍适用性，那么在得出它的过程中就不能考虑任何特殊因素，一种道德规范能否成为道德原则，仅看它能否通过可普遍化的检验。因此，义务论者要求"要只按照你同时认为也能成为普遍规律的准则去行动"①，这样一方面可以简化由道德原则来验证道德规范是否合理的环节，使任何人都能成为道德原则的制定者，另一方面可以使任何一种道德规范都可能成为道德原则，只要它能成为"普遍规范"，便能对人们的生活予以一种普遍指导。但义务论者对于道德原则的理解"并没有排除所有的不道德原则，例如，不要帮助任何人的原则"②，实际上，任何不道德的原则都没有被排除，而且"一个人的原则要想成为道德责任，仅仅是始终希望自己的原则得到普遍遵循，还是不够的"③。在行为过程中，主体所关注的往往并不是自身所遵循的规范能够得到普遍遵循，而是考虑这一行为能实现何种价值，这一价值及与之相对应的行为能否得到道德辩护。

功利主义者认为"判断正当、不正当和尽义务的唯一基本标准就是功利原则"，但与义务论者只强调道德规范能否成为普遍规律不同，"它还严格地规定，我们的全部行为所追求的道德目的，对全人类来说，就是使善最大限度地超过恶（或者尽量减少恶超过善的可能性)"④。对于道德目的的强调，体现了功利主义对于人实际具有价值追求的关注与认可，但这一目的又是在要求我们无论采取何种行为方式，只要实现这一目的就是对道德原则的遵循，因此"纯粹的行为功利主义，不允许我们使用任何准则、以及基于过去经验的普遍准则；主张任何时候我们都要在普遍利益的基础上，重新推测我们所面临的行为的全部结果"。但"这是完全办不到的，我们必须有某种准则"，⑤ 不仅因为主体所具有的理性能力无法实现"善最大限度地超过恶"，而且在现实生活中，主体必须有当下境遇中到底何种价值应当实现、在何种程度上实现，以及通过何种行为方式来实现的准则。尽管功利主义理论的现

---

① ［德］伊曼努尔·康德：《道德形而上学原理》，苗力田译，上海人民出版社2005年版，第39页。
② ［美］威廉·K. 弗兰克纳：《伦理学》，关键译，生活·读书·新知三联书店1987年版，第68页。
③ ［美］威廉·K. 弗兰克纳：《伦理学》，关键译，生活·读书·新知三联书店1987年版，第71页。
④ ［美］威廉·K. 弗兰克纳：《伦理学》，关键译，生活·读书·新知三联书店1987年版，第71页。
⑤ ［美］威廉·K. 弗兰克纳：《伦理学》，关键译，生活·读书·新知三联书店1987年版，第74页。

代形态,"实际准则功利主义"主张,"假定承认和遵从那些已被认可或流行的道德准则有助于最普遍的善,或至少是有助于最普遍的善的一个必要条件的话,那么,符合这些道德准则的行为是正当的,反之则是不正当的";"理想准则功利主义"认为"一个行为是正当的,当且仅当它符合这样一套准则——对它们的普遍奉行将导致最大的功利",或者"一个行为是正当的,当且仅当它符合这样一套准则——对它们的普遍认可将导致最大的功利",①却都没有明确到底哪种准则能符合他们所提出的要求。尽管义务论者和功利主义者关于道德原则的研究没有被完全接纳,但其中的部分结论和理论基调却应得到认可,如义务论的"人是目的",功利主义在功利计算中赋予每个人以平等地位。移情基础上的道德理论同样坚持旨在实现"人是目的"的道德原则,即要使你的行为得到道德理由支持,你应当将所有人视为具有平等地位、有权威向你提出要求的主体。这一原则是对于移情双方地位的明确,并且赋予所有人以平等地位和机会,从而能够并且应当成为移情对象,既将所有人纳入移情关系及道德关系中,同时也限制了移情偏见和移情过度的发生。这也就解决了反对者可能批判的,即主体借助移情只可能将人区别对待而无法平等地看待所有人,只有那些与主体具有更多联系的人才能成为移情对象和道德行为对象。移情作为人类所具有的一种心理活动,本身并不是道德,却是道德的发端,因为它能够使主体产生一种针对他人的道德动机,在规范人们产生这一道德动机及由此动机而引发道德行为的过程中,我们必须依赖道德原则。

在使移情对象最终成为道德行为对象的过程中,道德原则对移情忧伤及移情心理的发生过程进行规范。导致移情忧伤不能转为道德动机的原因有两方面。一方面在于移情过度。移情过度发生时,移情者将由移情对象所呈现的消极情感表现与自身相联系,演变为一种由移情者联想自身经历并最终只是自己所具有的消极感受,从而使移情者在移情忧伤中只关注自身,采取一种停止对他人移情的方式来消除自身消极情感。移情伦理的道德原则要求,为实现自身对于他人的道德责任,在移情过程中,应只将自己感受到的消极情感归于对方,始终将注意力集中于对方而不是自身。在这一过程中,移情者应不对自身做过多联想,而只思考对方产生消极情感表现的原因,以及通过何种方式能消除对方消极情感表现,以避免移情过度,最终使移情忧伤转

---

① [美]威廉·K. 弗兰克纳:《伦理学》,关键译,生活·读书·新知三联书店1987年版,第83-84页。

化为道德动机。之所以移情伦理的道德原则能做到这一点，是因为移情者能在移情过程中始终关注对方，只需要赋予对方与自身平等的地位和向自己提要求的权威，从而将对方蕴含在消极情感表现内的当下追求视为自己应当具有的一种目的。另一方面在于移情偏见。移情偏见发生时，移情者将移情对象进行限定，只对那些与自己具有更多联系的人进行移情，既可能导致没有践行自己应对他人承担的道德责任，也可能导致自己针对移情对象的行为超出道德规范的范围。当认识到所有人都能够并且应当成为具有与之平等地位、有权威向之提出要求的主体时，移情者一方面能够并且应当对移情所涉及对象不作限定，从而平等承担对于他人的道德责任，另一方面也不会将超出道德责任范围的行为视作对自身的道德要求。

移情伦理的行为规范由道德原则结合具体境遇推演而来，即你应当这样行为，基于自身观点站在对方立场，为实现对方所设定的长远的好的生活，结合对方当下境遇进行价值判断和行为选择，满足对方当下利益需求。这是移情伦理的一般道德规范，是"你应当将所有人视为具有与你平等地位、有权威向你提出要求的主体"这一道德原则对行为的要求。这一行为要求作为行为的推导模式具有一种针对日常生活的普遍适用性，能够将所有日常生活中的道德规范，尤其是基本道德规范纳入移情伦理范围内，即人们在日常生活中践行的所有道德规范，本质上都是由"基于自身观点站在对方立场，为实现对方所设定的长远的好的生活，结合对方当下境遇进行价值判断和行为选择，满足对方当下利益需求"演变而来，并能对现实生活中某些违反一般性道德规范的道德行为做出合理解释，而不需要依赖在一般规范之外另附加其他条款。如作为道德规范的"讲真话"。在一般意义上，人们负有"讲真话"的道德责任，因为只有通过你讲真话，他人才能对真实情况有所了解，从而满足自身所追求的长远的好的生活在当下境遇中的具体需要。但当预想到病人知晓自身真实病情会产生消极情绪从而影响康复时，医生却不负有讲真话的道德责任，因为只有通过"不讲真话"这种方式，才能真正实现对方所设定的长远的好的生活，当下病人对于病情真实情况的知晓显然与这一目标相冲突。同时，这一行为要求也赋予人们在具体道德境遇中进行道德抉择时的自由选择权，只要是"基于自身观点站在对方立场，为实现对方所设定的长远的好的生活，结合对方当下境遇进行价值判断和行为选择，满足对方当下利益需求"的合理行为都是合乎道德规范的行为。如在一直讨论的"老人摔倒应不应当扶"事例中，之所以这会成为一个争议话题，是因为在某种层面上，这一话题将人们的行为方式进行了限定，即在"扶"与"不扶"

之间只能二选一。但实际上，当老人摔倒时，他当下指向自己所设定的长远的好的生活的需求是有人能够帮助他，而不必然是有人能够扶起他。针对前者，他人可以采取多种行为方式，如把老人扶起、帮老人打救助电话、找专业人员对老人进行及时救助等；针对后者，他人只能采取一种行为方式，而这一方式可能导致老人伤势恶化，与其所追求的长远的好的生活相违背。

道德规范本身虽构成人们的行为理由，并要求类似情形中的任何人都应如此行为，却不能将道德对象，即道德行为所指向的对象绝对抽象，同一具体规范在不同境遇面对不同对象时可以用不同的行为方式来践行，"尽管道德所关心的是我们在特定方式下的行为，但它却不能以一种僵硬的态度，要求我们必须严格地遵从那些方式，即便它们可以被较明确地限定。我们不能简单地根据一个人的行为是否遵从特定的原则来赞扬或谴责他，也不能仅仅根据这一点而对他实行其它的制裁。这样做是不公正的"[①]。我们必然认识到，即使像"公交车上给老人让座"这种被人们普遍认同的道德规范，也只有结合具体境遇才能真正发挥效力。具体境遇中的主体与对象间的利益实现情况对比、价值判断、行为选择都是人们在选择遵从某一道德规范时必须考虑的因素，唯有如此，道德规范才能成为人们的自由选择，而不是对人们的强制性要求。

二、移情双方共同承认的价值判断和行为选择

判定一个行为合乎道德规范即是说这个行为具有道德价值，因此道德判断可以说就是道德价值判断。义务论者判定一个行为具有道德价值，是因为这一行为遵循了某一道德原则，却遇到这样的问题：或者这一道德价值的实现不指向任何非道德价值的实现，无法解释为什么人们应该实现道德价值；或者将自我理性能力的实现视作一种非道德价值，但这一非道德价值的实现指向自身，而道德价值的实现却指向他人，两者间存在一种明显的割裂。后果论者，如功利主义者，判定一个行为具有道德价值，是因为这一行为增加了非道德价值，这一非道德价值的增加成为道德价值实现的基础，并且两者有着共同的指向。我们"应当把在道德意义上是善的道德价值或事物与在非

[①] ［美］威廉·K. 弗兰克纳：《伦理学》，关键译，生活·读书·新知三联书店1987年版，第137页。

道德意义上是善的非道德价值或事物区分开来"①,从而为道德价值实现建立坚实基础,同时回答人为什么应当做出道德行为这一问题。但功利主义者对于非道德价值的解释存在问题,社会整体性非道德价值是对个体性非道德价值的加和,为实现前者,在功利主义者看来牺牲后者不仅是合理的,甚至是必要的、道德的,从而势必使社会整体非道德价值与个体性非道德价值间形成冲突关系,与两者间原本应有的关系相矛盾。我们必须承认,一个行为具有道德价值是因为这一行为意在实现他人或社会的非道德价值,也就是说,因为行为主体具有增加他人或社会非道德价值的动机,所以这一行为具有道德价值。在日常行为中所体现的非道德价值实际上就是人们自利性需求的满足,这是对于人的真实状况的承认和尊重,无论何种道德都应承认这一点,"道德是人为了满足自身需求而打造的工具"②。当某一行为旨在增加他人非道德价值,并将此作为该行为的唯一目的时,这一行为就具有道德价值,哪怕在实际结果上这一行为并未如预期甚至并没有增加他人的非道德价值。这也就是说,判定一个行为是否具有道德价值,就在于行为者是否将所有人视为具有与自身平等地位、有权威向你提出要求的主体,并且是站在对方立场,为实现对方所设定的长远的好的生活,针对当下境遇,满足对方当下的利益需求。

非道德价值判断就是主体对于他人当下境遇具有何种需求,以及通过何种行为才能满足他人当下需求的判断,这实际涉及价值判断和行为选择两个方面。通过移情,主体能够认识到对方当下的价值判断,即对方追求何种需求何种程度上的满足,以及实现这一价值目标的行为方式,即主体做出什么样的指向对方的行为能满足对方需求。对他人当下需求的判断不是随意的,其合理性源自两个方面。一是主体对于他人所设定的长远的好的生活的理解。受文化、习俗、社会发展程度、时代发展阶段的影响,人们对于长远的好的生活的设定在表现出一定差异性的同时,也因处于同一文化、社会、时代而表现出一致性。移情过程中,主体对他人所设定的长远的好的生活的理解基于自身与社会全体成员在此方面的一致性,而与对方实际理解大体一致。如见到路边的乞丐,任何人都只会想到他当下需要吃一顿饱饭,而不会想到他是在磨砺自己的意志,或在忍饥挨饿中感受某种独特的东西。他人当下所具有需求的满足势必能促进他人长远的好的生活实现,两者存在逻辑上

---

① [美]威廉·K. 弗兰克纳:《伦理学》,关键译,生活·读书·新知三联书店1987年版,第128页。

② 韩东屏:《人本伦理学》,华中科技大学出版社2012年版,第45页。

的一致性。在理解他人所设定的长远的好的生活的过程中，主体对其进行了一种合理性的限定。一方面，他人的这一长远的好的生活与其他社会成员的长远的好的生活不能相冲突。如夜晚路遇一位抱着孩子在街边焦急等待的母亲，主体的一般性理解是她的孩子生病了，她急需一辆车送她的孩子去医院，而不会想到，因为孩子太调皮，她的母亲要趁夜色将孩子丢弃到荒郊野外。在前一种想法中，母亲和孩子的当下需求满足共同指向两人长远的好的生活实现，而在后一理解中，显然两种需求的满足存在冲突，恐怕任何人都不会做此想。另一方面，他人的这一长远的好的生活与保证全体社会成员的长远的好的生活实现的社会整体利益不能相冲突。如在偏远山路上遇到一位徒步行走的路人，私家车司机只会想到，这名路人是要去前方却错过了班车，而不会想到他是要偷偷摸摸去烧毁山林。在功利主义者看来，为了实现社会整体福利，个人利益可以被无辜牺牲，如为从恐怖分子口中得知恐怖袭击的准确时间、地点，审讯人员当着他的面虐待他心爱的却毫不知情的妻子是合理的。但妻子当下并不承担实现社会整体福利的道德责任，所以针对妻子的虐待可以直接被判定为不道德。任何以实现或增加社会整体福利而导致他人的无辜牺牲都是不道德的。如果一个人的无辜牺牲可以实现或增加社会整体福利，那么任何人的无辜牺牲都可以；如果为实现或增加社会整体福利而导致一个人的无辜牺牲被判定为合理，那么任何人的牺牲都可能被判定为合理，社会整体福利也就无从谈起。在美国白人警察枪杀黑人事件中，白人警察为自己做出此行为的辩护理由就是这一黑人威胁到社会整体福利的实现或增加，即使没有确切证据证明这一点。如果此行为被判定为合理，那么必然导致任何人都会被白人警察以威胁到社会整体福利的实现或增加为理由而无辜枪杀，或者白人所认定的社会整体福利根本就不关涉黑人。因此，在日常生活中，任何人当具备最基本的认知、情感能力时，对他人所设定的长远的好的生活的理解，都会自觉地与社会整体利益相统一。另外，移情过程中，在对他人所设定的长远的好的生活进行理解时，移情者也不会判定这一生活与自身所追求的长远的好的生活相冲突。看到一个中年男人在路边抱头痛哭，我们会想到他需要帮助，而不会想到他需要移植一个肾才能活下去，即使我们了解了这一点，也不会想到他是希望有人能当下上前将自己的肾捐给他，哪怕他实际如此。

二是主体为实现他人所设定的长远的好的生活而对他人当下所处境遇的理解。当他人表现出消极情感，移情者一般理解是仅依赖自身对方利益需求无法满足，判断他人何种利益需求在何种程度上应当满足时，在依据对方所

追求的长远的好的生活的同时也依据对方当下所处境遇。对于他人所处境遇的理解,为移情者认识他人当下何种需求应得到满足提供了依据。当看到车水马龙的十字路口有一位老太太在焦急地东张西望时,一般人的理解是这位老太太要过马路,却因为车多而不敢过马路,哪怕她实际上只是在等人。基于他人所处境遇判定他人当下具有何种需求具有日常生活中的逻辑上的合理性,既不会使人认为他人表现消极情感是一件莫名其妙的事,也不会认定他人当下具有多种需求而让人进行无限度的揣测。在结合境遇理解他人当下的需求时,即使他人没有表现出消极情感,移情者也会以将自己置于对方境遇的方式判定他人当下实际具有某种需求。如在"电车难题"中,电车开来的方向上有一位修路工在工作,修路工对电车即将撞上他一无所知,见此情形,任何人都会想到,哪怕修路工脸上浮现出愉悦的表情,恐怕也是因为他对自己的工作十分满意,或是其他诸如此类让他开心的事,而不会是因为电车马上要撞向他,此时,一般人会认定:这位修路工有不被电车撞而活下去的需求。同样,结合境遇,移情者将自己置于对方境遇来判定他人当下具有某种需求时,所得出的结论还可能与他人当下真实需求不符。如看到一名女子站在桥栏杆上,我们会想到她要轻生,但仍判定她具有或者应当具有活下去的需求。

正因为针对他人的价值判断是对他人当下具有何种需求的判断,所以移情者在行为选择中进行了一种合理性的判断,保证这一行为能满足对方当下需求,同时不会有损移情者自身及其他社会成员所设定的长远的好的生活,以及保证这一生活实现的社会整体利益。移情过程中的价值判断和行为抉择,虽然首先由移情者做出,但这一价值判断和行为抉择并非仅具有主观性或偶然性。移情过程中,主体自行做出价值判断和行为方式选择,所以这一判断具有主观性或偶然性;但这一判断又与社会一般判断相一致,并且是站在对方立场,所以同时具有一种客观性,移情双方共同认同这一判断的合理性。

三、自利与利他的统一

道德作为行为规范是"受社会舆论和内在信念直接维系和推动的"[①],之所以能对人们的行为起到规范作用,首要一点就是道德能为人们所自愿遵循。社会舆论一般对人们所认定的合理的行为方式判定标准进行引导,使人

---

① 韩东屏:《人本伦理学》,华中科技大学出版社2012年版,第45页。

们明确什么样的行为是合理的，是道德所允许及提倡的；内心信念实际上是主体道德行为中所应具有的动机，这一动机应当与行为具有相同指向。由此，道德赋予人与人之间一种不同于人与其他物种、其他物种之间的关系。但作为人的创造物，"道德是为人而设的，而不是人为了道德"①。道德不应对人构成一种超出能力之外的苛责，所以"如此众多的义务论体系无法令人满意"②，同样也不应将任何人视作实现他人利益乃至社会整体福利的工具。

道德所维系的自我与他人间关系必须形成一种统一，即自利与利他的统一。义务论在实现自身实践理性能力方面是一种自利理论，功利主义在社会整体福利方面忽视了个体自利，任何人都可能因为社会整体福利的增加而被牺牲掉，哪怕他不情愿。基于移情理解道德可以在某种程度上实现自利与利他的统一。当然，这种统一并不是说某一道德行为能同时实现主体与对象双方利益的增加，毕竟结果与行为之间存在一种强逻辑联系，当其指向他人时，这一行为势必需要主体付出一定代价。日常生活中，行为代价的付出并不全然是对主体利益的损害，相反，更是对于主体本身具有自利性需求的肯定和认同，从而在利他行为旨在增加对方福利的同时，实现自利与利他的统一。

这种统一体现在两个方面。一方面，价值判断体现自利与利他的统一。如前所述，作为移情者，道德主体针对他人所做价值判断虽是站在对方立场，但仍是基于自身观点对于对方所设定的长远的好的生活及当下需要的理解，这一价值判断在指向他人的同时，也是对于主体自身所设定的长远的好的生活及假定自身处于当下境遇站在对方立场会有何种需要的判定，体现了自身所追求的长远的好的生活是合理的，同时这一合理性能被对方及其他社会成员所认同，对于主体未来追求这一长远的好的生活具有积极意义，表现出这一价值判断指向主体的自利性。同时，这一判断不会超出主体所能判定的长远的好的生活的范围，不会与社会整体利益及自身长远的好的生活形成冲突，不需要主体以损害社会整体利益及自身长远的好的生活实现为代价来实现对方需求满足，这是在价值判断中自利与他利的统一。虽然，历史上和现实中，许多人为挽救社会财富和人民生命财产安全不惜牺牲自身生命，似乎自利与利他呈现一种完全对立状态，但一般社会成员在对这些英雄表示无

---

① [美]威廉·K. 弗兰克纳：《伦理学》，关键译，生活·读书·新知三联书店1987年版，第92页。

② [美]威廉·K. 弗兰克纳：《伦理学》，关键译，生活·读书·新知三联书店1987年版，第93页。

比尊敬的同时也怀有一种痛惜，认定如果不牺牲英雄的生命而使社会财富和人民生命财产安全得到挽救会是一种更好的选择。所以，所有人实际上都具有一种对于自利与他利统一的追求。对于那些牺牲生命的英雄，虽然他们付出了极大代价，但在这一过程中彰显了一种他们对于社会财富和人民生命财产安全高于个人生命的看法，他们以自身壮举证明了这一看法的合理性，并认定任何人当面对社会财富和人民生命财产安全受到威胁时都会挺身而出，他人同样会做出如自身一般的行为，长远来看，这仍是一种自利与利他的统一。

另一方面，行为选择体现自利与利他的统一。虽然行为与目的有着高度的统一，合理行为选择本身就是一种价值判断，但仍存在为实现某一合理的价值追求而采用不合理行为的可能。所以，行为方式选择在体现自利与利他的统一方面有必要区别于价值判断。当选择何种行为以满足对方利益需求时，主体会基于自身与社会对于实现这一需求的合理行为判断而做出选择，不会超出自身行为能力及实现这一需求的一般合理性范围，从而在道德行为中，主体在将某种非道德价值实现指向对方的同时，也对指向自身的某种非道德价值进行了维护。同时，这一行为方式的合理性也在一般道德的允许范围内，也就是说，一种合理的行为必须是合乎一般道德的行为，不会是某种反道德的行为。如看到路边忍饥挨饿的乞丐，任何人都只会想到捐助其10元钱使其能吃顿饱饭，是能消除对方消极情感表现、满足其需求的合理行为方式，而不会想将自身所有财产都倾囊相助，以保证乞丐未来都不会再忍饥挨饿；也不会想到去劫掠其他有钱人，将有钱人的所有财富都赠予乞丐，以保证乞丐未来都不会再忍饥挨饿。可能会有反驳者提出，为何仅要求主体对乞丐捐助10元钱，而不是要求捐助更多，这对于乞丐长远的好的生活的实现实际上并无多少益处，这一行为并无多少道德价值可言。对此，如前所述，移情过程中的价值判断最终指向对方所设定的长远的好的生活的实现，但无论如何，这一目的都不会成为当下道德行为的具体目的，若如此，就是对行为主体提出一种超出日常的不合理要求。只有结合对方当下境遇，主体所能判定的对方为实现所设定的长远的好的生活在当下有怎样的需求，才是道德行为的具体目的。看到路边忍饥挨饿的乞丐，对其捐助10元钱，使其能吃顿饱饭，是任何主体在承认对方追求其所设定的长远的好的生活过程中，在当下境遇中产生的具体需求，这一需求的满足无疑是其长远的好的生活的组成部分，因此捐助10元钱的行为具有道德价值。相反，如果看到有乞丐在路边忍饥挨饿，却对其捐助一辆自行车，那么这一行为因为并没有增加对方任何的非道德价值，从而也不具有任何的道德价值。基于日常判断，任何人都会认定自身在对方所处境遇，唯一会产生的需求就是有人能帮助自己吃顿饱饭，这一判断因为在实际情形中的确消除了对方消极情感，所以在主体看来是能得到合理性辩护的。

四、以合乎尊严的方式要求尊严

道德作为对社会全体成员的行为要求，在对主体针对他人行为进行规范的同时，实际上也在对他人行为进行规范，以保证任何人在作为他人道德对象时，他人能够道德地对待自身。现实生活不仅明确，道德行为的道德价值体现在对于道德主体而言，"你应当将所有人视为具有与你平等地位、有权威向你提出要求的主体"，同时明确，任何人都可以作为道德对象对他人提出要求，任何他人都应承认"自己应当将所有人视为具有与自己平等地位、有权威向自己提出要求的主体"。这也就是说，在与他人的关系中，主体被对方承认与他人处于平等地位，并有权威向对方提出要求，主体提出要求的行为实际上就是赋予对方道德责任，认定对方有理由针对自己做出某一行为。道德行为是主体在不损害自身尊严的前提下实现对方尊严的行为，同样，主体向他人提出道德要求就是在不损害对方尊严的前提下实现自身尊严，也就是以合乎尊严的方式要求尊严。

以合乎尊严的方式要求尊严，实际上就是要求对方站在自身立场，结合自身所处境遇，进行合理的价值判断和行为选择，从而最终做出旨在增加自身福利、消除自身消极情感表现的行为。这也就意味着，以合乎尊严的方式要求尊严，对主体所提出的要求进行两个层面的限定。一是向之提出要求的对方相较于自身利益实现情况较好。道德行为是利益实现情况较好的一方作为主体针对利益实现情况较差的一方作为对象所做出的行为，这与移情者针对表现出消极情感的移情对象的移情过程是一致的。因此，在向他人提出要求时，对方是能够成为针对自身进行移情的移情者，能够借助移情认识到自身当前仅依赖自身无法实现利益需求满足或消除利益损害。当然，这里的利益实现情况比较，并非所有方面的比较，而是具体某一方面利益实现情况的比较。如在公交车让座中，当老人上车时，他应当向之提出"让座"要求的对象并不是全体乘客，而是相较于老人而言，在乘坐公交车过程中有座位且身体状况比他好的人。那些没有座位的乘客当下也是"坐下"需求没有得到满足的人，因此没有能力为老人让座；那些有座位但当下相较他人没有表现出利益实现情况较好的人，如老人、孕妇或腿上有伤无法站立的年轻人等，同样无法为老人让座。这一情形也说明这样一种情况，当唯有要求他人将其实现自身某种合理需求的方式、对象或手段等让渡给自己，主体才能满足自身同一需求时的利益实现情况比较还需包含，当他人需求没有得到满足时，与自身当下同一需求没有得到满足是否具有明显的优劣差异。如果他人需求没有得到满足与自身同一需求没有满足相较于各自而言，利益实现情况相差无几，那么对方就不是自己应向之提出要求的对象。正是在此种意义上，在公交车上，年轻人一般不应要求他人给自己让座。如果他人需求没有得到满足与自身同一需求没有满足相较于各自而言，利益实现情况有所差别，并且对方明显好于自身，那么对方可以成为自己向之提出要求的对象。在公交车上，年轻人突然病发，则其他年轻人甚至老年人都可以成为他向之提出要求的对象。

二是提出要求所涉及的价值判断和行为选择不能超出对方的合理判断范围。在向他人提出要求时，主体往往提出"你应当（为我）……"的行为规范要求，以规范和引导对方针对自身的行为，如"你应当给我让座""你应当扶我过马路""你应当向我捐助 10 元钱""你应当载我生病的孩子去医院"等。因此，这一规范涉及价值判断和行为选择。在价值判断方面，无论是通过移情还是直接向对方进行表述，主体使对方认识到自己在所提要求中的价值判断依据自己所设定的长远的好的生活，针对自身当下境遇是合理的，是能够被双方所认同的。如在公交车让座过程中，在对方看来自己所提出要求中坐下的需求是合理的，是能够被他人认同并能够通过让座行为实现的，此时，主体向对方提出让座的要求才可能是合理的；在公交车上，任何人要求对方端坐以使自己坐对方腿上，无论如何都不会被对方认定为合理的，所以这一要求也不会被他人所认同。在行为方式方面，主体要求他人所做出的行为应直接实现自身某一合理且对方认同的需求及相应程度，同时这一行为不对对方利益造成重大损害，并且这一行为方式不违反一般道德规范，即不损害其他社会成员的利益。如在疫情发生时，要求他人捐款捐物是合理的，但要求他人所捐赠财物能满足自己在疫情发生前的正常生活所需，如每月能得到疫情前工资水平的收入、每餐能如疫情前那样有鱼有肉，则超出了对方所能认同的当前所应有的合理需求及程度，往往不能得到他人积极回应。同样，任何人要求他人以损害他人自身重大利益甚至是自身生命健康安全来实现自己的某一需求，也往往被视为不合理，如要求他人捐献器官以使自己生命得以存续；任何人要求他人以损害社会公共利益或其他社会成员利益以实现自己某一需求，也被视为不合理，如要求他人抢夺车辆以送自己生病的孩子去医院。

以合乎尊严的方式要求尊严，为某些当前可能存在争议的道德事件给出一个可以被社会成员共同认同的解读思路及结论提供了可能。"禁止乱伦"是当前被社会广泛认同的道德规范，并已成为明确的法律规定。但可能有人会想到，如果乱伦时采取必要的防护举措，那么乱伦还有理由被禁止吗？在不产生下一代的情况下，乱伦并没有损害他人及社会的利益，为何还是无法得到他人认同？对此，我们应当认为：一方面，在道德层面，"禁止乱伦"作为被广泛认同的道德规范已成为人们界定合理行为方式的标准之一，已深蕴到人们为自身所设定的长远的好的生活中，即乱伦无论如何都不会被认为指向一种长远的好的生活的实现，进而也不会被判定为一种合理的生活方式。另一方面，乱伦所关涉的不是单独某一个体，而是两个人，在不对对方进行错误生活方式引导或任何胁迫威逼的情况下，无论如何都不会有两个人同时认定乱伦是一种合理的生活方式；即使双方同时认同，也不会有人在试图不对对方所设定的长远的好的生活的实现产生消极影响的前提下，合理要求对方配合自己进行乱伦。因此，即使乱伦不会产生下一代并且自愿，但因为所涉及行为方式的不合理，以及势必对对方所设定的长远的好的生活的实现产生消极影响，所以任何人向他人提出这一要求只可能是不合理的，同时也因为违反日常道德而被判定为不道德。这也就是说，对任何人而言，"乱伦"实际上既违背对方尊严要求，也违背自身尊严要求。"医助自杀"在当前社会也是可能引起人们争论的一个话题，即当一位病人尤其是老人在当前医疗条件下被判定为无法治愈，并且正遭受重大病痛折磨且长期持续并无法减轻时，他清醒地要求自己的家人书面请求医生协助其自杀，这是否是一个道德要求，或者说这一要求是否应得到家人的积极应答。可能在有些人看来，在此情形中，以结束生命的方式来避免病痛的长期折磨也是生命应有的尊严，因此，家人应书面请求医生协助其自杀以回应病人清醒时的要求，这不违反道德，甚至是道德应准许的。但一个要求之所以被判定为道德要求，其前提是在与他人的道德关系中，要求提出者处于道德对象位置，并且这一要求本身没有超出价值判断和行为选择的合理范围，若有违于此，则这一要求无法被判定为道德要求。在日常生活中，当一个道德行为做出时，主体与对象的道德关系往往即告结束，因为主体已经通过道德行为实现了对于对方的道德责任。当要求家人书面请求医生协助其自杀时，病人实际上是以结束自身与家人、医生的道德关系的方式来承认自身与他们间的道德关系，不仅这其中存在自相矛盾之处，而且在这一道德关系结束前，家人、医生并未采取一种尽到对于对方的道德责任的方式。因此，要求对方或他人协助其自

杀，无论如何都不会赋予他人一种道德责任。同时，合理的价值判断是站在对方立场基于对方所设定的长远的好的生活的实现而做出的，虽然对于病人而言已无长远的好的生活可言，但这并不意味着结束生命就是唯一好的生活，因为生活的前提是生命的存续，若生命结束则没有任何生活可言。因此，无论如何，要求对方或他人协助其自杀都不会被认为是一种能够得到对方认同的合理的价值判断和行为选择。这也就是说，即使他人能够强烈感受到病人当下的消极感受，病人所提出的对方或他人协助其自杀的请求，也不会是一种合乎尊严方式的尊严请求，这是他人基于实现自身尊严所无法认同的请求。

第三节 移情伦理的特征或优势

移情伦理以移情这一人类所具有的心理活动为基础，对道德行为进行更为深入的阐释，并予以更为合理的规范引导，使道德在更加契合人们实际生活的同时，也满足了道德的一般特征。除具有普适性、规范性等其他道德理论所具有的特点外，移情伦理还在如下方面表现出独特性，从而使移情伦理相较于其他伦理学理论具有某些优势。

一、对人的尊重

尊严是对于人之主体地位的确认，当人被承认具有主体地位，实际上就是说他具有尊严，对于尊严的恰当回应就是尊重。基于移情所理解的对人的尊重，即对人的尊严的回应，既包括对于作为道德对象的他人的尊重，也包括对于作为道德主体的自身的尊重。这在使尊重更为广泛地成为对人的尊严的恰当回应的同时，也保证了道德行为在合理性基础上的规范性，从而一方面使针对他人的道德行为可以被理解为就是对他人的尊重，另一方面也使道德主体对自身予以一种尊重，同时，道德主体可认定这种尊重得到包括行为对象和他人在内的所有人共同认同。

不容否认，道德行为就是主体对他人所具有的与行为主体平等地位，并有权威向主体提出要求的践履。其中，"平等地位"就是行为主体首先对于他人作为人的尊重。无论他人具有怎样的个体性特征，在行为主体看来都是具有与自身平等地位的存在，不应因其与自身的不同而将其视为一种在地位上低于自身的存在，而应被视作可以成为道德对象的存在，即对方可以并应该成为自身道德行为的唯一或最终目的。"提出要求的权威"是对于他人所具有平等地位的深化，当某人不被认为具有与他人平等地位时，也就意味着他不具有向他人提出要求的权威。这一权威既来自人所具有的本质性的社会属性，即任何人作为社会性存在首先负有一种对于他人和社会进行积极回应的义务，这一义务在具体境遇中就表现为对于他人要求的应答，实际上就是承认他人具有向其提出要求的权威。同时，这一权威也来自道德行为过程中。道德对象被道德主体视为行为目的是道德的本质性要求，这也就意味着，当道德主体承认道德对象是自身行为的唯一或最终目的时，实际上就是在赋予对方提出要求的权威。当然，也只有在承认对方具有提出要求的权威的基础上，行为主体才会将对方视为自身行为的目的。

这一"平等地位"和"提出要求的权威"被平等地赋予每一个社会成员，从而使所有人都能够以及应当成为所有人的道德对象，同时也被平等地赋予道德主体与道德对象，在使道德主体通过自身行为实现对于道德对象尊重的同时，也实现了道德对象对于道德主体的尊重。一方面，在道德行为中，主体在承认对方具有与自身平等地位的基础上，将对方视作目的，却没有放弃自身地位，没有将自身作为实现对于对方尊重的工具或手段，而是在双方彼此承认的平等地位上来实现尊重。这就如同人们在日常生活中所理解的：道德并不是要求人们做出无尽的牺牲来实现他人或社会的利益。可以说，在道德行为中，道德主体在以道德行为积极回应他人所提出的尊严要求，实现对于他人的尊重的同时，也在要求他人承认自身同样是尊严主体，对方应当对主体予以尊重。另一方面，在行为过程中，道德主体不仅没有能力仅通过某一行为的做出来实现对方所设定的长远的好的生活，而且当认识到对方要求自己以一种重大利益的牺牲为代价来实现对方要求的满足时，主体一般不会认为这是合理的。这也就是说，道德的行为方式是有其限度的，既是对于道德对象要求的回应，也是对于道德主体的尊重。这一限度既体现于行为方式的合理性，也体现于这一合理行为所旨在实现的对方需求的合理性。某一行为方式只有在被行为主体和行为对象同时承认时才会是合理的，这一行为方式不仅在双方看来能满足行为对象的当下需求，同时在双方看来也在行为主体当下行为能力范围之内。当某一行为仅实现对方需求的满足却超出了行为主体的能力范围时，则这一行为既不会是合理的，更不会成为主体对于对方要求的应答方式。行为的合理性以其所旨在满足需求的合理性为基础，如果不承认对方当下需求的合理性，主体所思考的不是会选择怎样的行为方式，而是对方哪种需求以及在何种程度上才是合理的。这也就意味着，虽然在道德行为中，主体将对方作为目的，却以自身能力为条件、以双方认同为基础来实现对方的目的地位，赋予自身一种与对方平等的地位，不会在承认对方具有某种地位的同时放弃自身与之平等的地位，同时，在积极回应对方提出要求的权威时也承认自身同样具有向对方提出要求的权威，从而使道德行为既实现了对于对方的尊重，也实现了自身及对方对于自身的尊重。

我们对于尊重的理解不能仅限于道德行为，认为道德行为实质是对于他人尊重的实现，而是应将尊重理解为人们作为尊严主体可以且应当要求他人将自身作为道德对象来对待，这就使尊重深化为一种道德要求，从而避免了在实现对人的尊重过程中的被动性和消极性。如果尊重仅体现在道德行为中，那么显然，对于应当处于道德对象的很多人来说，只有在与他人的道德关系中才能实现尊重，而这一道德关系又往往初始于主体对于对象的认同，如果主体没有关注或认识错误，那么往往导致本应成为道德对象的人最终无法成为道德对象。在此情况下，显然，处于利益受损中的任何人都可以通过双重移情，即借助移情认识到他人能够并且应当对自己移情，予以当下境遇中的自己以一种认同，进而对自己做出道德行为。也就是说，人们可以在双方认同的基础上积极向他人提出要求，这一要求实际上是一种道德要求，最终会转化为对于他人的一种道德责任，使他人针对自己做出道德行为来满足自身当下需求。这样，对人的尊重中所包含的他人应当给予自己以尊重的内容就变成积极的，即人们实际具有这样的地位和权威，可以要求他人尊重自己。当然，这一层面的尊重并没有违背尊重是对"平等地位"和"提出要求的权威"践履的本质。如果在向他人提出要求时，主体所要求的内容及方式得不到他人认同，他人往往不会以一种主体所预期的方式来实现对主体的尊重。只有当承认对方具有与自己平等的地位，并且也具有提出要求的权威时，自己向他人提出的要求才可能是合理的。这就对"要求"进行了限定。一方面，这一要求必须是为实现自身所设定的长远的好的生活这一目标在当下境遇所具有的具体需求，同时这一需求也不能超出人们的一般认知。如路边忍饥挨饿的乞丐为存续生命可以要求他人捐助自己 10 元钱，这一要求既指向人们所能理解的乞丐为自身所设定的长远的好的生活这一目标，也合乎乞丐当下境遇，同时也没有超出人们的一般认知。如果乞丐要求他人捐助自己一种吃了就不会再饿的药丸，那么这一要求无论如何都不会得到人们的认同，因为这已超出人们的一般认知。若提出有违于此的要求，那么显然，主体就没有将对方视为与自己具有平等地位的主体，而是将其视为实现自身的不能得到他人认同目的的工具，最为典型的就是利用人们的善意进行诈骗。在诈骗过程中，虽然主体也是提出一种当下得到对方认同的要求，但显然这只是在将对方当作实现自己不可告人目的的工具,则这一要求即使一时被认同为是一种道德要求,而当人们认识到这一要求与人们所理解的他的实际境况不相一致时,也会把他这一要求视为不合理要求。另一方面,这一要求也必须通过人们所能理解的方式提出才能得到人们的认同。忍饥挨饿的乞丐闯入他人家中窃取他人财物或威逼他人对自己进行捐助,虽然人们可能会认同他这一需求的合理性,却无论如何都不会认同他表达这一需求的方式。只有在认定自身具有向他人提出要求的权威的同时,也承认对方同样具有这一权威,主体提出要求的方式才可能是合理的,而不会简单认为既然自己具有这一权威,任何实现这一权威的方式都应被认同。虽然道德行为往往起始于对他人消极情感表现产生的移情忧伤,却不能由此认定主体只有以消极情感表现的方式来提出要求才是合理的。因为具有情感和认知双重属性,所以无论是通过消极情感表现还是通过直接表述等其他方式,移情都可以使他人产生移情忧伤,都可以作为向他人提出要求的合理方式。

二、跨文化的合理性价值判断和行为选择是可能的

道德的普适性要求往往因为现实世界存在的国情、文化、社会习俗等方面的差异而无法真正实现。这就要求道德理论在追求实现道德规范普适的同时,也应考虑到不同文化、民族、国家间差异的存在。无论何种道德原则,当它体现于具体的道德行为时,都必然涉及价值判断和行为方式选择问题,而不同国家、民族间的文化和社会习俗也使其成员在长远的好的生活方面有着不同理解和追求,进而使实现这一目标的价值判断和行为方式存在差异。如何弥合不同国家、民族间在道德交往过程中必然遇到的这一差异,是每一种追求普适性的道德理论都必须面对的问题。

道德行为是人们站在对方立场,基于自身所能理解的对方所设定的长远的好的生活这一目标,针对对方当下所处境遇而做出的旨在实现对方需求以消除其消极情感表现的行为。所以,在运用于不同国家、民族间时,移情伦理具有以下几个方面的含义。

首先,我们必须承认即使存在各种差异,但人们所具有的平等地位和彼此间提出要求的权威是不存在差异的,任何国家、民族的成员都应将其他国家、民族的成员视为具有与自己平等地位和向自己提出要求权威的主体,这是人们在跨文化交往时的基础。不承认这一点,跨文化交往就只能采取一种违反道德的方式,直接或间接损害他国利益、妨害他国利益实现。生物性存在的一致性使人人具有移情心理,同样,因为生物性存在,人人也都具有作

为人而被他人认同的地位。也就是说，只要是人，就可能而且应当被他人道德地对待，不会因为文化、宗教、肤色、社会性质、发展程度的差异而有所不同。进而这也就意味着，不同国家、民族在当今时代虽然在发展程度上有所差异，但在彼此交往中却不存在地位上的差异，彼此都具有平等地位及向对方提出要求的权威。当然，在国家、民族层面，不同发展程度的国家、民族，因为彼此间利益实现程度的不同，在相互交往及解决人类共同问题时，所承担的责任往往存在差异，发达国家必然承担着相较于发展中国家更多的责任，同时发达国家对于发展中国家在某种意义上也承担着责任。但发达国家在实现对于全世界以及发展中国家责任的过程中，不能仅站在自身立场进行价值判断，罔顾世界人民和发展中国家人民的价值追求。在个人层面，任何人都需尊重其他国家、民族的人们基于自身所设定的长远的好的生活而做出的独特价值判断、行为选择，不能因为这些方面的差异而认定彼此间在交往中存在地位的不同。无论是在国家层面还是在个人层面，道德的起始仍有必要依赖对方要求的提出。唯有当对方通过消极情感或其他方式来提出要求时，道德才是可能的。不能因为不同国家以及不同国家的人们间利益实现程度不同，那些利益实现程度较好的国家和个人就一味地认定他国具有某种需求，只要自己积极地针对他国做出某种旨在增加对方福利的行为就是道德的。如前所述，不同国家、民族在长远的好的生活方面存在差异，任何国家、个人都不能将自己所理解的长远的好的生活强加于他人，即使任何国家、民族在长远的好的生活方面表现出某种一致性，那也应当是站在对方立场而不是自己立场来理解他人需求。

其次，交往过程中，虽然在价值判断、行为选择方面，不同国家、民族的人们会表现出明显差异，但这并不意味着彼此无法形成道德关系，彼此无法承担道德责任或即使存在道德责任也无法实现。如前所述，当一个行为是主体站在对方立场，旨在实现对方所设定的长远的好的生活在当下境遇中的需求时，这一行为就是道德的。所以，主体可能无法准确判断对方当下存在何种需求，因为可能甚至都无法理解对方所设定的长远的好的生活，进而无法判定何种行为能实现对方利益需求的满足，最终消除对方消极情感表现。但判断行为道德与否的标准不在于这一行为实现一种利他结果，而在于主体是否具有一种利他动机，所以不同国家、民族间的人们在交往过程中，依然可能而且应当彼此承担各自的道德责任。同时，合理的价值判断和行为选择不是主体单独的判断，而是双方共同的判断，所以当主体即使站在对方立场仍无法合理判定对方当下存在何种需求及如何满足对方需求时，就需要与对方进行进一步的交流沟通，最终形成双方共同认同的价值判断和行为选择。虽然相较于同一文化中的成员间的道德责任的实现，这一过程可能会更复杂，但当道德主体将对方作为自身行为的唯一或最终目的时，仍有可能及必要实现价值判断和行为方式选择方面的共同认同。实际上，不同国家、民族在长远的好的生活方面已然表现出某种一致性，如在和平、安全、自主等基本需求层面，任何国家、民族及其成员在实现这一基本需求时都对其他任何国家、民族及其成员提出一种要求，即不妨害，这是不同文化间交往时首要的道德规范。尤其在全球化、信息化的今天，彼此交往的频繁为双方更深入合理地了解对方提供了平台和机会，国家、民族间相互能够更好地实现彼此所应承担的道德责任，同时也显现出更多的文化间的碰撞。只有在相互尊重、不妨害彼此合理利益追求的基础上，彼此道德责任的实现才成为可能。

最后，全人类具有共同的价值追求，所有人长远的好的生活的实现都依赖于某些共同价值的实现，如和平、绿色、发展等。这种共同价值超越了不同国家、民族间文化、社会性质、社会发展程度等方面存在的差异，无论是发展中国家还是发达国家，无论是社会主义国家还是资本主义国家，在其所追求的长远的好的生活中都必然包含对于这些共同价值的追求。这一共同的价值追求要求不同国家、民族的人们，即使相互间存在某些差异，也应做出一致的价值判断和行为选择，唯有如此，才能在保障本国家、本民族合理追求实现的过程中，不侵害其他国家、民族的正当利益。也只有基于一致的价值判断和行为选择，不同国家、民族才能实现不妨害基础上的责任的承担，努力实现共同的长远的好的生活。彼此承担的责任的实现，在某种意义上也是对于共同利益的追求。共同利益在保证人们价值判断和行为方式选择合理的同时，也赋予人们一种道德责任，即不仅不应损害公共利益，还应积极追求公共利益的实现。这一共同价值追求因关乎全人类的共同福祉，对于任何国家、民族而言都是一种合理性价值判断，同时也是一种规范性价值判断，即悖逆于这一共同价值追求的行为不仅是不合理的，也是不道德的，是对其他国家、民族正当利益的侵害。为保证这一共同价值追求的实现，各个国家、民族在相互尊重、不妨害彼此间正当利益的同时，更应积极加强合作交流，增进了解，从而选择更为合理的行为方式以实现共同利益。

三、道德主体与道德对象地位平等

在道德行为中，因为主体担负着针对道德对象的责任，所以道德对象在作为主体行为目的的同时，也呈现出一种道德对象在某些方面如地位、权威等高于主体的倾向。义务论者要求人们作为道德主体无论何时何地都应将道德原则作为自身行为的动机，实现他人在主体行为中的目的性，从而表现出道德对象凌驾于道德主体之上的倾向。功利主义者也有此倾向。对于任何一个功利主义者而言，当个人的牺牲能为他人或社会带来极大利益的增加时，主体就应主动做出牺牲，而无须考虑何以自己应当作为他人利益增加的代价。在日常生活中，虽然道德同样表现出道德对象赋予道德主体以道德责任，但这并不意味着双方存在地位上的差异。实际上，在道德行为中，主体与对象具有平等地位，因为行为对象具有与主体平等的地位，所以主体才可能将对象作为自身行为的目的；因为行为主体具有与对象平等的地位，所以主体不负担超出满足对方当下境遇需求的责任。我们承认并论证主体与对象间地位平等不仅是可能的，而且也是必要的，进而才能更为合理地对日常生活中的行为进行规范。如前所述，正因为"平等的地位"和"提出要求的权威"被平等地赋予道德主体与道德对象，所以道德行为并不单纯地表现为"利他"。虽然基于移情所理解的道德行为从结果上讲可能就是实现一种利他的状态，但这一利他并非是一种最大限度保证对方所设定的长远的好的生活实现的状态，也不是要求主体竭尽自身所能来实现的状态，所以不能将移情伦理理论认为是一种利他理论。利他在道德行为中更为根本、更为普遍地存在于动机中，即当一个人具有利他动机时，由这一动机所导致的行为才有可能是道德行为，而不是对于行为结果进行要求，从而避免对行为主体提出过高要求，以及将行为对象视作实现其他利益的手段或工具而违背道德的本意。

无论在现实层面还是在理论层面，道德主体与道德对象间的地位平等都依赖于道德行为实际符合以下两个要求。

一是双方共同认同。如前所述，在价值判断和行为选择中，存在主体与对象共同认同，这一共同认同使道德行为成为可能。毕竟道德在某种意义上可以理解为是一个通过主体行为来满足对象需求的过程，所以行为与需求间本来就存在差异，前者存在于主体一方，后者存在于对象一方，如果无法说明何以主体行为能够满足对象需求，也就无法说明道德何以可能。正因为双方共同认同，一方面，主体借助移情了解对方当下境遇中的具体需求，并认同其合理性，产生一种对方需求应当得到满足的感受或动机，此时，对方所具有的需求在某种意义上就转化为主体的需求，这就使这一本来只对于对方而言的主观性需求转化为对于对方和主体双方而言的客观性需求。正是主体对于对方需求的认同，使这一需求相对双方而言具有客观性，进而使主体负有通过自身行为来满足这一需求的责任。另一方面，在行为选择中，主体所做出的行为同样在结合当下境遇的基础上被对方所认同。主体之所以选择这一行为，是因为这一行为合乎自身对当下境遇的判断，同时也没有损害自身重大利益，并具有能够满足对方需求且得到对方认同的合理性。所以，双方共同认同是道德行为的基础，也是对于道德行为的一种要求。如果主体对于对方需求的判断仅基于主体单方面，那么有可能或者对方当下根本没有这一需求，或者是主体对于对方的一种强制。如在之前网络中盛行一时的"审丑营销"中，部分人认为网民针对丑陋、浮夸、虚假的信息具有需求，从而在网络中传播此类信息，对人们合理使用网络造成消极影响；在抗击新冠疫情过程中，某些国家政府以保证经济正常运转为借口，无视人们对生命健康安全的需求，消极抗疫。这些都是主体在没有得到双方共同认同前提下的单方面价值判断和行为选择，最终必然损害作为行为对象的他人的正当利益。

  道德关系中的双方对公共利益都负有责任，即不应损害社会和他人的正当利益。无论在何种道德行为中，道德主体与道德对象都负有不损害社会和他人正当利益的责任，从而使价值判断和行为选择始终处于某一合理范围中。这一要求实际上也保证了道德主体与道德对象间地位的平等。也就是说，双方共同承认道德对象所具有的需求和主体满足这一需求的行为都是以不损害社会和他人正当利益为前提的。一方面，我们不应因需求产生于道德对象而认定对方无论具有何种需求都是合理的，哪怕这一需求有损社会和他人的正当利益。如果对方产生的需求有损社会和他人的正当利益，那么这一需求当然得不到主体的承认，从而无法成为主体行为旨在实现的目的，进而道德行为不会发生；如果主体错误理解对方的需求，将某一有损社会和他人正当利益的需求的满足作为自身行为的目的，那么对方不会认同主体满足这一需求的行为，从而即使主体做出某种行为，这一行为也不会是一种道德行为。另一方面，不应因行为产生于主体而认定主体无论做出何种行为都是合理的甚至是正当的。道德行为的正当性以合理性为基础，这一合理性不仅指主体行为能够满足对方需求，同时社会和他人的正当利益也对这一行为的合理性进行限制。也就是说，若损害了社会和他人的正当利益，那么这一行为当然不具有正当性，所以也就不具有合理性。这一源于不应损害社会和他人正当利益的行为正当性要求适用于主体和对象双方，即对象不应要求主体做出损害社会和他人正当利益的行为来满足自身需求，主体不应以损害社会和他人正当利益的行为来满足对方需求。正是在此种意义上，因双方共同承担着不损害社会和他人的正当利益的责任，主体和对象才得以实现地位平等。

因此，明确主体和对象地位平等，不仅能为合理规范人们日常生活中的行为提供基础，同时也能有效保障社会和他人的正当利益，从而避免人们错误理解道德行为，认为只要自身做出满足他人利益的行为，这一行为就能够得到道德层面的积极评价，社会和他人都应为保证自身这一行为的正常做出而付出不应有的代价。

总之，移情伦理作为一种道德理论，不仅能够合理解释人们在日常生活中的道德行为，并能以人们实际具有的移情心理及其在道德行为中实际发挥的作用为基础，对人们的移情和行为过程进行规范，从而对人们的行为进行引导。下文将围绕移情伦理涉及的基础性问题进行展开，包括对移情伦理的心理学基础——"移情"这一心理过程进行阐释，明确移情伦理的价值论，分析移情基础上的道德行为过程和特征，进而基于双重移情解读实质是"向他人提出要求"的"尊严"，辨析在道德行为和尊严要求中主体所采取的"第二人立场"，最后结合当前国内国际存在的部分道德问题，尝试运用移情伦理给出解决办法，以进一步为移情伦理的合理性进行辩护。

第二章
移情伦理的心理学基础

在现代社会心理学发展过程中,移情研究的历史在某种意义上就是澄清移情含义的历史,研究者们正是在对移情不同理解的基础上,提出各自的不同理论。移情含义最基本的层面就是移情具有什么样的属性,研究者们一般从情感角度、认知角度或情感—认知双重角度来理解移情,笔者认为,移情实际上具有情感和认知双重属性,只有从情感—认知双重角度来理解移情,才能合理解释移情这一心理过程。移情含义的明确对应于移情能够通过什么样的方式被唤起,具有什么样的功能。移情的情感、认知双重属性决定了移情既可以情感的方式被唤起,也可以认知的方式被唤起,并且情感与认知在移情过程中相互影响。移情的情感属性决定了移情具有情绪上的规范性,即对他人情感表示最初认同;移情的认知属性决定了移情具有收集他人信息、理解他人的功能。

第一节 移情的含义

对移情的理解应从移情所具有的属性开始。移情具有认知和情感两种属性。其中,认知作为一种精神活动,指主体为了更好地理解他人而获取和加工各类信息,包括他人情感表现的原因、他人情感表现中蕴含的需求等;情感(emotion)是对感情(affect)的分享,表现在对他人感受(feelings)的主观体验过程中,也就是感受到他人的感受。[1] 因此,移情可以理解为:通过心理过程,移情者获取他人内状态的相关信息,从而针对他人情感表现做

---

[1] Mohammadreza Hojat, Empathy in Patient Care: Antecedents, Development, Measurement and Outcomes, New York: Springer, 2007, p.7.

出与之一致的情感回应。①"一致"不是指移情者和移情对象具有相同的情感内容或情感表现形式,而是"大体一致",当他人的情感表现为积极时,移情者的感受就是积极的,反之,则是消极的。

就情感层面而言,移情是移情者通过对移情对象产生认同情感,实现在双方间感情分享而进行的情感回应。在对他人移情过程中,移情者最先具有的体验是由于看到他人某种情感情绪表现而亲身感受到这种情绪情感体验,因此,移情过程可以认为是一种由被移情者到移情者的情感传递(emotional contagion)。情感传递是"移情的基本和原始的形式"②。移情被理解为情感的传递,是以人类在生理和心理结构上的相似性为基础的,即情感的外在表现可被具有相同心理和生理结构的他人,在不自觉状态下做出相同情感表达以作为回应。在日常生活中,人们很容易被他人情感的外在表现所感染,从而产生与他人一致或近似的情感表现。虽然心理和生理结构的相似可以使人们产生与他人相似的情感,但这一情感可能无法与被移情者的情感完全匹配,因为个人因素在移情过程中也发挥着作用,对同一境遇的不同理解使人们的情感表达出个人性色彩。因此,移情具有如下特征:在对象方面,它是一种针对他人情境而不是针对自己的间接情感回应;在起源方面,它可以由他人福利引起,也可以由对他人情感状态或条件的了解而产生;在结果方面,移情者感受到自己与他人相似或近乎一致的内部体验,或移情者在某种程度上被认为是在体验他人的情感状态,从而与他人的情感状态或条件相一致;作为一种能力,是一种进入他人生活的能力,以精确地获知他人的当时情感及其意义,但同时也是一种因为包括理性而可能犯错的情感理性形式。③。

作为移情结果的移情情感是"移情忧伤",即移情者因为感受他人消极情感而产生一种消极情感回应。移情忧伤是对移情者产生的移情情感的概括,具体可以是忧伤,也可以是内疚、愤怒、关切等情感。但无论移情者产生何种移情情感,"移情反应的关键要求是心理过程的参与使一个人所产生的感受与另一个人的情境更加一致,而不是与他自己的情境更加一致"④,也

---

① Julinna C. Oxley, The Moral Dimensions of Empathy: Limits and Applications in Ethical Theory and Practice, New York: Palgrave Macmillan, 2011, p.28.

② [英]威廉·麦独孤:《社会心理学导论》,俞国良、雷雳、张登印译,浙江教育出版社1997年版,第72页。

③ Mohammad Hojat, Empathy in Patient Care: Antecedents, Development, Measurement and Outcomes, New York: Springer, 2007, p.8.

④ [美]马丁·L. 霍夫曼:《移情与道德发展:关爱和公正的内涵》,杨韶刚、万明译,黑龙江人民出版社2003年版,第34页。

就是说，当移情关涉他人消极情感产生的原因时，移情者的情感反应不单纯是一种由被移情者而来的情感传递，还涉及对他人情感起因的想象。这就使移情忧伤不只是移情者对他人消极情感的刺激反应，同时也是一种针对他人当下境遇，主体所做出的可能比移情对象更为准确、恰当的情感表现。这也就意味着，移情者感受到的移情忧伤与移情对象的情感表现在强烈程度等方面可能存在不一致，但两者基本性质必然一致，即都是一种消极感受。

在认知层面，移情是一种移情者假定自身处于对方当下境遇扮演他人角色的认知能力或认知模式，从而使移情者能对他人感受产生更为恰当的情感回应。在这一过程中，移情者需要进行某些判断和事实分析，如移情对象的情感表现是否合理，移情对象的情感表现原因等。移情过程中的认知行为，如观点采择和角色扮演，甚至可能是移情的根本特征，在此种意义上，移情实际上是一种保证移情者可以进入他人境遇并在需要时能够轻易停止的能力：移情过程中，移情者想象性地将自己置于他人境遇，进行基于对方立场的思考、感受和行为。① 由此，移情也被称为"理解的艺术"（the art of understanding）。②

"移情认知"强调认知能力和认知过程在移情中的作用，以获取关于他人的信息，尤其是他人内状态信息，包括他人情感表现的原因、目的等。"移情认知"可以由多种方式实现，如观点采择（perspective taking）、角色扮演（role playing）、处在他人位置（standing in another person's shoes）、宽容（tolerance）、开放（openness）、不加批判的判断（uncritical judgment）和无条件接受（unconditional acceptance）。③ 但这些方式都需要移情者进行"想象"，想象自己身处他人境遇，所以移情在认识角度可以说是一个进行"想象性观点采择"（imaginative perspective-taking）④ 的过程。"想象性观点采择"是指想象自己处于他人境遇，以自己所可能产生的情感、做出的反应作为他人在当时境遇中的表现，从而对他人内状况进行有意识的认知。"想象性观点采择"也被称为"想象性模仿"。在这一过程中，想象可以分为三

---

① Mohammad Hojat, Empathy in Patient Care: Antecedents, Development, Measurement and Outcomes, New York: Springer, 2007, pp. 7–8.

② Julinna C. Oxley, The Moral Dimensions of Empathy: Limits and Applications in Ethical Theory and Practice, New York: Palgrave Macmillan, 2011, p. 18.

③ Mohammad Hojat, Empathy in Patient Care: Antecedents, Development, Measurement and Outcomes, New York: Springer, 2007, p. 13.

④ Julinna C. Oxley, The Moral Dimensions of Empathy: Limits and Applications in Ethical Theory and Practice, New York: Palgrave Macmillan, 2011, p. 18.

种形式,分别对应不同的想象方式:(1)自我为中心的想象(self-focused imagination),通过想象自己在对方境遇下,或者想象作为对方在当下境遇中,移情者站在自身立场会如何表现。(2)他人为中心的想象(other-focused imagination),将自己想象成对方,站在对方立场以对方视角看待当下境遇。(3)双重视角的想象(dual-perspective imagination),虽然想象自己身处他人境遇,但移情者可以在自身立场与对方立场之间自由转换来看待、评价事物。与三种想象相对应的是三种方式的移情:自我为中心的移情(self-focused empathy)、他人为中心的移情(other-focused empathy)和双重视角的移情(dual-perspective empathy)。① 相比较而言,双重视角的移情更为成熟,能保证移情者在合理理解对方情感表现的原因、目的的基础上,对其进行合理与否的判断。移情伦理研究实际上就是以双重视角的移情为基础,要求移情者既站在对方立场想象自身处于对方境遇来了解对方的相关信息,又要求移情者基于自身某些方面的观点对对方的情感表现进行判断。

可以说,从情感方面理解移情侧重于移情的结果,而从认知方面理解移情侧重于移情的过程。不过在现实生活中,移情是情感与认知两种因素共同参与的结果,两者在移情过程中共同产生作用,单纯从情感或认知方面来理解移情都会导致与现实中的移情真实过程相偏离。承认移情具有情感和认知两种属性,一方面解释了移情者产生的情感忧伤、移情内疚、移情关切和移情愤怒等消极情感表现为何在某种程度上与被移情者的情感相一致,另一方面也肯定了观点采择、角色选取等认知方法在感受他人感受方面所发挥的作用。正因为包括认知和情感两方面,移情成为一种主体了解(包括情感的和认知的)他人精神内容的模式,尤其在有关系的两个人之间。认知和情感在移情过程中相互作用,使移情成为主体在对他人情感表现进行回应过程中的整体性结构,其中尤其包括采取站在对方立场的过程及由这些过程产生的情感和认知结果。正是基于移情的这一整体性特征,移情关切、移情内疚、移情愤怒和移情忧伤等移情情感虽然是一种他人导向的情感,但产生这种情感的过程却可以包括:(1)知晓他人的内状态,(2)采用他人态度,(3)像他人那样感受,(4)设想自己处于他人境遇,(5)采取想象他人的观点,(6)采取想象自己的观点,(7)感受各种不同的个人忧伤等一系列运用情感和认识的不同过程。其中,(3)和(7)很明显是移情者产生移情情感的情

---

① Julinna C. Oxley, The Moral Dimensions of Empathy: Limits and Applications in Ethical Theory and Practice, New York: Palgrave Macmillan, 2011, pp. 19 – 24.

感运用过程；(1)(2)(4)(5)(6)是一系列的认知过程，是产生移情情感的有效方式和促进因素（facilitators），[①] 也就是移情认识的过程。虽然作为结果，移情使移情者产生移情情感，但作为过程，移情为移情者提供了一种站在对方立场了解对方相关信息的认识模式，即移情认知。移情认知一方面使移情者的移情情感与移情对象的消极情感表现更相契合，另一方面也使移情者对移情对象有更为合理、深入的了解，从而对自身移情情感表现进行调整。

因此，综合认知和情感两方面可以认为，移情的本质特征首先在于情感，即承认情感在认识他人需要中的关键性作用，"一个人可以通过模仿或想象知晓他人的观点，但这不等同于移情，我们使用'移情'概念时是指感受与他人相一致的感受"[②]，可以说不存在没有情感介入的移情过程。正是当移情者感受到移情对象具有的消极情感时，移情才真正开始。虽然借助移情，移情者除可以感受到他人的消极情感外，还可感受到他人的积极情感，但在日常生活中，积极的移情情感显然不会对主体做出道德行为有任何影响。任何人当看到他人表现出开心、愉悦、舒适等积极情感时，都不会产生对其做出道德行为的想法，除非他人的这一情感表现与他当下境遇不符，即或者他人错误理解了自身所处境遇，如"瘾君子"虽然在吸毒过程中表现出强烈的积极情感，但在任何人看来他都身处一种身心健康受到极大损害的危险之中，对这些人，我们会产生一定程度的移情情感，或者忧伤于对方身心健康被损害，或者愤怒于对方如此不爱惜自己；或者他人因被误导、欺骗而产生积极情感，如受骗者虽然在不法分子实施诈骗过程中误以为自己某方面利益增加，但在明晓真相的任何人看来他都身处正当利益被损害的境遇中，对此，我们会产生移情忧伤。

当然，移情认知使移情者认识到他人产生消极情感的原因，也就是对他人境遇和其欲求之间关系的认知，他人消极情感的产生必定是因为他人境遇使其无法满足内在需要，或者其本来具有的某些利益受到了损害。对他人消极情感产生原因的关注，使移情避免了单纯情感传递导致的不足，使移情者虽然由对于他人消极情感的模仿开始对其移情，但不会完全产生与移情对象同等程度甚至同一类型的情感表现。在移情认知过程中，移情者的注意力能够始终停留在被移情者身上，不会因自身产生消极性的移情情感而去关注自身，同时，由移情情感转换为移情认知，实际上是一个从对他人消极情感表

[①] C. Daniel Batson, Altruism in Humans, New York: Oxford University Press, 2011.
[②] Julinna C. Oxley, The Moral Dimensions of Empathy: Limits and Applications in Ethical Theory and Practice, New York: Palgrave Macmillan, 2011, p.23.

现的关注到对他人消极情感表现产生原因关注的过程。

认知和情感的双重属性决定了移情具有认知层面的"思考"和情感层面的"感受"的特点，所以对于人类而言，它或许是人发挥认知功能的唯一强有力的心理经验。① 这也说明，移情过程本身作为整体性结构的同时实际上也是一种多元的过程，可以运用多种方式对他人内状态进行描述，也暗示移情既包括无认知的情感模仿，也包括运用认知的复杂性理解。在理解认知和情感两方面的移情时，我们必须认识到：（1）移情的原因和移情的结果之间并不完全对等。移情的原因往往是情感的，但移情的结果既可以是认知的，也可以是情感的，并且移情情感和移情认识既与我们的既有观点、标准、信念相契合，也最终体现为我们的行为，或者消除对方消极情感表现，或者停止移情。移情过程中，虽然我们因为情感移情，产生与对方消极情感相一致的移情情感，表现出对对方的关注，在了解了对方产生消极情感的原因后，我们会做出某种行为以消除对方的消极情感，正是在此种意义上，移情及移情引发的行为才具有道德意义。事实上，日常生活中的道德行为往往都是基于这样的过程做出的。但有时随着对对方了解的深入，我们可能会停止移情，如对方表现出消极情感是因为对方无理取闹，单纯地想引起他人的关注，此时我们甚至会产生由本来倾向于对其关切的积极关注转变为对其憎恨、愤怒的消极关注。也就是说，移情情感并不总是可以引导移情者做出某种行为以消除对方的消极情感表现。（2）移情包含三种不同方式，即自我为中心的移情、他人为中心的移情和双重视角的移情。移情过程中包括两种不同的观点，即移情者的和被移情者的，不同的方式实际上是两种观点相互作用的结果。在自我为中心的移情过程中，因为站在自身立场，所以移情者的观点与对方观点会产生较大差异，既有可能移情者对对方当下境遇有自己的理解，从而坚持对对方做出某种旨在消除其消极情感表现的行为，但这一行为的效果有待商榷，也有可能移情者因否定对方消极情感表现的合理性而对其停止移情。在他人为中心的移情过程中，因为站在对方立场，所以移情者的观点与对方观点有较大一致性，移情者虽能够通过某种行为有效消除对方的消极情感表现，但这一行为的合理性却很难被移情者自身认同。在双重视角的移情过程中，因为基于自身观点站在对方立场，移情者会形成能为移情双方共同认同的价值判断和行为选择，最终合理有效地消除对方的消极情

---

① Julinna C. Oxley, The Moral Dimensions of Empathy: Limits and Applications in Ethical Theory and Practice, New York: Palgrave Macmillan, 2011, p. 14.

感。(3) 移情具有认知功能，或者说移情者在移情中对他人的精神和情感状况持有某种信念。移情是对他人情感、信念和态度的回应，可以使移情者获得与他人相似的感受，也可以获取关于他人的更多信息。由此，一方面，借助于移情认知，移情者能正确认识移情对象产生消极情感表现的原因，以及有效消除其消极情感的合理方式；另一方面，也正是借助于移情认知，移情者能够将所有人平等地作为移情对象来对待，避免移情偏见的发生。因此，我们不能在强调移情的情感属性的同时忽视移情的认知属性和认知功能，从而将移情错误理解为单纯的情感过程。只有正确认识、理解移情的应有属性和功能，才能基于移情正确理解人们日常生活中的道德行为和道德过程。

总之，在对他人进行感受和认知的过程中，移情可以转变并形成我们关于他人、关于什么有价值、什么值得关注的观点，这些通过移情获得的知识与我们相关，并被我们所重视。因此，移情可以使他人的情感表现、态度、理由、兴趣和关切等对移情者而言非常显著，进而移情者对这些因素做出反应。当移情的显著效果发挥作用时，移情性思考就会产生，即对他人的情感、价值目标、信念和观点表现出认同倾向，从而使我们更准确地认识和认同他人的情感、感受和境遇，以了解他人及其需要。

第二节　移情的唤起方式

移情具有的认知和情感双重属性决定了移情的唤起方式不是单一的，而是多样的。在不同的移情唤起方式中，情感和认知所占比重不同，既有单纯依赖情感的移情唤起方式，也有仅认知发挥作用的移情唤起方式，不过，在多数移情唤起方式中，情感与认知共同发挥作用。移情唤起包括五种方式[①]：模拟状态，对他人情感表达的无意识回应，即对他人情感表现的模仿。经典条件反射，指对表现出消极情感的他人所处境遇的学习性回应（learned response），不只是对他人感受的直接复制。直接联想，即被移情者的境遇使移情者回忆起过去的类似经历，移情者从而具有符合被移情者所处境遇的感受。调整性联想，也被称为"间接联想"，即被移情者的感受通过语言等途径表达出来，移情者通过感受其感受而做出回应。这是一种较为复杂的唤起

---

① ［美］马丁·L. 霍夫曼：《移情与道德发展：关爱和公正的内涵》，杨韶刚、万明译，黑龙江人民出版社2003年版，第42-67页。

模式，因为它需要移情者对表达他人情感表现的各种形式语言进行处理和解释。角色选取，也被称为观点采择或想象性模仿，是指想象自己身处他人情境来感受他人如何感受。依据所站立场的不同，角色选取方式分为三种，即自我为中心的角色选取、他人为中心的角色选取和两种方式相融合的角色选取。在这五种移情唤起方式中，"模拟状态""经典条件反射"和"直接联想"是自发的和无意识的，这三种方式可以被理解为是情感的传递，其中，情感较认知起着更为明显的作用；"间接联想"和"角色选取"两种移情唤起方式包含高级的认知能力和过程，可以被认为是想象性模仿，但情感在其中仍发挥重要作用。

一、模拟状态

模拟状态的移情唤起经历的是这样一个过程：在观察他人在面孔、姿势和声音中的情感表现时，观察者首先自然而然、无意识地模仿他们当下的反应，并且和他人的情感表现一起变化，尽量让自己在相应方面与他们保持一致，这样观察者就会体验到他人的感受。模拟状态的移情唤起过程中会产生"情绪传染"①，即他人具有怎样的情绪，观察者也会表现出怎样的情绪。模拟状态这一移情唤起方式表明移情是人类的一种本能，不仅人人具有移情这样一种心理能力，普遍能在生活中对他人进行移情，而且人所具有的生物层面的一致性是人们对他人进行移情的可靠基础。

对他人面孔、姿势或声音的模仿，使观察者能够知晓他人的情感状态。一方面，这使移情者个人心理过程得以深化，尤其在比较简单的社会群体中，成员间易形成共同的价值判断、价值追求和行为标准；另一方面，群体内成员间互相模仿，会产生一种集体心理模式，使得甚至在最发达的社会团体中，包括集体深思熟虑、情绪、性格和意志在内的集体心理的存在和运作成为可能，从而形成一种表现为独特价值追求的文化或精神。正是在此意义上，"模仿是所有集体心理生活的主要条件"②。

二、经典条件反射

经典条件反射是指当观察到他人所处境遇或情感表现的原因时，观察者

---

① ［美］戴维·迈尔斯：《社会心理学》（第8版），侯玉波、乐国安、张智勇等译，人民邮电出版社2006年版，第116页。
② ［英］威廉·麦独孤：《社会心理学导论》，俞国良、雷雳、张登印译，浙江教育出版社1997年版，第249页。

会产生一种与被观察者相似或一致的情感表现，这是经典条件反射的移情方式。在经典条件反射的移情唤起过程中，观察者产生作为移情忧伤的情感表现，这一情感是一种与被观察者相一致的感受。经典条件反射可以作为移情唤起方式是因为：（1）所有的人都有某种共同、一致的消极情感体验，如损失、伤害、剥夺等；（2）所有人在生理和心理结构上都具有相似性，因此能够对与移情有关的信息进行类似的加工；（3）所有人都能够以类似的感受对类似的紧张事件或外在环境做出反应。与模拟状态的移情唤起不同，经典条件反射虽也使移情者产生与被移情者相一致的感受，但在此过程中，移情者不单纯是对他人情感表现的模仿，而是通过对他人所处境遇，也就是他人消极情感表现的原因有所了解才产生的感受。因此，可以说，模拟状态是对他人情感表现的移情，经典条件反射是对他人所处境遇的移情，后者对于主体的认知能力有着较高要求。当然，也正是因为认知发挥了作用，所以在经典条件反射的移情唤起中，移情者的感受虽然与被移情者的感受有着强度程度上的差异，但总体而言仍具有高度的一致性，而这也使移情者作为移情忧伤的情感表现更加契合被移情者所处境遇。

三、直接联想

通过直接联想，观察者过去痛苦的或不愉快的感受，在看到其他人表现出痛苦或忧伤情感时，由来自被观察者或其所处境遇的，与那些痛苦的体验相类似、联系的线索而引起。直接联想不同于经典条件反射的移情唤起，后者并不要求移情者以前有类似的体验或经历，移情者的移情情感和他人的忧伤线索相匹配。但很明显，直接联想和经典条件反射都由被移情者所处境遇，而不是由其感受所引起。经典条件反射作为移情唤起方式的原因同样适用于直接联想。当然，直接联想对移情者有着相较经典条件反射更高的要求，不仅要求移情者具有较为丰富的经历和体验，同时还要具有较强的想象力，将能体现在被移情者一方面的线索联系到自身。当然，这并不是说直接联想对于任何人或某些人而言有着过度的要求，实际上，当前社会中的一般成年人都具有进行直接联想的能力。因为直接联想可以由他人或他人所处境遇中的某些线索引起，这就使移情更容易发生，也就是说，很多时候不需要直接面对他人或被移情者出现在移情者面前，移情就可以发生。如我们看到清洁的教室地面有一张废纸会产生消极感受，同样，当联想到他人看到清洁的教室地面有一张废纸，我们能直接产生一种他人作为被移情者会产生的消极感受。因此，捡起废纸扔进垃圾桶以维护公共卫生，不仅对于我们自己而言是消除自身消极感受的合理行为，同时对于他人而言，也是我们所做出的消除他人消极感受的道德行为。

模拟状态、经典条件反射和直接联想虽然在幼儿成长时期有着明显的时序特征，即幼儿出生后不久本能性地形成模拟状态的移情唤起方式，随着成长和学习，逐渐养成经典条件反射和直接联想的移情唤起方式。但在成年人身上，模拟状态、经典条件反射和直接联想同时具有，并且在唤起移情过程中往往不是单独而是联合发挥作用的。模拟状态使观察者产生与被观察者同样的忧伤，经典条件反射和直接联想可能会加强那种忧伤。

模拟状态、经典条件反射和直接联想作为移情唤起的重要方式，其作用在于：（1）它们是自动的、快速行动的和不随意的；（2）它们使婴儿和前言语期的儿童，以及成人，能够对处在忧伤中的他人产生移情；（3）它们使儿童的移情忧伤和其他人的实际忧伤产生早期的匹配，这有助于在儿童面对另一个人的忧伤时预料到自己也会忧伤；（4）它们在一定程度上是自我强化的，因为它们引起的助人行为可能会产生移情的宽慰；（5）它们给儿童未来的移情体验增加了一个不随意的维度。[1] 也就是说，通过模拟状态、经典条件反射和直接联想引起的移情，是一种消极的、不随意的、不自愿的情感反应，是以他人的消极情感表现和要求观察者对之进行最肤浅水平的认知加工为基础的。同时，这三种移情在人的一生中始终以一种重要的非自愿的方式发挥作用和提供移情情感，它们不仅能使一个人对任何可以利用的线索做出反应，而且还强迫做出快速的、自动的、不要求有意识的认知。[2] 这种消极的、不随意的、最低水平的认知加工要求的移情唤起过程有一种潜在力量，表明人类就是以这种方式建构的，人类能不随意地和强迫性地体验到另一个人的情绪，也就是说，一个人的忧伤常常不是依他自己的痛苦经验，而是依别人的痛苦经验而定。同时，因为人本能地有一种消除自身消极情感的要求，这一要求在移情过程中就转化为要消除他人消极情感的要求，这是人类产生道德动机的最初来源和原初状态。正是在实现消除他人消极情感表现的动机和目的过程中，人类会感受到一种积极感受，这一感受加强了消除他人消极情感的动机。

在模拟状态、经典条件反射和直接联想之外，还有两种更高级的移情唤

---

[1] ［美］马丁·L. 霍夫曼：《移情与道德发展：关爱和公正的内涵》，杨韶刚、万明译，黑龙江人民出版社2003年版，第55页。

[2] ［美］马丁·L. 霍夫曼：《移情与道德发展：关爱和公正的内涵》，杨韶刚、万明译，黑龙江人民出版社2003年版，第5-6页。

起方式：第一种是间接联想，即对他人情感表现的联想，或对他人所处境遇的线索，连同移情者自己过去的痛苦经验的联想，此处联想是以对来自对方或与对方有关的信息进行认知层面的加工为中介的；第二种是角色选取，即一个人想象他人是怎样感受的，或者自身处在他人境遇中会怎样感受。很明显，认知因素在这两种移情方式中起着比在前三种方式中更重要的作用，这两种方式可以随时进行，也可以进行自愿的控制，但是，如果一个人正在注意、面对他人，这两种方式就可能是不自愿的，并且立即使移情者感受到他人的消极情感。在这两种方式中，认知因素并不能保证使移情者产生与被移情者相匹配的情感，因为认知能力的运用能使移情者更为准确地判断他人情感表现基于对方所处境遇是否合理，从而不会一味地对他人情感表现进行模仿，或以自身表现出消极情感来作为回应。同时，如同直接联想由对他人或他人所处境遇中的线索引起，间接联想和角色选取也是因为对于他人所处境遇的关注，从而也能使移情者对其他不在场的人产生移情。

四、间接联想

被移情者的感受通过语言等途径被表达出来，使移情者通过感受他人感受而做出回应，这是间接联想的移情方式。这种唤醒方式要利用各种形式的语言媒介，他人的感受或情感表现通过语言交流被移情者认知和了解。此时，语言提供了关于他人情感状态的唯一线索，即使他人不在场，描述发生在他身上的事或他是怎样感受的时候，移情者也会自觉对他人消极情感表现的原因进行思考。

现实生活中，人们往往对于"语言"本身会产生一种移情反应。如"癌症"这个词语的声音可能会引起儿童的恐惧，他们虽然不知道其意思，但通过把这个声音和成人的恐惧及焦虑表情联系起来而对这个词产生某种感受，即使在成年人身上，"癌症"这个词也会引起不适的感受。由此，语言就成为移情双方的媒介或联系，因为语言传达了一定的信息，这一信息可能会表达他人的感受（"我很焦急"）、境遇（"我的孩子刚被送进医院"），或者两者都有。当移情者无论是通过对方直接表述还是通过其他人间接表述接收到他人的信息，并把这一信息和自己的经验联系起来时，移情者都会产生移情情感。

间接联想扩大了人们移情的范围，但同时也要求人们付出比前三种移情唤起方式更多的心理努力。首先，以语言为媒介的移情唤醒，需要对语言信息进行接受、理解，并把它与自身经验联系起来，从而比模拟状态、经典条件反射和直接联想需要更多的时间。移情者需要从关于对方的语言表述中准确获取关于他人感受、境遇的信息,从而花费比直接面对产生消极情感的他人更多的时间。其次,语言信息处理过程无疑需要付出比模拟状态、经典条件反射和直接联想更多的心理努力。模拟状态、经典条件反射和直接联想是消极的、不随意的、不自愿的移情方式,对于移情者而言,直接面对他人就会对其产生移情情感,但间接联想是移情者对他人进行积极、主动、自愿移情的过程。最后,由于一个人不是直接对他人境遇做出反应,而是借助于语言,但语言在运用中往往无法保证绝对准确,总会有一些传递错误,这就使移情者与被移情者之间增加了心理距离,从而增加了移情者准确理解他人感受、境遇的难度。① 因为需要更多的心理努力,语言的应用使间接联想在获取他人情感表现方面往往不如模拟状态、经典条件反射和直接联想快捷、直接。模拟状态、经典条件反射和直接联想获得的他人的情感表现线索,可以使移情过程保持"鲜活",因为这些线索是凸显的、生动的,能被移情者直接注意到。虽然语言表述有时会先于被移情者到达移情者,并在一定程度上很好地协调移情者的移情反应,但语言信息是有距离的、间接的,它与被移情者的情感表现对移情者而言具有不同的效力,往往会由于对它的处理而在一定程度上阻止移情情感的产生。如听到远方贫困地区上不起学的孩子的信息所引起的移情情感往往不如直接面对这些孩子时来得强烈、准确,任何人都知道当前还存在远方贫困地区上不起学的孩子,但因只是停留在信息层面,所以对于某些人而言,这些孩子很少被作为移情对象。另外,当关于被移情者的语言表述不符合他们真实感受时,被移情者的表现线索也能使我们避免受到误导,而这些线索有时只有通过模拟状态、经典条件反射和直接联想才可以获得,并传达给移情者。间接联想作为移情唤起方式,虽然在某些方面不如模拟状态、经典条件反射和直接联想,但同样可以使移情者产生移情反应。实际上,移情情感既是由原始的心理机制也是由以语言为媒介的机制生成的,从移情情感的这两个根源中获得的信息通常是一致的。也就是说,无论是通过模拟状态、经典条件反射和直接联想,还是通过间接联想,移情者都可能获得关于他人感受、境遇的准确信息。当两种信息不一致时,这种差异要求移情者在某些方面做出改变,以有助于移情者对移情对象的状

---

① [美] 马丁·L. 霍夫曼:《移情与道德发展:关爱和公正的内涵》,杨韶刚、万明译,黑龙江人民出版社 2003 年版,第 56 - 58 页。

态做出更精确的评价，从而做出更真实的移情反应。①

五、角色选取

角色选取的移情唤起方式要求主体有一种高级水平的认知加工：使自己处在他人的位置，并想象他或她是怎样感受的。因为生理和心理上的类似性，人们有着类似的生活体验，当一个人想象自己处在他人境遇时，就会把他人的处境转变成引发自身产生某种情感的线索或原因，从而在自己身上引起同样的感受。②

角色选取可以依据移情过程中移情者关注点的不同而划分为三种。

（一）以自我为焦点的角色选取

当他人处在忧伤之中时，移情者想象到如果处在同样的境地自己会是什么感受，此时，移情者往往感受到和对方大体相同的感受。如果想起了自己过去类似的经历，或者回忆起自己曾经身处相同或类似境遇时的感受，那么，移情者的移情反应就会提高，在情感种类、强度程度等方面与对方的情感表现更加一致。

（二）以他人为焦点的角色选取

在听说他人无法实现利益满足或消除利益损害时，人们就会把注意的焦点直接指向对方，并想象到他人是怎样感受的，此时移情者感受到对方的感受。通过获知关于他人的任何个人信息，如他人的性格、生活状况、在类似境遇中的行为等，以及在此境遇中大多数人是怎样感受的任何一般性知识，移情者的移情反应就可能会提高。想到卫国戍边的解放军战士身处艰苦环境，我们会产生关切、忧伤等移情情感，但当知道在和平年代他们仍为捍卫国家领土主权而献出自己年轻宝贵的生命时，我们的移情情感更加强烈。如果注意到被移情者的面部表情、声调或姿势，移情情感就会进一步提高，因为这些非言语的忧伤线索可以引发更原始的移情唤醒机制，即模拟状态、经典条件反射和直接联想的支持。在看到卫国戍边的解放军战士英勇抵抗外敌的图片、视频报道时，我们的移情情感无疑因模拟状态、经典条件反射和直接联想的参与变得更加强烈。这种移情唤起过程即使在他人不在场的情况下

---

① ［美］马丁·L. 霍夫曼：《移情与道德发展：关爱和公正的内涵》，杨韶刚、万明译，黑龙江人民出版社2003年版，第58页。

② ［美］马丁·L. 霍夫曼：《移情与道德发展：关爱和公正的内涵》，杨韶刚、万明译，黑龙江人民出版社2003年版，第61页。

也可以做到,因为此时与对方有密切联系的移情者会想象他看上去是什么样子,并做出移情反应,仿佛他就在现场似的。对于每一个中国人而言,当想到卫国戍边的解放军战士时,都会想象到他们有怎样的姿态、信念和价值追求。

以自我为焦点的角色选取会比以他人为焦点的角色选取使移情者产生更强烈的移情忧伤,因为想象他人是怎样感受的会引发自己的个人需要系统。当一个人想象自己处在他人境遇并关注自身时,移情者就会由他人的境遇联想到自身在当下的需要、利益和利益受损状况及实现方式,后者正是被移情者消极情感表现的原因。在这个过程中,移情者实际上将他人所处的境遇与自己过去类似的经历、境遇,或自身因利益受损所导致的消极情感联系起来。也就是说,之所以想象到自己处在他人的位置会产生一种移情反应,是因为它引起移情者回忆起自己过去的类似经历和自身需要无法满足时的感受,因而移情者真实地体验到与被移情者一致的情感。当把焦点集中在他人身上时,移情者自身产生的消极情感是基于自己对被移情者需要状态的了解,从而感受到被移情者的感受,不会在移情者内心产生一种真正属于移情者自身的情感反应。①以他人为焦点的角色选取移情方式给移情者带来的感受要比以自我为焦点的角色选取方式弱,在以自我为焦点的角色选取过程中,因为移情者始终想象自己的需要和利益受损情况,并感受到一种属于自己的情感,这有可能会使移情者的关注点从被移情者身上转移到自己身上,从而造成"自我中心的转换",此时,移情者所感受的情感有可能会强于被移情者自己所表现出来的情感,这就是移情的"过度唤醒"。

(三)两者的结合

移情者可以在"以他人为焦点的"和"以自我为焦点的"角色选取之间来回转换,或者把它们体验为合作发生的同一过程。这种结合可能是最强有力的,因为这一过程把在情绪上强烈关注的、以自我为中心的角色选取和更持久的注意、以他人为焦点的角色选取结合起来。在想象自己处在他人的位置时,移情者把移情情感和他人的个人信息,以及处在对方境遇中的人们会怎样感受的一般知识整合起来。这是一种完全成熟的角色选取。

两者结合的角色选取,使移情者既可以内在地产生一种移情情感,也会始终将关注点放在被移情者身上,由此,既弥补了以他人为中心的角色选取

---

① [美]马丁·L. 霍夫曼:《移情与道德发展:关爱和公正的内涵》,杨韶刚、万明译,黑龙江人民出版社2003年版,第62—64页。

对他人状态，如他人需求、价值追求等的相关信息要求过高的不足，又保证了移情者不会因以自我为焦点的角色选取而产生移情过度唤醒。很明显，如果说角色选取就是想象自己身处他人境遇的过程，那么，以自我为焦点的角色选取对应于"以自我为中心的想象"，以他人为焦点的角色选取对应于"以他人为中心的想象"，以自我为焦点和以他人为焦点相结合的角色选取对应于"多元角度的想象"。因为多元角度的想象可以使移情者既产生对于他人的关注，也会对他人感受、消极情感产生原因、消除消极情感的有效方式等方面有着较为准确的认知，所以以自我为焦点和以他人为焦点相结合的角色选取实际上就是人们在日常生活中为产生对他人合理的移情关注，并准确了解他人相关信息而应采用的移情唤起方式。

强调移情唤起多重方式的重要性在于，它们使移情者能够对任何适用的忧伤线索做出移情反应。如果唯一的线索是他人的面部表情、声音或姿势，移情情感就可以通过模拟状态而产生；如果唯一的线索是境遇，移情情感就可以通过经典条件反射或直接联想而唤起；如果他人用语言表达消极情感，移情情感就能通过间接联想或角色选取而被移情唤醒。在这五种移情唤起方式中，前三种强调情感的方式与后两种强调认知的方式并不冲突。一般来说，当他人在现场时，所有的唤醒方式都可以发挥作用。当这种情况发生时，各种方式之间可能有着某种分工合作。有些唤醒机制更有可能加强移情情感，或使一个人的注意力集中在他人身上（模拟状态）；有些机制可能更有助于"自我中心的转换"；有些机制可能发动了，移情过程却消退了，而另一些机制则取而代之。[①] 如疫情发生初期，我们最初关注那些病毒感染者，每天上涨的感染病例数牵动着每一个国人的心，每个人都会对病患心存挂念；但当知道自身也可能被感染时，我们也会担心自身安危，并想象身处病患当前境遇自己会如何配合医生的各项救治工作以便早日康复。很明显，这样的心理变化表明，我们一开始的移情情感是由通过文字、图片新闻报道的疫情相关信息等线索而引发的，当自己相较他人身处利益实现情况较好的地位时，我们有着对他人的关注，但随着自身身处他人境遇的可能性越来越明显，我们的移情情感中较多成分是对自身的关注。当然，在这一移情情感变化中，如前所述，我们应采用"多元角度的想象"，既不能为准确了解他人信息而置自身和公共安全于不顾，也不能因沉溺于自我为中心的想象而使自

---

① ［美］马丁·L. 霍夫曼：《移情与道德发展：关爱和公正的内涵》，杨韶刚、万明译，黑龙江人民出版社2003年版，第68页。

己产生较高强度的消极情感，从而放弃追求美好生活的动机和信念。

多重唤醒方式表明移情者和被移情者的情感不是一种紧密的匹配关系。一方面，多重方式实际上保证着双方的感受，甚至在不同的文化之间，有某种程度的匹配，因为所有人在生理结构和对信息的加工处理方面是类似的，因此，通过模拟状态、经典条件反射和直接联想的方式，移情者能够以类似的感受对他人类似的境遇、经历做出反应。另一方面，在某些情况下，移情并不要求实现某种匹配。例如，当他人的生活状况与他在当时情况下的感受不相符合时，我们无论如何都不会对一个开着昂贵汽车、穿着名牌服饰却每天抱怨自己是一个艰辛打工人的人产生移情忧伤；当他人被误导、欺骗，或对自身身处境遇的真实情况不了解时，如对于上当受骗的老人，我们即使看到他脸上浮现愉悦的表情也会对其产生移情忧伤；对于"电车难题"中的工人，即使知道他当下不认为自身应成为移情对象，我们还是会对其产生移情忧伤。在这些情况下，间接联想和角色选取可能是最重要的，因为它们要求移情者有较高的认知水平，从而能被主体自主自觉地控制。

另外，在多重移情唤起方式中，间接联想和角色选取扩展了一个人的移情能力和移情范围，使主体能对不在现场的他人产生移情，这也就意味着任何人都能够并且应当将他人作为移情对象来对待，任何人都能够并且应当被他人作为移情对象来对待。这是移情这一心理过程不仅在所有人层面都能做出的普遍性，也是适用于任何人都能作为主体和/或对象层面的普遍性。多重移情唤起方式也表明，成熟的移情方式，即主体基于自身观点站在对方立场，在感受他人感受的同时，准确了解他人相关信息是可以被要求及训练养成的。这为我们基于移情对他人行为进行道德规范和道德教育提供了基础。

第三节　移情的认知功能和规范功能

因为同时具有情感和认知两种属性，所以移情的唤起方式具有多样化特征。这也说明，无论是情感还是认知，都可以单独完成某种形式的移情，如模拟状态可以由情感单独完成，角色选取可以由认知单独完成。如果将他人的情感表现、情感表现原因以及需要、偏好等视为"信息"，那情感和认知在移情过程中实际上是作为两个分离的系统一起处理关于他人的信息。因为信息处理方式的不同，情感和认知两种属性就决定了移情具有两种功能。

情感与认知对于信息的处理虽然不同，但也有联系，这主要体现在四个方面。第一，在移情过程中，移情者的推理和评价是对他人认知回应的过程，消极、不随意、不自愿是对他人情感回应的标志。认知性的信息处理过程经常包括明确的精神活动，如在对他人信息进行推理和评价的过程中，移情者往往是首先基于对他人情感表现的最初认同，此时，这一最初认同就是一种移情者对对方的情感回应和精神活动。正是在此意义上，日常生活中的道德行为往往是主体基于对方表现出消极情感而做出的，因为此时主体只有感受到他人的消极感受，才有动机去了解关于他人的相关信息，如他人的利益受损情况、满足其利益需求的有效方式，进而才可能做出道德行为以消除其消极情感表现。第二，情感及其表现是一般性的，人类具有相似的情感和情感表现，无论移情者具有怎样的文化特点、个人背景和教育经历，对于他人的情感回应往往都是一致的。认知层面的信息处理与文化相关，并在很大程度上依赖于个人生活阅历、学识和教育经历。因此，学习、训练对于认知回应比对情感回应更重要。这也表明，合理的认知回应需要移情者付出更多主动的、自觉的努力，而且在此基础上的行为依据和行为方式更为合理。现实生活中，无论对方有怎样的文化背景、民族出身、宗教信仰，我们都会因对方表现出消极情感而产生移情忧伤，但要有效消除对方的消极情感，我们需要在了解了对方相关信息后才有可能。第三，情感回应一般表现为主观判断，与认知过程相比，前者往往导致对他人相关信息的不准确处理。认知处理过程首先是对理性能力有一定要求的思考过程，它要求主体具有一定的知识信息储备及信息分析能力，对他人的恰当合理回应往往依赖于移情者对他人及其境遇的了解，依赖于对他人信息的认知处理。尤其是在跨文化的人们之间，如果不了解对方的价值追求、生活习俗、行为习惯等相关信息，即使我们感受到他人的感受，也不能准确了解对方产生消极情感的原因，以及这一情感表现是否合理，遑论消除对方消极情感表现的有效方式。第四，人类生理结构的一致性，使得移情者做出与他人情感相似的情感回应。因此，情感经常在人际交往中有感染性，而认知却没有。虽然因认知回应依赖于人类在信息处理方面的一致性而具有一致性，但显然，信息过程是主体思考的过程，无法感染他人。如在公交车上，对于老年人，乘客们都会主动让座，但对于身有伤病如失语的年轻人，当其消极情感表现不明显时，乘客们的反应往往存在差异。

正是基于情感和认知在处理他人信息中的不同方式，移情者才借助移情实现对于他人的理解和感受。理解的基础是认知，感受的基础是情感，因为认知与情感在信息处理方式上的不同，理解和感受必然存在不同。比如，理解以"学习"为基础，需要主体做出积极的努力，而感受更多的是人类内在的心理过程，无须努力。感受的鲜活性、原初性有可能使它在人们处理他人信息过程中处于比认知更基础的地位，如果人们之间感受到很少的移情情感，那即使使用再多的、精确的词汇，也很难达到一种相互理解。但在实际生活中，理解和感受存在共通之处。理解是对意义的察觉（awareness of meaning），也就是说，我们在理解他人的过程中，必然存在对于他人的某种情感倾向；感受是对情感的知觉（the perception of emotions），当我们感受到他人感受时，实际上我们就已然具有关于对方的某种认知和理解。这也就导致虽然理解以准确性和客观性为基础，而感受是主观性的产物，往往受偏见的支配，但两者往往统一在一起，很难对其进行机械、简单的割裂和分离。对他人信息判断的准确性经常出现在与理解有关的精神活动中，而不是自发的、不努力的情感觉醒中，即只有我们有着要去理解对方情感表现的动机，我们才会真正地去理解对方。① 感受和感受的此种关系也表明，虽然移情过程中我们会对他人进行可以区分为情感和认知的两种回应，但实际上这两种回应并不单独进行。如果简单地将移情理解为是主体对他人进行情感回应或主观判断的过程，就将移情错误地理解为是主体表达自身主观判断的方式，进而也会将在移情基础上针对他人的行为错误地理解为是主体表达情感式主观判断的过程。但显然，在移情过程中，主体对他人的回应具有客观性，这一客观性不仅是一种准确处理对方真实信息、尊重对方事实的客观性，也是一种符合人类社会相关方面一般判断的客观性。

在认知和情感、理解和感受的作用下，我们可以通过移情获得关于他人情感、状态和境遇的更多信息，产生关于他人的新的观点、判断，或者转变关于他人的已有观点、判断。而且，通过移情获得的知识明显不同于通过理论和其他外在手段，如通过书籍或媒体获得的知识，具有结合对方当下情感表现和所处境遇的准确性和即时性。这是移情的认知功能（epistemic function）。但在获得他人信息之前或者之初，移情者必须首先认同他人的情感表现，对他人的情感表现做出先于认知的最初认同，认为这种情感对于当时境遇是合适的，最终这一最初认同演变为消除他人消极情感的行为动机。在这种意义上，移情本身就是一种规范性判断。这是移情的规范性功能

---

① Mohammadreza Hojat, Empathy in Patient Care: Antecedents, Development, Measurement and Outcomes, New York: Springer, 2007, p.10.

(normative function)。①

如同认知和情感、理解和感受在移情过程中往往相互作用、不可分离，移情的认知功能和规范功能也不是截然分开的。移情情感在具有规范功能的同时一样有可能实现移情的认知功能。在移情过程中，移情者感受到某种消极情感发生在他人身上，从而发现他当前的境遇与他自己所追求的状态之间的变化、差异。其中，他人所追求的状态实际上就是自身利益需求得到满足，或自身利益损害被消除，是一种与当前状态相比他人偏好的状态。移情与所追求状态之间的关系表明，情感的性质和强度反映了"我"是否重视那种状态，以及"我"有多重视。有时，对于某种状态的重视程度，被移情者自己没有意识到或者被欺骗了，唯有移情者能够发现。这被称为"感情的信息功能"。② 也就是说，移情的规范功能促使移情者追求实现对于被移情者而言的某种较好的状态，在这一过程中，这一较好状态实际上就是关于被移情者的某种信息，表明当前境遇中被移情者实际或应当追求怎样状态的实现。如当老人受骗，对于老人的较好状态是自身正当利益得到维护，即使他本人当下并不具有这一追求，但作为移情者，我们基于自身对正当利益不受侵害这一状态的重视和追求认定他实际以及应当具有这一追求。

一、移情的认知功能

移情的认知功能体现在以下两方面。

（一）借助移情收集关于他人的信息③

在移情过程中，移情者获得关于他人内状态的信息，如对某种外在环境或条件的厌恶、对某一事物的偏好或对于好的生活的信念等。这些信息一部分是通过我们感受到他人感受，理解他人对于当前境遇的某种态度，获知他人对于自身当前利益满足情况的判断，另一部分是通过我们作为与对方相同的人，彼此具有共同的信念和价值追求，即对于长远的好的生活的追求，将这一追求在移情过程中赋予对方，获得的关于对方的信息。这些信息能够使我们判断他人表现出消极情感的原因，他人在消极情感表现中所蕴含的价值

---

① Julinna C. Oxley, The Moral Dimensions of Empathy: Limits and Applications in Ethical Theory and Practice, New York: Palgrave Macmillan, 2011, pp. 35 – 36.

② C. Daniel Batson, Altruism in Humans, New York: Oxford University Press, 2011, p. 30.

③ Julinna C. Oxley, The Moral Dimensions of Empathy: Limits and Applications in Ethical Theory and Practice, New York: Palgrave Macmillan, 2011, p. 43.

追求，以及结合对方的长远的好的生活这一目标和当前境遇有效消除其消极情感表现的行为方式。

通过不同的唤起方式，移情在收集他人信息方面会有所不同。首先，以自我为中心的移情将自己置于他人境遇，在对他人做出分析和理解时，移情者所运用的是自己的信念和价值。这种移情获得的信息有可能不够准确。其次，以他人为中心的移情虽然同样是将自己置于他人状况，但此时移情者运用的是他人的信念和价值，可以获得关于他人的准确信息。在日常生活中，虽然充分的、以他人为中心的移情可以获取关于他人的准确信息，但这有可能对移情者提出过高要求，要求对他人信念、价值等相关信息有非常深入、准确的了解。最后，双重视角的移情试图确定他人的信息、欲望和感受与移情者自己生活相关联的情况，然后站在他人立场做出回应，这种移情方式能有效知晓他人的感受，然后通过将他人的情感与自己的情感相比较，从自己的角度去获知他人的情感和境遇。三种移情都可以看作利用先前的知识去感受地和/或理解地获得有关他人的情感、价值追求、所处境遇等信息的有效过程。

（二）理解他人

理解他人就是在收集他人信息基础上，移情者以他人感受、利益需求和经济状况等能够发挥作用的方式去解释他人生活，将对方视作完整的个体，然后将自己的经验与对方相连接。此时，移情者不只是无意识地感受他人或模仿他人在当时情境中的感受，还需要一种认知性的尝试以确定如何连接他人对于自己生活的信念、欲望和感受，并转化为回应，由此，移情者实现对他人感受的有效了解。[①] 也就是说，他人消极情感表现与他人当前追求及最终长远的好的生活追求之间的联系，依赖于我们作为移情者对于对方的理解，在此基础上，他人的消极情感表现才被认定为是合理的。如路遇一个饥饿的乞丐，我们发现他表情痛苦，我们感受到对方的这一消极感受，但何以他这一情感表现表达了他对于吃一顿饱饭的追求，以及何以他会具有这一追求，就需要我们将自己置身于对方境遇来理解。

移情在理解他人方面伴随着情感的参与，即移情者感受他人的感受，在此基础上，移情者发现他人的观点、感受、理由和信念，使他人情感表现被认为是可理解的。在感受到他人感受的当下，移情者同时具有消除这一消极

---

① Julinna C. Oxley, The Moral Dimensions of Empathy: Limits and Applications in Ethical Theory and Practice, New York: Palgrave Macmillan, 2011, p.46.

感受的动机，会从内心认为他应该发现他人情感表现及原因，以及其在当前境遇中的理解。移情过程中，移情者认同和共享他人情感，不仅是在"假如在当时境遇，自己会有同样情感"这一意义上认同这一情感，而且是在对于当下境遇而言这一情感是合理的这一层意义上表示认同。当移情作为对他人情感的回应时，移情者就必须发现他人的情感表现及其内容的可理解性，如此移情者才会有动机去回应。① 因此，移情的两种认知功能，即信息收集和了解他人，首先要满足两个条件，即他人情感的可理解性和对他人情感的最初认同。②

他人情感对于移情者而言是可理解的，因为移情在获取关于他人信息的认知功能方面的最重要贡献，就是它可以使移情者获得关于他人与自己不同的重要方面的信息，通过站在他人立场重新审视这些信息。这使移情可以促使移情者更深入地了解他人生活，而不是单纯地、理论性地了解他人信息。移情的过程包括将他人的内状态与自己的内状态相比较的过程，当发现他人相关方面的合理性并表示认同时，移情者就会从他人那里和世界中学到更多。疫情期间，我们佩戴口罩出门会思考这会不会被他人嘲笑，但当想到口罩能够有效保护我们自身，人人都会且应当戴口罩时，我们的这一顾虑就会消失。在这样一种移情思考中，我们以承认某一行为方式对于他人的合理性来为自己做出这一行为进行辩护。这是移情与其他手段在获得他人信息方面的不同，对这一信息及其合理性的理解实际上是站在移情双方的立场进行的，能够得到双方的认同。移情特别适合认同和理解他人感受，因为移情包括一种有效的情感回应，这提供了对被移情者感受的更多了解。

但这并不意味着移情总是可靠的，因为在多种移情唤起方式中存在较不成熟的移情过程。如在直接联想中，因为移情者将自己的情感、想象和观点导入移情过程，这就使获得的知识仅限于移情的视角，通过移情获得的知识被限定在他人与自己的范围内，这种知识是主观的（subjectively）和自我为中心的（egocentrically）。③ 如果仅是基于他人立场，我们必然认同吸食毒品所带来的积极感受的合理性，但基于作为人类应有的一般判断，我们应追求

---

① Julinna C. Oxley, The Moral Dimensions of Empathy: Limits and Applications in Ethical Theory and Practice, New York: Palgrave Macmillan, 2011, p. 38.

② Julinna C. Oxley, The Moral Dimensions of Empathy: Limits and Applications in Ethical Theory and Practice, New York: Palgrave Macmillan, 2011, p. 48.

③ Julinna C. Oxley, The Moral Dimensions of Empathy: Limits and Applications in Ethical Theory and Practice, New York: Palgrave Macmillan, 2011, pp. 55–56.

长远的好的生活,而吸食毒品必然给这一追求的实现带来消极影响,因此我们判断吸食毒品即使能带来积极感受也是不合理的。也就是说,我们应当对移情本身进行规范,通过将所有人平等地作为移情对象来对待,结合作为人实际及应当具有的一般价值判断来理解他人感受、追求、境遇等,以此来实现我们移情过程中所做判断的客观性和普适性。

二、移情的规范功能

移情的规范功能主要表现在移情的情感方面,但如前所述,移情认知过程中也伴随着情感,所以规范功能贯穿于整个移情过程。情感在移情中发挥作用经历了两个阶段,首先从情感上认同他人的情感表现在当时境遇是合理的,其次是感受他人感受。但无论哪一阶段,我们都会产生对他人情感的最初认同,只有在这一初步认同基础上,我们才能判断他人情感表现在当下境遇是合理的,进而感受到他人感受;我们最终会产生对于他人福利的重视,以此解释对方何以产生消极情感,以及如何有效消除对方的消极情感表现。

(一) 对他人情感的最初认同

移情不仅使他人的信息和观点变成对移情者而言是可理解的,而且移情者认为相对于这些信念、理由和欲望而言,被移情者的情感表现是适当的。要理解他人的情感,移情者必须认同他人采取的情感相应于他当时的境遇是合理的。唯有如此,他人情感才有意义。但这并不是要求移情者认同他人情感表现当下在道德上是正确的,也不是要求移情者认同他人的具体情感表现,移情只要求对于他人情感的最初认同 (prima facie approval),或者最初接受 (initial acceptance)。① 最初认同是移情者进一步获取关于他人信息、理解他人,最终做出针对对方行为以消除其消极情感表现的基础,可以说,没有这一最初认同,移情就变得不可能。当然,这一最初认同解释了为何在某些情形的移情过程中,我们的感受与对方的感受存在不一致,如见到或听说老人正在被骗,我们的感受是消极的,老人的感受却是积极的。当然,在此情形中,最初认同仍然存在,但这并不是对于对方当下情感表现的,而是基于我们了解老人在意识到被骗后会产生消极情感,这是人类在意识到自身利益受损时都会产生的情感表现。也就是说,移情过程中,我们将对方理解为具有长远的好的生活这一追求的完整的人,进而对其结合当前境遇能够以及

---

① Julinna C. Oxley, The Moral Dimensions of Empathy: Limits and Applications in Ethical Theory and Practice, New York: Palgrave Macmillan, 2011, pp. 49 – 50.

应当做出的情感表现产生最初认同。我们有时甚至都不会产生针对对方的感受，如看到某人假称自身穷困来博取他人关注，即使我们注意到对方表现出消极情感，也不会产生与之一致的感受。这一情形说明，最初认同并不是盲目的，需要移情者对于他人相关信息的准确了解。

（二）对他人福利的重视

当感受到他人消极情感时，移情者同时意识到他人的某种需要，并以移情情感对他人做出回应。无论是他人的消极情感表现还是移情者的移情忧伤，都表现为一种"需要状态（need-state）的情感"，包括害怕、焦虑、期待、渴望等。当想象自己身处对方境遇，移情者意识到当下状态与我们所欲求的状态之间的消极矛盾关系时，这些消极情感作为移情情感就会产生。我们所欲求的状态包括我们重视但目前还没有达到，或者目前我们具有但马上就会失去。在移情情感影响下，所欲求状态对于主体而言显得尤为突出、重要，因为只有当明确了这一状态应当成为我们的目标，我们的消极情感才可能向积极方面转化，最终作为消极感受的移情情感在我们将这一目标作为我们的行为目标并体现于行为时才会消失。这也被称为"情感的扩大功能"（amplification function）。正是出于对他人福利的重视，移情情感才激发了消除他人消极情感状态、实现他人预期欲求目标的欲望和动机，这种动机是一种利他动机，以增加他人福利为最终目标。这种能够唤起移情情感的"重视"被认为是内在的、目的式的重视，而不是外在的、工具式的重视，这是移情规范功能的突出表现。[①] 正是在这一层面，移情为我们做出道德行为提供道德动机，移情的规范功能转化为对于我们行为的规范，也由此可以明确，我们判断一个行为道德与否的根本标准在于主体是否具有消除他人消极情感、增加他人福利的动机。

初步认同和重视他人福利都是移情规范功能的体现，两者在移情过程中有可能无法被明确区分。因为，分享他人情感、感受他人感受是"一种分享他人对世界的价值评价（evaluation）的方式，它可以使一个人'看到'或赞同他人生活、情感和社会环境的、事先未被承认的特征（previously unrecognized features）"[②]，这一"赞同"中既包括"初步认同"，也包括

[①] Julinna C. Oxley, The Moral Dimensions of Empathy: Limits and Applications in Ethical Theory and Practice, New York: Palgrave Macmillan, 2011, p.45.

[②] Julinna C. Oxley, The Moral Dimensions of Empathy: Limits and Applications in Ethical Theory and Practice, New York: Palgrave Macmillan, 2011, p.53.

"重视他人福利"。实际上，移情的情感属性使一个人可以对他人经历非常敏感，不仅能对他人的情感做出初步认同，而且能感受到他人需要状态的情感，这种经历促使我们通过认知进一步了解他人的相关信息。同时，因为"初步认同"与"重视他人福利"的紧密关系，移情过程中，移情者的情感与他人需要状态的情感相一致，从而被他人情感引导和限制。如果一个人不能与他人情感相一致，不能感受到他人需要状态的情感，即"重视他人福利"，则很可能因为他不相信这种情感是合理的，即没有达到"初步认同"。但如果移情者不能感受到他人感受，也根本不会对他人情感表现出任何认同，则不会对他人进行移情。另外，移情的初步认同和感受他人需要状态的情感两者相互联系，同时也被"与他人在兴趣、担忧和情境上的相似度"①所限制，这种"相似度"实际上是一种在他人境遇，主体判定某一需要状态的相似。当路遇一名饥饿的乞丐，我们通过感受对方当下感受，在对对方情感表现最初认同的基础上，认识到他对于自身当前境遇的不满以及对于相较于当前状况较好状况的追求，并因为我们重视对方福利而将对方对于较好状况的追求转化为我们自身的追求。如果我们了解了对方身处当前境遇是由自身不可控因素所致，如因治病花光所有积蓄，那么通过联想自己身处这一境遇会产生的需要状态，我们不仅会让其吃一顿饱饭，而且会提供除此之外的力所能及的帮助。在这一过程中，我们对他人情感的"初步认同"与"重视他人福利"相一致，并最终使我们做出增加对方福利、消除其消极情感表现的行为。但有时"初步认同"可能会与"重视他人福利"在某种程度上相分离。如路遇一名饥饿的乞丐时，我们通过感受对方当下感受，在对对方情感表现最初认同的基础上，认识到他对于自身当前境遇的不满以及对于相较于当前状况较好状况的追求，但当了解了对方是为逃避警察追捕而导致的当前状况时，我们一开始对其产生的"最初认同"就只停留在对方作为一个人当饥饿时会表现出消极情感这一层面，而不会将他所追求的既能吃饱饭又不被警察逮捕这一状况的实现作为自身追求。当然，在此情形中，我们会有劝其投案自首的想法和判断，认为只有这样做才合乎他对于长远的好的生活的最终追求，在此，"初步认同"最终与"重视他人福利"相统一。

移情的规范功能具有明显的情感色彩，这也就意味着有时单纯认知性的移情可能不会产生如情感移情一样的规范性功能。原因如下：第一，在某些

---

① Julinna C. Oxley, The Moral Dimensions of Empathy: Limits and Applications in Ethical Theory and Practice, New York: Palgrave Macmillan, 2011, p.54.

情形中，移情者虽然能够想象他人对自己的境遇是如何思考和感受的，但其中基本没有情感涉入，即没有对他人的价值予以重视，相反有可能会对他人采取一种不认同其情感或敌对的倾向。如当邻国频繁往边境运兵时，我们会想到对方对我国领土有所企图，但我们不会对对方有任何情感方面的认同，只会因对方的这一行为而担忧、愤怒，此时，我们抵御其侵略的行为不会是增加对方福利的行为，而是维护自身利益、遵守国际公约、维护世界和平的道德行为。第二，情感移情的存在说明，一个人可以不进行移情认知而对危难中的他人产生移情关切。疫情暴发后，在还不了解病患何以感染病毒时，我们也会对他们产生移情关切。第三，在需要满足后，移情关切消失了，但对他人福利的重视保留了下来，这反映了移情的规范功能具有持久性特征，此时移情保留的只是情感和感受，而没有认知和理解。在帮助一位路边饥饿的乞丐后，我们与他之间的移情关系暂时结束，我们的移情情感消失了，但我们仍希望他未来不再挨饿，表现出对他福利的重视。这说明了两方面的问题：一方面，初步认同处于危难中的他人的情感表现和重视他人的福利构成了移情关切，即移情实现规范功能的两个关键前提（antecedents）；① 另一方面，由移情关切而来的道德动机更多源于移情情感，同时这一情感是人类的生物性本能，普遍存在于人类身上，所以人人都能够以及应当对他人产生移情情感，进而形成道德动机，而要做到这一点，需要每个人平等地将所有人作为移情对象来对待。

不过，移情规范功能并非完全与认知无关，在移情规范功能与认知功能之间存在着一种相互促进的关系。因为在重视他人福利的同时，自然包括想象他人如何思考和感受，即对他人进行移情认知的过程，从而使移情关切更为强烈。在移情发挥认知功能，即发现他人的观点、感觉、理由和信念是可理解的同时，也要求移情者认为他人的感受相对于当下境遇而言是合理的，只有在最初认同的前提下，移情才能发挥规范功能，才能使移情者由判断、评价层面对他人福利的重视转变为行为中实现他人福利的增加。因此，移情的认知功能和规范功能相互作用，移情的规范功能为其认知功能的实现提供了理由，移情的认知功能扩展了认同对象的潜在范围。

虽然在直接联想的移情过程中，移情者通过情感表现将对他人的关注和需要置于自己之前，但这并没有否定移情具有认知功能，相反，相对成熟的

---

① C. Daniel Batson, Altruism in Humans, New York: Oxford University Press, 2011, pp. 43–44.

移情，如角色选取往往在发挥认知功能的同时使移情者对对方产生利他动机。① 移情的认知功能可以使我们重新思考他人的需要、价值追求等，从而能够有效地实现其需要的满足；移情的规范功能可以解释何以我们会对他人产生道德动机及道德动机应是怎样的，最终保证移情者做出道德行为。因此，通过移情，我们采取"道德角度的观点"（moral point of view）不仅可以解释而且可以形成针对他人的合理原则和行为，从而为道德原则辩护，为自己针对他人的行为辩护，最终保证人们遵守道德规范。当然，移情是一种心理上的经验，而不是规范性原则，所以它不能作为道德上善的行为判断标准。② 不能认为当对他人移情时，我们就是道德的，反之就是不道德的；不能认为当对他人移情更为深入时，我们就是更为道德的，反之就是相对不那么道德的。移情只是在我们与他人之间建立了一种联系，通过这种联系我们认识他人，了解他人的苦乐及其他，这种联系使道德成为可能。道德作为对我们行为的规范，必然包括对于我们应有行为动机的要求，移情解释并澄清了何以我们会产生道德动机及道德动机应是怎样的。但显然，并不是所有的移情都会产生道德动机，尤其在针对某人移情时，我们对之形成的增加其福利的动机可能会与道德相违背，甚至损害到他人利益或社会公共利益。因此，为保证移情过程中我们总能形成道德所要求的行为动机，我们要对移情本身进行规范，即你应当将所有人平等地作为移情对象来等待，并基于自身观点站在对方立场来对他人进行判断。"所有人平等地作为移情对象"所实现的就是道德的普适性，即在道德领域中，所有人具有平等地位，我们应对所有人平等地承担道德责任；"基于自身观点站在对方立场来对他人进行判断"所实现的就是道德的客观性，即在道德行为中，我们的价值判断和行为选择应当是能被移情双方乃至整个社会所认同的。显然，对移情的规范与道德规范相一致，在我们明确了移情伦理的价值论和行为论时，这一点更为清晰。

---

① Julinna C. Oxley, The Moral Dimensions of Empathy: Limits and Applications in Ethical Theory and Practice, New York: Palgrave Macmillan, 2011, p.58.

② Julinna C. Oxley, The Moral Dimensions of Empathy: Limits and Applications in Ethical Theory and Practice, New York: Palgrave Macmillan, 2011, p.6.

第三章
移情伦理的价值论

　　道德理论中的价值论须厘清道德价值与非道德价值的关系，对此，移情伦理理论的观点是，道德行为的道德价值体现于主体实现对象非道德价值的行为过程和行为动机中；须明确非道德价值的内涵及来源，对此，移情伦理理论的观点是，非道德价值是人的自利性需求的满足，源于人所具有的自利本能；须澄清非道德价值的特征，对此，移情伦理理论的观点是，非道德价值虽然具有主观性，但也具有普遍性，移情能够赋予其客观性。由此，在实现对方非道德价值过程中，行为的道德价值具有客观性和普遍性。对于非道德价值的理解，移情伦理理论是从移情过程中移情者所具有的"自我中心"倾向层面出发，从而使非道德价值符合人类生活和心理的实际情况，在实现非道德价值合理性的同时也论证了其普遍性。

　　虽然移情可以为行为主体提供道德动机，但在移情过程中，人们有时还是会产生"偏见"，因此人类总是无法避免本能性"自我中心"倾向的影响。与陌生人相比，人们更愿意对自己熟悉的、与自己有相似需求和利害关系的人进行移情；与在人们视野范围外的人相比，人们更愿意对眼前的人进行移情。这就是移情的"家族相似偏见"和"此时此地偏见"。因为移情偏见的存在，将移情等同于道德的伦理学理论认为，因对他人移情多少的不同，道德主体对他人负有不同的责任，这明显与道德原则所要求的普遍性、客观性相违背。移情偏见的实质是人们的"自我中心"本能。人们依赖于"自我中心"来进行价值判断，依赖于自己在价值方面的观点来判断他人的利益、偏好，"自我中心"不可能被完全排除出伦理学研究。"自我中心"在人们的动机和行为中表现为"自利"，根据需求和实现方式的不同，自利可分为生存性自利和价值性自利。在移情过程中，人们根据自身价值性自利来判断他人价值性自利需要；在基于移情的道德行为中，人们通过实现体现他人自利需要的非道德价值来实现道德价值。

第一节 "自我中心"在移情中的表现

作为构成人们关系的一种心理机制,移情不可避免地要受到人们某些自然倾向的影响,虽然几乎所有处在忧伤中的人都可能成为移情对象,但移情对忧伤线索的强度和突出性,以及受害者与观察者之间关系的过度依赖,使得移情者在产生助人或利他动机时,往往表现出局限性,这被称为"移情动机的局限"①,也被称为"移情偏见"。移情偏见的产生有其客观理由,基于这一理由可以解释现实生活中的人们为什么在做出某些"道德行为"时,往往最终会与道德原则不一致甚至相违背。不过,对于"移情偏见"的解释最终能够揭示人类具有的"自我中心"倾向,这是人们做出自利行为的根本理由,由此我们也可以理解道德行为所涉及的非道德价值。

一、移情偏见

移情过程中,移情者可能会产生两种偏见。一是人们一般会对与自己具有更多相同点的人进行移情,这就是说,人们往往会对家庭成员、同一群体的成员、亲近的朋友,以及那些与自己具有相似需求和利害关系的人进行移情。② 这被称为"家族相似偏见"(familiarity bias),也被称为"熟悉偏见"。另一是人们会倾向于对处于人们视觉范围内,即处于当前境遇中的人进行移情,这被称为"此时此地偏见"(here-and-now bias)。③ "家族相似偏见"和"此时此地偏见"被认为是移情的局限性所在,它们潜在地将移情对象进行了划分,缩小了移情的范围。另外,在两种偏见之外,移情还具有"过度唤醒"的局限性。移情的"过度唤醒"是指,在移情过程中,虽然我们期待有更强烈的移情唤醒和更突出的忧伤线索,但极其突出的忧伤线索是如此令人反感,以至于观察者的移情忧伤被转换成为一种强烈的个人忧伤感受。④

---

① [美]马丁·L.霍夫曼:《移情与道德发展:关爱和公正的内涵》,杨韶刚、万明译,黑龙江人民出版社2003年版,第223页。

② [美]马丁·L.霍夫曼:《移情与道德发展:关爱和公正的内涵》,杨韶刚、万明译,黑龙江人民出版社2003年版,第223页。

③ [美]马丁·L.霍夫曼:《移情与道德发展:关爱和公正的内涵》,杨韶刚、万明译,黑龙江人民出版社2003年版,第236页。

④ [美]马丁·L.霍夫曼:《移情与道德发展:关爱和公正的内涵》,杨韶刚、万明译,黑龙江人民出版社2003年版,第15页。

移情的过度唤醒往往促使移情者放弃对他人的移情,以避免过度使自己产生及关注自己的个人忧伤。但无论是移情偏见还是移情的过度唤醒,这些局限性都是由于人类具有"自我中心"倾向,人们因此来实现对于自身某种利益的维护,或者以更为便利的方式实现移情,或者避免移情过程中使自己产生强烈的消极情感。

(一) 家族相似偏见

家族相似偏见是指人们倾向于对那些在很大程度上与自己具有相似个人需要和关注的人进行移情,如家庭成员、初级群体成员(members of primary group)、亲密朋友等。①

关于人们在移情过程中产生家族相似偏见的原因,研究者们给出了以下三种解释。

第一,人们之间的"相似性"会导致家族相似偏见。相似性分为两个方面:"结构相似"(structural similarity),即人们在心理和认知反应系统(cognitive response systems)中的相似性使人们有相似的认知能力,能够对相似的事件做出回应,即使他们不会做出相同的情感反应;"基于内容的相似性"(content-based similarity),是指具有相同文化的人们由于处于相似的生活条件下,相互之间移情的可能性更大,而处于不同文化、相互影响少的人们之间移情的可能性更小,文化上的相似性使人们可以有相似的情感回应,这就解释了为什么人们倾向于对好朋友和熟悉的人移情。② 另外,基于内容的相似性中除文化因素对家族相似偏见有影响外,偏好、欲求等也对移情偏见有影响,甚至有时会超过文化因素的影响。对于具有相似偏好、欲求的人,移情者会将被移情者的消极情感视为较为敏感的移情线索,并更容易理解他人消极情感表现的原因。

第二,社会群体中的"熟悉性"和"习惯化"可能导致家族相似偏见。"家庭、本群体成员、亲密的朋友以及与个体相似的人,所共有的特征就是熟悉性,即均与个体有着紧密的个人联系,并且具有相似的生活经历。"③ 这种熟悉性使人们在移情中可以很好地获取他人的情境因素和个人因素,从而

---

① Julinna C. Oxley, The Moral Dimensions of Empathy: Limits and Applications in Ethical Theory and Practice, New York: Palgrave Macmillan, 2011, pp. 64–65.

② Julinna C. Oxley, The Moral Dimensions of Empathy: Limits and Applications in Ethical Theory and Practice, New York: Palgrave Macmillan, 2011, p. 65.

③ [美] 马丁·L. 霍夫曼:《移情与道德发展:关爱和公正的内涵》,杨韶刚,万明译,黑龙江人民出版社2003年版,第233页。

实现移情。习惯化是既适用于主体情感又适用于移情情感的一种心理机制,当个体反复多次处于他人的忧伤情境中时,就有可能发生习惯化,"实际上,存在着'纯粹'的熟悉偏见:反复感受某一刺激——任何刺激、甚至是单调的刺激的个体,就会对这一刺激产生偏爱"①。这就使移情在主体面对具有相似特征的他人时很容易实现。不过,在"习惯化"的影响下,当家族相似偏见有可能形成累积效应时,在移情过程中,"个人的移情忧伤减弱为对受害者痛苦的漠不关心"②。

第三,家族相似偏见有可能是人们简化环境的方法。将对象进行分类,即通过把客体归入不同的类别来组织世界,是我们简化环境的简单而有效的方法之一,那些对自己的社会身份敏感的人,会十分关注他们自己,从而将人们分为"我们"和"他们"。③ 一旦我们把人分成不同群体,我们就有可能夸大群体内部的相似性和群体之间的差异性。"我们"群体成员中的相似性使我们更易于承认群体成员具有某一共同特征,"他们"是一群不同于我们的人,从而"因为我们一般都喜欢那些我们觉得与自己相似的人,不喜欢那些我们认为与自己不一样的人",所以,我们会形成一种"内群体偏好"。由此,基于群体内偏好,我们会更倾向于也更易于将群体中他人的需要当成我们的需要、他人的感受当成我们的感受,对群体内成员会产一种自发的、情感上的移情,对于"他们"群体,我们会形成一种"刻板印象","我们越是不熟悉,我们的刻板印象就越严重"④,对他们移情的可能性就越小。

另外,"对最亲近的人(nearest and dearest)表现出更多关注"得到了来自功利主义道德理论的解释:一是,我们倾向于从与最亲近的人的交流中得到道德快乐,而不是从与完全陌生人的交流中;二是,我们有更多关于如何使最亲近的人获得利益的知识,而不是关于陌生人的;三是,当分配利益给最亲近的人时,我们经常处于更便利的状况下。⑤ 其中,"我们有更多关于如何使最亲近的人获得利益的知识",既是在"相似性"影响下的结果,同

---

① [美]马丁·L. 霍夫曼:《移情与道德发展:关爱和公正的内涵》,杨韶刚、万明译,黑龙江人民出版社2003年版,第233页。
② [美]马丁·L. 霍夫曼:《移情与道德发展:关爱和公正的内涵》,杨韶刚、万明译,黑龙江人民出版社2003年版,第232页。
③ [美]戴维·迈尔斯:《社会心理学》(第8版),侯玉波、乐国安、张智勇等译,人民邮电出版社2006年版,第263页。
④ [美]戴维·迈尔斯:《社会心理学》(第8版),侯玉波、乐国安、张智勇等译,人民邮电出版社2006年版,第264页。
⑤ Krister Bykvist, Utilitarianism: A Guide for the Perplexed, New York: Continuum International Publishing Group, 2010, p. 117.

时也是"熟悉性"的表现。如果"倾向于从与最亲近的人的交流中得到道德快乐"与"当分配利益给最亲近的人时，我们经常处于更便利的状况下"是真实的，那么"家族相似偏见"形成的原因还有可能包括这种"道德快乐"与"便利"，也就是说，我们会基于要得到这种"道德快乐"与"便利"而使自己倾向于产生"家族相似"的移情偏见。

显然，赋予"家族相似偏见"以道德意义很容易被批评和质疑，因为这明显违背了道德所追求的普适性，很容易使我们为自己针对某些人的不合理行为甚至不道德行为提供道德理由，但显然这与道德的要求相背离。在解释何以移情者会产生"家族相似偏见"的三个理由中，"相似性"原因明显具有很强的客观性色彩，基于这一原因，人们似乎无法避免这一偏见的产生。但由此我们可以认为，移情作为人的心理过程实际上具有一定的范围，基于"结构相似"，移情只可能存在于有感受的生物或人之间，人不可能对非人或非生命的存在进行移情，因为我们无论如何都不可能感受到它们的感受。这与道德的范围和领域相一致，人不可能将不具有生命的存在作为道德对象，至于动物能否成为道德对象，依赖于我们是否能够将其作为移情对象，感受到它们的感受。同时，"基于内容的相似性"解释了人们何以会对与自己具有更多相似性的他人进行移情，因为具有一定相似性的人们存在对有关彼此的信息进行有意义的理解的可能，从而保证移情的完整过程。对于那些与我们相似性很少的人们，即使感受到他人的感受，我们也无法理解他人产生这一感受的原因，以及消除他人消极情感的有效方式。这在道德领域的体现就是，同一共同体中的成员，对于道德原则、道德规范及道德行为有着一致的理解和信念，所以彼此之间很容易通过道德行为实现道德责任；但非同一共同体的成员间，即使有着同一道德原则，也因在道德规范和道德行为方式方面有所差异，故彼此之间通过道德行为实现道德责任存在一定的难度。

"社会群体中的'熟悉性'和'习惯化'"，以及"作为人们简化环境的方法"两个理由，实际上就是来自人们"自我中心"的本能性倾向。通过对环境进行简化，我们可以更为便利、有效地通过利用我们所熟知的标准、观点、信念等来对他人进行移情，尤其当我们所处的群体形成一种"习惯化"的东西，并且对此具有一定的"熟悉性"时，则我们不仅可以更有效地满足他人需要、增加他人福利、消除他人消极情感，也可以在这一目的的实现过程中，确证我们所坚持标准、观点、价值、目标的合理性。

(二) 此时此地偏见

此时此地偏见是指人们倾向于对那些处于当下境遇，并出现在自己眼前的人移情。① 此时此地偏见形成的原因，与导致家族相似偏见的原因具有某些相似之处。在大多数的移情唤起方式中，情感是移情的重要因素，尤其在模拟状态、经典条件反射和直接联想中，他人所处的境遇及其线索，尤其是情感表现会直接触动移情者，使移情者对对方产生自主的、不随意的移情。处于当下境遇中的他人情感表现突出、明显，移情者不得不以此作为移情线索对他人进行移情。另外，与陌生人相比，家庭和本群体成员或其他与自己有相似特征的人，更有可能成为移情对象，这在使移情容易发生的同时，也使移情似乎以他人处于当下境遇为前提，从而表现出此时此地偏见。这也与人们往往会对自身视野中的他人因移情做出道德行为相一致，因为当他人出现在我们面前时，我们就有了对他人进行某些判断的直接情境和个人线索，由此我们可以知晓他人是否处于利益受损状态，在与我们对比中对方利益实现情况是否较差，应否成为我们道德行为的对象等，以此形成道德动机，做出道德行为。而对于那些远离我们的人，我们对其形成道德动机的线索较少、可能性较低，几乎不可能做出有效合理的道德行为。

"家族相似偏见"和"此时此地偏见"一直是研究者在将移情引入伦理学时意图限制和规避的，因为"偏见是一种预断性的负面态度"②，移情偏见不仅导致人们潜在地将移情对象限制在自己熟悉和/或处于眼前境遇的他人，而且可能会对"偏见"之外的他人做出不合理的判断。所以，如同我们应当采用成熟的移情唤起方式对他人进行移情，从而使所有人都应当成为我们的移情对象，并对对方进行合理判断一样，我们也应当尽量避免移情偏见的发生，赋予每个人成为我们移情对象的平等地位，由此才能避免基于移情的价值判断和行为选择无法普遍适用。不过，偏见本身似乎是必要的，③ 移情偏见的存在具有某些合理性，"如果人们对处在忧伤中的每一个人都产生移情，并试图提供同样的帮助，那么，社会就会很快停止前进了"④，毕竟道

---

① Julinna C. Oxley, The Moral Dimensions of Empathy: Limits and Applications in Ethical Theory and Practice, New York: Palgrave Macmillan, 2011, p.65.
② [美] 戴维·迈尔斯：《社会心理学》（第8版），侯玉波、乐国安、张智勇等译，人民邮电出版社2006年版，第251页。
③ [美] 戴维·迈尔斯：《社会心理学》（第8版），侯玉波、乐国安、张智勇等译，人民邮电出版社2006年版，第263页
④ [美] 马丁·L.霍夫曼：《移情与道德发展：关爱和公正的内涵》，杨韶刚，万明译，黑龙江人民出版社2003年版，第16页。

德在追求普遍性的同时，也具有一定的针对性，必须结合某一特定境遇，即当道德要求"你应当……"时，是任何人在类似情形中应当这样做，而不是说任何人在任何情形中都应这样做。如"公交车上给老人让座"，这一道德规范只有对那些乘坐公交车并在车上遇到老人的人才可能有效，并不是每个人任何时候都必须遵从这一规范。事实上，移情偏见的存在可能是具有"自我中心"倾向的人们进行移情时最终的自我调整、自我保存机制，可以使人们一方面避免过多或过于广泛的移情导致自身正常生活无法继续，另一方面也避免广泛的移情无法使针对某一具体对象的价值判断和行为选择合理有效。研究表明，人们在移情偏见中表现出来的调整其情绪的能力，与移情和助人行为呈正相关，即人们对自己熟悉的和处于眼前境遇的他人进行更多的移情，从而做出助人行为的可能性更高，这是移情"隐含的德性"。[①] 这实际上就是现实生活中进行道德教育的基础，即只有引导对象首先对自身生活中所遇到的他人做出道德行为，形成道德习惯，教育对象才可能在更为广泛的领域针对其他人做出道德行为。

二、关怀伦理对移情偏见的应用

由于移情偏见与助人行为之间存在正相关关系，移情或许可以作为道德标准，移情偏见所表现出来的对移情对象的划分，或许可以成为人们对他人负有不同道德责任的依据。斯洛特利用巴特森的移情研究成果作为其关怀伦理学的基础，认为移情是利他或关怀他人的重要源泉和主要动机，指出移情可以产生移情关怀，从而使移情可以当作道德评判的貌似合理的标准。

斯洛特的"移情"侧重于情感方面，他认为，移情是指当看到他人痛苦时，我们拥有他人的感受，这是我们非自愿地产生的，就好像他人的痛苦以传染方式，从一个人感受到另一个人即将产生的感受那样侵入我们。我们会对正在受苦的人感到遗憾，并积极地希望他人状况变好，这就是对他人移情，而且即使我们没有感受到他人的痛苦，它也可能会发生。移情不是"为痛苦的他人感受"（feelings for someone who is in pain），如当主体为正在蒙羞的人感到不舒服时，自己却并不感到"蒙羞"。[②] 由此，斯洛特认为，在决定是否对处于痛苦或需要的他人做出利他的感受和行为时，移情是一个关键

[①] ［美］马丁·L.霍夫曼：《移情与道德发展：关爱和公正的内涵》，杨韶刚，万明译，黑龙江人民出版社2003年版，第16页。

[②] Micheal Slote, The Ethics of Care and Empathy, Abingdon: Routledge, 2007, p.12.

性因素。支持这一结论的事实是，在忧伤的他人面前，人们会感到忧伤并经常以行为来消除他人的忧伤，而不是退出这一场景，离开他们忧伤的源头。"移情是针对他人（好生活）的利他关心或关怀的关键源泉和支持者"①，"对他人的移情和移情关怀的理念为我们提供了一个合理的道德评价标准"②，这是斯洛特关怀伦理理论的基础。关怀伦理理论认为行为的对与错在于它们表达了对他人的关怀或不关怀的态度/动机，③ 当一行为表达了对他人关怀的态度/动机时，这一行为在道德上就是对的，就是道德行为，反之就是错的，就不是道德行为。

斯洛特认为，对他人福利的关心包含了实践理性中的首要动机，只有基于这一动机，我们才能理解道德行为中对于工具—目的理性的运用，以及何以我们可以合理地要求人们做出道德行为。④ 因此，重视他人福利、对他人关怀是一种道德动机，这一动机的有无是判断行为是否道德的标准。如果一个行为表达了对他人的关怀，那么这一行为就是道德上允许的，甚至是善的，表现出对他人冷漠或恶意的行为在道德上就是错的或恶的。移情通过赋予主体以道德动机在道德领域发挥作用。受移情偏见的影响，主体对自己所了解的他人会表现出更多的移情关切，而对于他们不了解的他人表现出较少的移情关切；主体对出现在当下的他人会有更多的移情关切，对于不在眼前的他人的移情关切要少。这也导致主体首先对自己所了解的人及自己眼前的人有更多的道德责任，对那些自己不了解及自己视野之外的人负有较少的道德责任。移情导致的这种差异是我们对他人境遇所能做出的直接性回应，并与我们对他人的关注同时发生。在此，移情为我们解释了道德动机的本质和来源，同时，基于移情，我们因将不同的人作为移情对象而对其所承担的道德义务也不同。

移情在强度上的差异会导致我们对不同境遇中他人命运的关怀产生差异，⑤ 可以说，对他人不同程度的移情决定了我们对他人承担不同的道德义务。移情关怀，即道德义务，可以区分为人道主义关怀和个人关怀。人道主义关怀指一个人可以对他从不了解的人表现出关怀态度，因为即使对陌生人，主体依然可以在对方是人这个层面上对其进行移情，从而真正地、利他

---

① Micheal Slote, The Ethics of Care and Empathy, Abingdon: Routledge, 2007, p. 15.
② Micheal Slote, The Ethics of Care and Empathy, Abingdon: Routledge, 2007, p. 16.
③ Micheal Slote, The Ethics of Care and Empathy, Abingdon: Routledge, 2007, p. 21.
④ Micheal Slote, The Ethics of Care and Empathy, Abingdon: Routledge, 2007, pp. 7 - 8.
⑤ Micheal Slote, The Ethics of Care and Empathy, Abingdon: Routledge, 2007, p. 15.

地关心发生在对方身上的事情。当然，这种义务是主体对任何他人都应尽的普遍性、基础性的义务，可以由此在任何领域、任何境遇对主体做这一层面的道德义务要求。个人主义关怀指一个人对于他只是认识的人所情愿做的虽少于他对于他私人地了解和有亲密关系的人所情愿做的，① 但同样对其负有某种私人性的义务。这一义务不同于人道主义义务，在履行这一义务的过程中，主体需将他人作为一个具体的、有独特要求的人来对待。两种义务所体现的、对他人的不同的移情强度和义务要求对应直觉性的道德评价（intuitive moral evaluation）的不同方面，即一个人首先应对与自己有亲密关系的他人尽到最多的关怀义务，其次应对自己只是认识的他人尽到个人主义关怀义务，最后应对陌生人尽到人道主义关怀义务。斯洛特认为，这一种道德义务的划分可以为公共/政治和私人/个人道德提供一种公平的普遍性考量（a fairly general account），② 即在公共/政治领域，我们只要求主体对他人尽到人道主义关怀的义务，要求对其尽到个人主义关怀义务是不合理的；在私人/个人道德领域，我们要求主体对他人应尽到个人主义关怀义务，要求对其只尽到人道主义关怀义务是不充分的。

显然，斯洛特在承认移情偏见的合理性基础上理解移情，基于移情偏见所可能导致的移情关怀强度的不同来界定道德主体所承担的不同道德责任。对于移情偏见如何运用于道德责任的提出，斯洛特做了如下理解。

首先，关于此时此地偏见。因为此时此地偏见的存在，移情往往会受移情者与被移情者的距离远近等因素影响，这就使移情关怀基础上的道德产生"距离的道德相关性"（moral relevance of distance）问题。这一问题包括两个分离的问题：我们是否会直觉地认为距离会造成我们责任的差异；我们对于"距离"我们远近不同的他人的不同直觉反应，是否体现了道德责任中的某些重要东西。③ 斯洛特指出，人们通常会认为，抛弃我们眼前处于困境并且我们知道其需要的人，不对他做出任何移情回应，而冷静地决定帮助那些我们只是知道其存在的某人，是不人道的（inhumane）。实际上，对于我们知道其需要的人的移情回应具有知觉和/或短暂的直接性和鲜活性（immediacy and vividness）特点，这吸引我们对他们进行更深入或更有力的移情，使我们对其负有更多的道德责任。对于那些通过描述等途径知道其需要的人，因

---

① Micheal Slote, The Ethics of Care and Empathy, Abingdon: Routledge, 2007, p.11.
② Julinna C. Oxley, The Moral Dimensions of Empathy: Limits and Applications in Ethical Theory and Practice, New York: Palgrave Macmillan, 2011, p.66.
③ Micheal Slote, The Ethics of Care and Empathy, Abingdon: Routledge, 2007, p.22.

为不具有移情回应的直接性和鲜活性特点，则很难吸引我们对其移情。当他人在我们视线之外或是在未来时，我们对其所承担的道德责任，看起来比我们知道的和/或影响我们的道德责任问题更远。①

其次，关于家族相似偏见。对于家庭关系的知觉，让我们感受到团结和慈爱，而这并不依赖于共享某种生活方式的多少。家庭关系形成了认同感中很重要的一部分，并使我们很容易认同某些人，这种倾向尤其表现在父母与孩子的关系中。父母感觉与孩子之间有一种与陌生人之间没有的关系，即使在有很多共同点、分享很多东西的朋友之间也没有这种关系，孩子也会感觉与他们的父母更亲密，无论他们认为自己了解父母多少。这意味着，很容易对孩子和/或父母认同或移情，并且我们有更强烈的热心或意愿帮助家庭成员。另外，朋友和配偶之间分享价值、行为和经历，这使得移情比在陌生人之间更容易发生，并且会更深入。

移情因为移情偏见的存在，分别以"通过知觉和/或短暂的直接性""通过家庭关系""通过朋友和配偶之间分享"的方式，来决定移情者对被移情者的道德责任，以移情为基础的道德责任直觉上强于没有这些因素的情况，这对于这一理念，即移情和移情的差异可以作为道德评价和设定道德区别的标准，构成了强有力的支持。② 对于那些非移情偏见对象，即只是间接地或通过他人描述才知道的群体或线索，移情者对他们只感觉到人道主义关怀，这样就可以解释为什么我们对于我们不知道的人具有责任，同时也可以解释为什么我们会帮助我们眼前的人，或朋友，或有关系的人，并且会多于不是这三种类型的人。

移情决定道德责任，当且仅当行为反映、表现或表达了主体对他人移情关心的缺乏，这一行为是道德上错的或与道德责任相悖，但不是说这一行为本身是错的。现实生活中，即使对他人进行了移情，也有可能对其做出不道德行为，或与移情关怀不符的利他行为。现实生活中，人类的自利或自我关切（self-interest or self-concern）动机使移情可以帮助移情者做出多种形式的助人回应，同时也能够以一定的方式或在一定环境下，使移情者拒绝帮助他人，或不情愿助人。③ 当然，如果某人出于对他人的移情关切，放弃"享受"和"舒适"去帮助正处于痛苦却距离遥远的人们，虽然这种利他行为与移情过程中的移情关怀不符，但"我们会直觉地认为这个人做出了额外的

---

① Micheal Slote, The Ethics of Care and Empathy, Abingdon: Routledge, 2007, p. 24.
② Micheal Slote, The Ethics of Care and Empathy, Abingdon: Routledge, 2007, p. 28.
③ Micheal Slote, The Ethics of Care and Empathy, Abingdon: Routledge, 2007, p. 43.

（supererogatorily）行为，是超出了义务的、最值得称赞的行为"①。

关怀伦理理论对于道德动机的产生提供了一种强辩护，合理地解释了人们为何会做出利他行为或道德行为，同时，因为移情关切是人本能产生的情感，所以对所有人都可以普遍地提出道德要求。将移情关切等同于道德责任，相应地对主体的道德要求必然包含对其应具有一定移情能力的要求，正是在这种意义上，斯洛特的移情关怀理论实际上是一种德性理论，这为针对主体的道德教育提供了可能。同时，不同道德责任的划分充分考虑和尊重了在公共/政治领域与私人/个人道德领域间所存在的差异，形成了"一种具有整体性道德解释功能的总体伦理学方法"②。

我们必须承认，虽然移情偏见是人们在移情过程中时常会发生的一种情形，但这并不代表移情偏见本身就是合理的，相应地，以移情偏见为基础区分道德责任也有待商榷。首先，斯洛特忽视了移情所具有的认知属性。因为对认知属性的忽视，斯洛特可能错误理解了道德责任的产生过程和不同道德责任间的应有次序。斯洛特认为移情是一种情感，在移情过程中，移情者被迫地、不自愿地产生对他人的移情关注情感。但移情在具有情感属性的同时还具有认知属性，人们可以自愿地选择不同方式对他人进行认知移情。这也就意味着在移情过程中，即使针对那些与我们具有亲密关系的人，我们所形成的也不仅仅是情感性的移情关切，同时还有价值判断和行为选择，这必然使我们在感受他人感受的同时，对他人消极情感表现中所蕴含的价值追求进行判断，而不是一味地承认并满足表现于对方消极情感中的各种需求。此时，我们对其进行判断的依据必然包括我们应对移情双方之外的他人、社会所负有的某种责任。此时，这一责任可能先于我们通过移情对移情对象所具有的责任。所以，将移情关切等同于道德责任，并由针对他人移情关切强度的不同界定我们在不同领域的道德责任，既不符合实际中的道德行为，也是对道德责任应有次序的错误排定。其次，斯洛特将移情关切等同于道德动机，忽视了由对他人的移情关切可能产生的其他行为动机。虽然"他人导向的移情情感不仅被危难中他人的、被意识到的福利所引起，而且与之一致（移情关切），这一情感产生一种以增加他人福利为最终目标的动机状态，以消除移情诱导（利他动机）。对危难中的人进行更多的移情，就会有更多的

---

① Micheal Slote, The Ethics of Care and Empathy, Abingdon: Routledge, 2007, p.34.
② 韩玉胜：《斯洛特移情关怀伦理学的价值内涵及其局限》，《哲学研究》2017年第11期，第107–113页。

动机去移除他人痛苦"①，但移情过程中，对需要的觉察在唤起针对他人移情关切的同时，也有可能唤醒主体意图通过助人行为取得社会或个人报酬，以及避免不做出助人行为所带来的社会或个人惩罚这样的动机。"这种自我中心动机和移情关切产生的利他动机是不同的，因为它们有不同的最终目标，但它们有可能同时发生"②，也就是说，借助移情，我们的确能产生以"增加他人福利"为最终目标的动机，但也有可能产生一种非利他性的自我中心动机，而这一动机正是我们在移情过程中发生偏见的原因。很明显，这一动机无法成为道德动机，由这一动机所做出的行为即使在结果上是利他的，我们也很难说它到底具有多少道德价值。

因此，即使移情可以为行为主体提供道德动机，我们也无法将移情这一心理过程等同于道德。因为当看到他人处于伤痛中时，我们就会无意识地感受到他人的情感，而认为移情就是道德，必然无法解决某些道德难题。如现实存在的"堕胎"问题，按照斯洛特的理解，在堕胎问题上，我们无法确定对于胎儿的责任，因为胎儿的情感表达是不明确的。关于堕胎，人们有可能只是投射了某种情感在胎儿身上，我们对于胎儿的道德责任就来自这种投射情感，而不是移情，因为我们根本无法对胎儿进行移情。斯洛特还暗示了，当我们无法对一个看似不是人的对象进行移情时，我们对于他就没有道德责任，这与我们对于他人道德责任的日常直觉不符，"我们对他人的'自然性'移情看起来不是一个界定道德责任范围的好起点"③。在承认移情在道德中应有位置的同时，我们必须对可能发生偏见的移情进行规范，以及明确发生移情偏见的"自我中心"这一倾向的本质，从而为合理要求移情、规范以移情为基础的行为提供合理依据。

总之，斯洛特的关怀伦理学没有纠正移情过程中的偏见（bias）和成见（prejudice），反而利用移情偏见来确定我们对他人所应负的责任，认为我们的道德责任来自移情偏见，对一个人移情越多，我们对他承担的责任也越多。但"当道德理论试图去勾画正当的道德行为时，至少应该尝试着去纠正移情所带来的偏见和成见"④，承认在移情过程中，我们应当将所有人平等地

---

① C. Daniel Batson, Altruism in Humans, New York: Oxford University Press, 2011, p.29.
② C. Daniel Batson, Altruism in Humans, New York: Oxford University Press, 2011, p.30.
③ Julinna C. Oxley, The Moral Dimensions of Empathy: Limits and Applications in Ethical Theory and Practice, New York: Palgrave Macmillan, 2011, p.71.
④ Julinna C. Oxley, The Moral Dimensions of Empathy: Limits and Applications in Ethical Theory and Practice, New York: Palgrave Macmillan, 2011, p.88.

作为移情对象，就是对移情偏见的纠正，从而保证我们对于他人的道德责任既不会超出道德应有限度，使自己承担不应承担的责任，也使我们在某些境遇中能合理判断自己应做出的行为，使我们的行为始终符合人们对于道德的一般理解。当然，移情偏见往往是伴随着移情自然产生的，是我们具有"自我中心"倾向的本能反应，这就需要对"自我中心"进行分析。一方面，使"自我中心"能在某种程度上与移情及移情基础上的道德行为形成合理的统一关系，不至于在对人们的移情和移情基础上的行为进行规范的同时，对人们提出不合理的要求；另一方面，揭示"自我中心"的实质也能使我们更合理地理解移情，从而能够更为准确地理解移情如何引发道德行为。

三、移情的过度唤醒

"自我中心"倾向除了可能导致移情偏见之外，还可能引发"移情的过度唤醒"。在移情过程中，我们一般都期望移情唤醒的强度能够与受害者忧伤的突出性和强度相一致，从而忧伤的线索越强烈、越突出，我们的移情忧伤就越强烈。但是，如果忧伤的信号过于强烈或突出，主体的移情忧伤就会变成厌恶等情感，不能转化为对他人忧伤的感受，这被称为"移情的过度唤醒"[1]。

"移情的过度唤醒"是一种无意的或偶然的过程，即当移情者的移情忧伤过于痛苦或无法忍受，变为个人忧伤的强烈感受时，移情者不仅会感受到对方的感受，还会产生一种没有体现在对方身上而只存在于自身的忧伤情感，这一忧伤情感已经超出针对他人的移情所应有的合理限度。"移情过度唤醒的局限，可能是移情的最高强度——许多唤醒模式自相矛盾的结果。"[2] 由于移情往往依赖于移情线索，如他人的情感表现等，所以移情者为了解他人的真实、准确情况，会不自觉地使移情由微弱向强烈过渡。在此过程中，移情者不自觉地夸大了移情线索所表现的他人忧伤的真实情况，"如果忧伤线索能唤起观察者过去的痛苦事件以及与此事件相连的痛苦和焦虑，并引发观察者产生移情忧伤，这种移情忧伤有时超过了受害者的实际忧伤强度的话"[3]，移情忧伤就会过于强烈，"直到观察者的移情忧伤超过了受害者的实

---

[1] [美] 马丁·L. 霍夫曼：《移情与道德发展：关爱和公正的内涵》，杨韶刚、万明译，黑龙江人民出版社 2003 年版，第 223 页。

[2] [美] 马丁·L. 霍夫曼：《移情与道德发展：关爱和公正的内涵》，杨韶刚、万明译，黑龙江人民出版社 2003 年版，第 224 页。

[3] [美] 马丁·L. 霍夫曼：《移情与道德发展：关爱和公正的内涵》，杨韶刚、万明译，黑龙江人民出版社 2003 年版，第 225 页。

际忧伤为止。此时就产生了移情的过度唤醒"[1]。

移情的过度唤醒有可能是移情的一种自我毁灭能力。这种移情的自我毁灭实际上是一种自我中心的转移,能够使移情者反复思考自己的体验和利害关系,并将注意力最终转移出移情模式,使移情者的个人忧伤替代了针对他人的移情忧伤。移情过度唤醒往往发生在以下情形中:[2](1)移情者针对他人的移情忧伤和助人动机的强度,随对方忧伤强度的增加而增加。如当看到痛苦倒地的老人而自己无能为力时,我们会随着老人痛苦表现的加重和自己要帮助对方动机的增强而越来越形成一种更为强烈的消极情感。(2)随着对自己消极情感承受上限的接近和移情过度唤醒的产生,移情者可能想逃离此情境。当了解逆行疫区的医护人员为救治病患不顾个人安危直面被感染的巨大风险时,我们会产生超出医护人员所表现出的消极情感,进而潜在地更想去看隔离在家的人们如何乐观抗击疫情的报道。(3)当个体处于特定的境遇被迫帮助他人时,移情的过度唤醒既能增强移情者对他人的关注,又能增强移情者的助人动机,此时,移情者可能会觉得是被迫与对方维持联系,并尽可能在感受到的移情唤醒和心理距离之间寻求一种平衡。如身处低风险地区,抗疫前期我们仍遵守居家隔离的抗疫规范,我们通过想到他人会因我们出行而被感染的风险加大,会使自己对他人产生一种超出他人实际情感表现的移情忧伤,从而使自己有理由居家隔离。因此,移情的过度唤醒一方面可能最终会使移情者终止对于他人的移情,以避免自身产生过于强烈的消极情感,另一方面为自己遵守规范提供规范性理由,但本质上,移情的过度唤醒是主体"自我中心"倾向的表现和机制,使移情者最终做出指向自身的某种利益实现的行为。

移情的过度唤醒和偏见是移情局限性的表现,但并非毫无积极意义,当移情者处于助人者的角色时,移情的过度唤醒能够增强主体的助人行为。日常生活中,如果我们对处于痛苦中的每个人都产生移情并尽力帮助他们,也就是"随意"地移情或"扩散"地移情,那么社会很快就会停滞不前,因此,"移情偏见和过度唤醒是移情的根本自我调节和自我防卫机制。换句话说,移情偏见和过度唤醒,及其暗含的自我中心的动机系统,才使得随意移

---

[1] [美]马丁·L. 霍夫曼:《移情与道德发展:关爱和公正的内涵》,杨韶刚、万明译,黑龙江人民出版社2003年版,第225-226页。

[2] [美]马丁·L. 霍夫曼:《移情与道德发展:关爱和公正的内涵》,杨韶刚、万明译,黑龙江人民出版社2003年版,第230-231页。

情具有了社会意义"①。因此，虽然很多时候，我们在移情过程中避免移情偏见和移情过度唤醒的发生，但有时移情偏见和移情的过度唤醒却对道德主体的实践方式有所助益。"移情的过度唤醒"可以增强人们的助人动机，使人们更为积极地去帮助那些与自己处于某种关系中的人，尤其是那些需要帮助的人；"此时此地偏见"可以使我们选择性地集中我们的注意力，而不被我们针对他人的无限制移情所压倒。②

当然，即使承认移情偏见和移情过度唤醒的合理性，我们也应对移情进行规范，即所有人都应当成为我们对之移情的平等对象，并且在移情过程中，我们应当基于自身观点站在对方立场做出某些判断。这一规范与导致移情偏见和移情过度唤醒对移情主体在做出道德行为、遵守道德规范方面可能产生的积极影响并不冲突。"将他人平等地作为对象"，即是说当我们针对他人进行价值判断和行为选择时，不应使移情双方之外的其他人或社会的正当利益受损，而不是说同时使所有人成为我们的移情对象；"基于自身观点站在对方立场"可以使我们的判断一方面合乎对方当下境遇中的需要，另一方面又不会失去判断对方需要的合理依据或标准，从而使我们的判断能得到彼此双方的认同。因此，当移情与某种规范性原则相结合时，移情的局限性就会减弱，"道德原则的认知成分，包括分类的形式特征和语义意义，有助于移情效应的产生和稳定，使得移情偏见不易发生。认知成分也使得道德的影响不再主要依赖于受害者忧伤的强度和线索的突出性，因而也就减弱了移情过度唤醒（和唤醒不足）的倾向"③。由此，对于行为的原则性规范和对于移情的原则性规范实际上是一致的，当我们要求主体在移情过程中应遵守某种规范时，这一规范可以最终体现于主体基于移情"增加他人福利"的行为中。

第二节　自我中心（关涉自我）与关涉他人的关系

移情可以使移情者产生"增加他人福利"的行为动机，为实现这一动

---

① ［美］马丁·L. 霍夫曼：《移情与道德发展：关爱和公正的内涵》，杨韶刚、万明译，黑龙江人民出版社 2003 年版，第 242 页。

② Julinna C. Oxley, The Moral Dimensions of Empathy: Limits and Applications in Ethical Theory and Practice, New York: Palgrave Macmillan, 2011, p.65.

③ ［美］马丁·L. 霍夫曼：《移情与道德发展：关爱和公正的内涵》，杨韶刚、万明译，黑龙江人民出版社 2002 年版，第 243 页。

机,移情者需针对他人进行价值判断,判断他人当下需求、价值追求及移情者自身如何行为才能合理、有效地增加他人福利。移情过程中导致移情偏见和移情过度唤醒的"自我中心"倾向实际上是我们理解自身做出价值判断的基础,因为即使在一般移情过程中,"自我中心"也在发挥作用,移情实际上就是主体在"自我中心"影响下关涉他人的过程。不仅我们针对他人所做出的价值判断,而且我们针对自身所形成的价值判断、价值标准、价值追求甚至需求本身,实际上都来自我们极力使"自我中心"与"关涉他人"实现某种平衡或统一关系这一过程中,也就是说,我们针对他人所做的价值判断是以我们针对自身已有的价值判断为基础的,而我们针对自身的价值判断不是由我们自己任意形成的,其中必然包含了他人、社会对我们的影响。因此,要理解、明确移情伦理理论中的价值论,首先应对"自我中心",即关涉自我与关涉他人的关系进行澄清。

关涉自我(self-regarding①)的行为指向主体自身利益的实现,突出地表现了行为主体的"自我中心"倾向,所以关涉自我行为也可以称为自我中心行为;关涉他人(others-regarding)的行为指向他人或共同体利益的实现。② 当行为仅关涉主体自身时,我们一般不会对这一行为进行道德评判,因为既没有对其进行道德评价的必要,也缺乏对其进行道德评价的标准,只有当"一个人的行为的任何部分一到有害地影响到他人的利益的时候,社会对它就有了裁判权"③,相反,当行为并没有有害地影响他人的时候,即使这一行为是关涉自我的,我们也无法认定它就是反道德的,因为它有可能是与道德无涉的。所以,"关涉自我"与"关涉他人"并不是对行为进行道德评价的标准,而只是对行为本身具有倾向性这一特征的描述。关涉自我与关涉他人之间存在着联系,关涉自我实际上是人们得以生存、保证自身所设定长远的好的生活实现的前提,不仅为关涉他人提供价值基础,而且还在日常生活中限制着关涉他人。不过,在行为涉及他人时,既有关涉自我的过程,也有关

---

① "self-regarding"一般译为"利己主义",在程崇华翻译的《论自由》中,此词译为"个人道德"(参见[英]约翰·密尔:《论自由》,程崇华译,商务印书馆1959年版,第82页)。前译法存在将描述性词语误用作评价性词语的可能,而后译法仅指出此词意指主体为个体,而不能表现此词更突出"指涉主体自己"的特征,因此,本文将此词译为"关涉自我",与之相应地,"other-regarding"译为"关涉他人"。与此词相近的词还有"self-concern"(Michael Slote, Morals from Motives, New York: Oxford University Press, 2001, p. 77)、"self-directed"(Elliott Sober and David Sloan Wilson, Unto Others: The Evolution and Psychology of Unselfish Behavior, London: Harvard University Press, 1998)。

② Nicholas Bunnin and Jiyuan Yu, The Blackwell Dictionary of Western Philosophy, Oxford: Blackwell Publishing, 2004, pp. 630 – 631.

③ [英]约翰·密尔:《论自由》,程崇华译,商务印书馆1959年版,第81页。

涉他人的过程,两者区别并不明显,某些行为既可以是关涉自我的也可以是关涉他人的。[①] 因此,我们的价值判断的合理性不仅来自对自身利益的满足,还有他人和社会对我们的影响。

一、关涉自我为关涉他人提供价值基础

人的生存建立在自身欲望、需求和偏好得以满足的基础上,表现在行为上,就是人们往往是关涉自我的。关涉自我的行为过程中主体以满足自身欲望、需求和偏好为行为动机,并寻求实现目的的合理化手段。只有在关涉自我的行为得以实现后,人们才有可能在动机或行为过程中关涉他人。这是对人们行为特征的经验性描述,而不是对其进行道德评价,实际上,只有在满足自身利益的过程中,损害或妨碍了他人利益实现时,才可能并有必要对这一行为进行道德评价,认为此人或此行为是不道德的。

关涉自我有两种类型。首先是受传统文化、社会习俗影响养成的习惯性行为,这种行为往往是人们在近似无意识状态下做出的,但它是最基本的关涉自我形式,它为行为主体指明了满足日常生活所需的有价值的行为对象和合理的行为方式。这种关涉自我的方式不针对某种特定的欲求,而是针对人们普遍性、基础性的欲求,此时关涉自我的行为不是本能性的行为。作为社会化的行为主体,人类虽然在某些方面具有类似于动物的本能,但在满足这些本能的过程中,传统文化、社会习俗的影响使人们的行为表现为某种特定的方式,从而不仅使人类行为有别于动物本能性行为,也使特定文化、特定地域中的人们具有不同于其他人的行为方式。特定文化下的特定行为方式、特定行为对象对于受该文化影响的人们而言,决定了他们关涉自我的行为方式、行为对象。

其次,关涉自我还指行为主体内在地欲求某个对自己有重大影响、重要意义的目的,此时,关涉自我等同于自利。自利是为使自己的生命、生活变得更好的内在动机,它来自主体关于自己整个生命的看法和观点。什么是你的自利?那就是有助于你实现你的这个目的的一切,"一个行为是自利的,或者说对我有价值,是当它能促进我的追求和/或目标的实现,而这一追求

---

① Nicholas Bunnin and Jiyuan Yu, The Blackwell Dictionary of Western Philosophy, Oxford: Blackwell Publishing, 2004, pp. 630 – 631.

或目标是我强烈并发自内心地在意的"①。由自利出发应当做某事，即是指在特定境遇中，当且仅当做这件事比我所能做的其他事情能使我的生活变得更好。什么是我们的自利在很大程度上取决于我们的心理构成，因为什么是对我们有内在好处的取决于我们的欲望或关心的取向。像自我厌恶、自我破坏虽然也是对自我的关涉，但因为对自身所产生的影响很难说是积极的，所以它们不属于自利。

自利在取决于内在欲望的同时还与外在对象有关。外在对象影响着人们目的的形成，当外在对象不具有符合人们预期的满足需求或实现目的的属性、特征或功能时，这一目的有可能是不合理的，并且外在对象作为人们行为的直接目标，使人们对自身欲望能否满足的考量多于对"欲望满足后的快乐"的考量。"自爱"实际上就是一种自利的实现，自爱作为关涉自我的基本动机，是指每个人都有为自己的自利或幸福进行稳定的持续计算的欲望，"每个人都有增进自己幸福的欲望，这就如同指向外在对象的一系列的喜爱、激情和嗜好……前者的对象是内在的，比如我们的幸福、享受、满足；后者的对象是外在的。我们称为自爱的原则不会因其自身的缘故而追求外在事物，只是将它们认作是寻求幸福或善的手段"②。在自爱中，主体将特定的外在对象认作达到幸福这种内在状态的手段，当我们试图满足自己的欲望时，我们的行为是指向外在事物而并非我们的快乐本身。当然，现实生活中，我们关于自身整个生命、生活的看法，以及如何能实现我们所追求的长远的好的生活，什么东西、事情有利于我们这一目标的实现等一系列判断，实际上都受到传统文化、社会习俗的影响，从而使我们基于自身的价值判断、行为选择不仅指向作为"人"所具有的一般需求的满足，还因为这种价值判断、行为选择合乎文化、社会的一般规定、要求而具有合理性。

关涉自我的行为对于人的生存是必需的、基础性的，这极易使人产生误解，认为关涉自我的行为就是道德的，或者认为道德的行为必然是关涉自我的，如利己主义（egoism）。利己主义者认为自己的善是判断主体应当做什么、应当具有什么品格及其他问题的伦理学标准，判断一个行为是否道德就在于该行为是否实现了自己的善。利己主义者认为关涉自我是道德行为最本质的特征，"我的自利"即基于特定条件我所最欲求的，是行为的最根本原

---

① Stephen Finlay, Too much morality. In Paul Bloomfield (Ed.), Morality and Self-interest, New York: Oxford University Press, 2008, pp. 136 – 154.

② Ralph Wedgwood, Butler on xirtue, self-interest and human nature. In Paul Bloomfield (Ed.), Morality and Self-interest, New York: Oxford University Press, 2008, pp. 177 – 204.

因，也是判断行为道德与否的最基本标准。利己主义的不同版本实质在于对"什么是我的善"的不同界定。"我的善"可以指我拥有最大化的快乐，也可以是其他内容，比如欲望的满足，或者获取我自己的利益。当"我的善"指的是使我的快乐最大化时，利己主义就变成了享乐主义（hedonism），享乐主义是自然中心主义最为流行的一个版本。① 享乐主义认为快乐是行为的目的，这一观点来自心理享乐主义（psychological hedonism），该理论认为快乐是我们内在欲求的唯一对象。但这是错误的，一个人的善不仅仅只是快乐，② 还包括能实现快乐的外在对象及行为方式等。而且，利己主义根本无法与道德相融，"利己主义明显与伦理学的基本特点相违背，从根本上说，伦理学首先是关心他人的善而不是我自己的"③。利己主义虽然也考虑了在日常生活中，人们的行为总无法避免关涉到他人欲望、需求和偏好的满足，对此，利己主义者认为"如果我基于别人的利益而行为，那就是将他人的利益视作了我的自利的一部分"④，但利己主义并未将是否实现他人利益视作行为道德与否的标准，而只是基于自身理论的合理性考虑对人们做出利他行为这一现象进行解释。

总之，自利不是利己，在实现自利的过程中，主体并没有设定任何的道德原则或道德标准来衡量或评价自身行为道德与否，而只是考虑作为行为对象的外在事物是否能满足自身需求，自身行为对实现自身目的是否合理。基于利己考虑的行为会将满足自身欲求作为道德的体现，进而在寻求自利的过程中不惜损害他人利益；但基于自利考虑的行为会将行为是否损害他人利益作为行为是否合理的一部分，从而避免对他人利益造成损害或妨碍。

满足自利性需求是行为的最基本特征，如果一个关涉自我的行为不能满足我们的欲望、需求和偏好，那么这个行为就是应当避免的。关涉自我的动机和行为体现了对于主体而言什么东西作为行为目的是对我有利的，什么是我内在欲求、期望和偏好的，同时表明了什么行为是满足自利的最有效手段。当行为或动机关涉他人时，主体意图使行为能够满足他人的自利性需

---

① Gilbert Harman, The Nature of Morality: An Introduction to Ethics, New York: Oxford University Press, 1977, p.139.
② Stephen Finlay, Too much morality. In Paul Bloomfield (Ed.), Morality and Self-interest, New York: Oxford University Press, 2008, pp. 136 – 154.
③ Julia Annas, Virtue Ethics and the Charge of Egoism. In Paul Bloomfield (Ed.), Morality and Self-interest, New York: Oxford University Press, 2008, pp. 205 – 221.
④ Stephen Finlay, Too much morality. In Paul Bloomfield (Ed.), Morality and Self-interest, New York: Oxford University Press, 2008, pp. 136 – 154.

求，也就是说，主体首先要了解什么是他人内在欲求、期望和偏好的，什么行为是满足他人自利的最有效手段。当主体没有这些关于他人的知识时，就需要主体自己做出判断，站在自己立场或他人立场给出结论。当某一事物或某一行为不是满足主体自身自利性需求时，主体也很难认定这一事物或这一行为能满足他人自利性需求。虽然自身自利性需求不是判断他人自利性需求、获得关于他人信息的唯一途径，却往往是主体面对他人时，对他人自利性需求做出判断的最直接、最有效的手段。对"他人的自利性需求"做出判断存在两种情况：一种情况是，主体关涉他人时，认为他人的自利性需求等同于自身的习惯性行为或自利性需求，满足主体自身自利性需求的有价值事物和合理行为同样能满足他人的自利性需求；另一种情况是，主体依据判断自身自利性需求的过程，在关涉他人时，不仅考虑他人所处境遇，而且考虑他人的生活习惯、传统、信仰等因素，虽然可能得出与自身自利性需求无关的价值判断，但主体认为这一判断能够满足他人的自利性需求。显然，在后一种情况中，主体所做出的判断更符合对方实际需求，更能消除对方在当下境遇中表现的消极情感。正是在结合对方境遇基于自身自利性需求满足的价值判断和行为选择这一前提下，主体借助移情才能对他人的自利性需求做出合理判断，这是人们在对他人进行价值判断时遵循的一般逻辑。

二、关涉自我制约着关涉他人

关涉自我在为关涉他人提供价值基础的同时，也制约着关涉他人的动机和行为，从而使主体不会对他人进行无限度的移情，即既不会每时每刻对他人移情，也不会将自身所遇到、了解的每个人作为移情对象。同时，即使在针对他人的移情过程中，对自身自利性需求满足的潜在追求也会将移情者对他人的价值判断限定在一个合理范围内。

首先，关涉他人时，主体针对他人的价值判断不会超出主体自身的自利性需求范围。当行为关涉他人时，主体关于满足他人自利性需求的价值判断以基于在相同境遇下对自身自利性需求的价值判定为依据，这就使关涉他人的行为限定在主体关涉自我的行为范围内，行为主体无法做出这样的行为，即超出了自身所认定的能够满足自身自利性需求的行为范围。在实现自利的过程中，虽然包含一定的个体性因素，但行为主体无法摆脱在学习过程中承袭下来的习惯、传统或文化因素的影响，人们在关涉自我的过程中，对行为对象、行为过程会形成一定的"偏爱"，并表现为习惯，这使人们在关涉他人时以这种"偏爱"为基础。产生移情的"熟悉偏见"，正是因为相同的文化背景、需求对象使我们不自觉地意识到,我们与他人对于某一物体或某一行为的价值判断是一致的,这不仅使我们的行为更容易满足他人需求,而且减少了考虑什么样的行为能满足他人需求所付出的成本。实际上,即使是面对陌生人,主体同样是通过想象自身在对方境遇下,认定满足自身自利性需求的行为对象和行为过程就是对方当下所需要的,是能够有效消除对方消极情感表现的。

其次,关涉他人时,主体会评估自身的能力,计算自身的得失。作为亲社会动机的"移情忧伤"并非总能引发助人行为,移情者的"助人动机可能会受到强烈的自我中心动机的检查,围绕着害怕、能量的破费、经济损失、时间损失、机会失去等而思忖再三"①,最终这一动机可能会被助人行为为移情者带来的损失所压倒,而不会引发助人行为。即使做出助人行为,主体往往也会对助人行为所产生的结果与可能引起的代价进行计算,因而在现实生活中往往存在这样的情形,即"只要有可能,人们就会努力防止对伤害者产生感受,以避免这种感受所导致的动机后果"②。对"得失"的计算会使人们在关涉他人时倾向于采取"成本"较少、代价较低的行为。当助人行为需付出很大代价并不可避免时,人们就会避免移情,避免对他人产生利他动机。道德作为对人们的规范,当然规避为避免自身损失而违背道德规范的行为。实际上,这样的情形毕竟是少数,一般只发生于需要主体付出极大代价来满足对方需求以消除其消极情感表现的情形中,此时,满足对方需求往往对行为主体提出了过高要求,超出了主体的能力范围。若如此,基于移情,移情者认定对方通过消极情感向自身表达的需求往往得不到移情者的认同,最终使移情者"增加其福利"的动机不会转化为行为。

最后,关涉他人时,主体无法避免情感所带来的影响。这分为两点,一是在关涉他人时,引起主体关涉他人的首要因素往往是对方因无法满足自身自利性需求而表现出来的忧伤等情感性情绪,当移情者做出助人行为时,其前提就在于移情者产生了与对方相似的忧伤,即"移情忧伤"。对于一个表现出喜悦、兴奋、快乐的他者而言,主体往往无法意识到对方正处于无法满足自利性需求的境遇,这就使关涉他人进而对他人进行帮助的机会大大减少。二是当由于某些原因而对对方心存愤怒、怨恨或不满,或对外在环境感

---

① [美]马丁·L. 霍夫曼:《移情与道德发展:关爱和公正的内涵》,杨韶刚、万明译,黑龙江人民出版社2003年版,第38-39页。

② [美]马丁·L. 霍夫曼:《移情与道德发展:关爱和公正的内涵》,杨韶刚、万明译,黑龙江人民出版社2003年版,第40页。

到焦虑时，行为主体会对对方做出即使在自身能力范围内也可能不正确的评估。相反，道德行为有可能必须在主体"相对舒适的状态"下才发生，唯有如此"才会对他人的忧伤产生同情。否则，他们将过于专注自己的需求，而不能开放、敏感地对他人的忧伤做出反应"①。这也就是说，主体做出道德行为的前提是对于自身与对方进行利益实现情况的比较，当他人利益实现情况较好，没有引发其产生消极情感表现时，主体不会将其作为移情对象，更不会对其进行任何的价值判断和行为选择，遑论对其做出"增加其福利"的行为。即使实际情况可能并非如此，在他人的利益实现情况很差，但没有表现出消极情感时，主体往往也不会对其进行移情；当他人利益实现情况不好，以致其产生消极情感表现，但此时，主体的利益实现情况更差，那主体一样不会将对方作为移情对象。

"关涉他人"只是经验性的，是人们在关涉他人的过程中不可避免地要经历的一种心理体验、理性思考或情绪波动。道德通过对关涉他人的行为加以规范，使适用于某一具体境遇的行为原则能够普遍化，从而使关涉他人的行为遵从某种道德原则和道德规范。在这个意义上可以说，所有的道德行为，无论是积极助人的利他行为，还是消极不作为地遵守某一禁令性规范的行为，实际上都是"关涉他人"的行为，都包含主体针对他人进行价值判断和行为选择的过程。在将"关涉他人"加以规范的过程中，合理的道德理论必须注意以下三点。

首先，具有关涉他人特征的"利他"分为动机性利他和非动机性利他，道德性利他要求道德主体在动机层面将增加他人福利当作目的，即动机性利他，而非结果性的非动机性利他。"结果性利他"指具有遗传性的有机体在行为中会通过减少其生殖适度（reproductive fitness）以增加其他一个或多个有机体的生殖适度，这也被称为进化性利他（evolutionary altruism）。② 结果性利他和动机性利他之间并无必然联系，结果性利他并不必然导致动机性利他。只有动机性利他，即心理性利他的行为才是真正的利他。道德行为要求主体必须具有以增加他人福利为目的的动机或意图，而结果性利他的行为在动机上有可能是利己的，③ 在使"关涉他人"成为真正的道德性"利他"

---

① ［美］马丁·L. 霍夫曼：《移情与道德发展：关爱和公正的内涵》，杨韶刚、万明译，黑龙江人民出版社2003年版，第224页。

② Elliott Sober and David Sloan Wilson, Unto Others: The Evolution and Psychology of Unselfish Behavior, London: Harvard University Press, 1998, p.6.

③ C. Daniel Batson, Altruism in Humans, New York: Oxford University Press, 2011, p.25.

时，必须避免结果性利他，避免以利他之名而行利己之实的行为。只有动机性利他才符合道德的要求，"道德通常被视为是关涉他人的，它最基本的功用就在于为了别人的利益而限制我们对自己的目的和利益的追求，而实际上每个人都承认关涉他人的考虑是道德的核心"①。显然，移情为主体提供了这一动机，即站在对方立场"增加他人福利"的动机，这是移情被引入伦理学研究的最开始契机，正是在承认这一动机是一种利他性动机，也就是道德动机的基础上，我们才可以将对移情的规范最终演变为对行为的道德规范。

其次，"道德"具有独特的力量，它是"绝对的"（categorical），即要求我们在道德地关涉他人时忽视自己的利益，和"高于一切的"（overriding），即道德的考量高于其他形式的考量。② 道德地关涉他人就是要求一个人应当考虑他人，只有为他人考虑，一个理由才是道德理由，一个"应当"才是道德应当。一个人为了自己的未来应当存钱，这不会被认为是一个道德的概念，而是一个审慎的概念。这不同于一个人为了赡养家人而应当存钱。使一个人成为道德主体的前提就是他对他人负有责任，而不是逃避这些责任。在道德层面，直接、明确的"应当"的原形就是我们应当考虑他人。③ 这就要求在道德行为中，必须避免"熟悉偏见"等经验性关涉他人所具有的缺点。不仅我们熟悉的人，而且陌生人甚至每一个人都应当成为道德行为的对象，同时，他们作为道德对象处于平等地位。不过，即使道德要求我们对他人利益的满足优先于对自身需求的满足，但对自身得失的计算有可能会成为"道德"的边界，如果某种道德责任要求主体做出超出自身认知能力和行为能力的行为，那么这种道德责任必定是不合理的。如何使针对他人的价值判断和行为选择始终达到道德关系双方间的平衡，是道德理论必须考虑的问题。如果主体做出的价值判断和行为选择只被自己判定为合理，则由此导致的行为要么是主体实现自己利益的行为而不关涉对方，要么是主体对对方的一种强迫，违背对方意愿，显然这违背了道德是"绝对的"和"高于一切的"；如果主体基于道德所具有的"绝对的"和"高于一切的"力量而做出的价值判断和行为选择只被对方判定为合理，则由此导致的行为要么超出了主体的

---

① Stephen Finlay, Too much morality. In Paul Bloomfield (Ed.), Morality and Self-interest, New York: Oxford University Press, 2008, pp. 136 – 154.

② Stephen Finlay, Too much morality. In Paul Bloomfield (Ed.), Morality and Self-interest, New York: Oxford University Press, 2008, pp. 136 – 154.

③ W. D. Falk, Morality, Self, and Others. In Paul Bloomfield (Ed.), Morality and Self-interest, New York: Oxford University Press, 2008, pp. 225 – 250.

能力范围，是对于主体的不合理要求，要么主体成为他人实现其利益的工具。显然，只有基于自身观点站在对方立场，我们针对他人的价值判断和行为方式选择才可能被双方所认同。

最后，关于自利的"价值判断"虽然是主体基于个人欲望、需求和偏好做出的，但相同的生理和心理结构，使某些价值判断对于全人类而言是一致的，如对生命的尊重、对尊严的维护等，这就使某些原则成为任何道德行为成立的基本原则。这种"基本原则"也被称为"底线伦理"，"'底线伦理'是指基本的道德义务，或者说基本的道德行为规范。它意味着某些基本的不应逾越的行为界限或约束"，道德规范因为"基本性"，使其成为"最后的""不可再退的"，由此，这样的规范倒成为"最先的""第一位的"。① 这里不是将"道德义务及其根据的问题"放在第一位、"人格、动机、道德心理学等问题"放在第二位而得出的结论，而是因为人们的自利性要求具有某些基础性、共同性的特征，这就要求无论是在关涉他人还是在关涉自我的过程中都必须首先遵守某些基本原则。如"不妨害"就是一种底线伦理的道德行为规范。因为我们自身在追求自利性需求满足过程中有一种不受他人妨害的要求，这一要求既指向我们自身包括生存、安全等基本需求得到满足，也指向我们自身追求实现长远的好的生活这一最终目标。同样，我们也能想到他人对于我们同样有一种不受我们妨害的要求，对他人而言，当我们遵守这一要求时，所保障实现的就是他人的生存、安全等基本需求的满足和他人所设定的长远的好的生活实现。由此，"不妨害"是一种所有人都应遵守的基本的道德行为规范。

三、关涉自我和关涉他人的界限并不明显

关涉自我为关涉他人提供价值基础，同时又制约着关涉他人，这就使关涉自我与关涉他人在动机和行为指向上具有在明显的区别，但在日常行为中，尤其是当行为涉及他人时，两者的界限并不明显。

首先，在受传统文化、社会习俗影响养成的习惯性行为方面，因为欲望、偏好的养成本身具有某种社会性，是在传统、习俗的基础上主体经过社会性学习形成的，而传统、习俗本身在某种程度上已经平衡了自我与他人之间的利益冲突，因此，习惯性行为在向主体指明满足日常生活所需的有价值的行为对象和合理的行为方式的同时，也避免了对他人利益的损害和妨碍。

---

① 何怀宏：《底线伦理的概念、含义与方法》，《道德与文明》2010年第1期，第17-21页。

其次，在理性的自利行为中，主体不会无限制地将行为目标扩大到以损害或妨碍他人利益为代价、不顾及有可能影响到的他人。因为自利包含一个理性计算的过程，这一过程不仅考虑了自身目标、行为方式的合理与否，还计算了在涉及他人时会带来什么样的影响，实际上，这种思考能力与人们建立道德标准的能力是同一能力。虽然从一开始会倾向于追求自己的利益，但人们同时也具有通过建立标准和道德符号来标准化自身行为的决定性力量，一旦规则成立，人们就会调整自己的行为以尊重他人，偶然性的行为就会减少，生活就会变得更有秩序，更可被预期。① 此时，一个道德的人就不会期望依赖于非道德的理由来获取自己的利益。② 正是同一能力在行为不同环节的不同表现，使得道德成为可能，使经验性地关涉他人得以在关涉自我的基础上演变为道德行为。因此，在建构道德的过程中，并不存在是关涉他人先于关涉自我还是关涉自我先于关涉他人的问题，而只是说，道德行为的明显特征和本质要求在于关涉他人。

另外，现实生活中，人们并不具有某种具体的"关涉自我"或"关涉他人"欲求，两者只是说明作为人们行为最终目的的欲望类型。③ 也就是说，在关涉自我的过程中，人们必然会关涉他人，而在关涉他人的过程中，人们也必然会关涉自我，关涉自我与关涉他人只在作为最终目的时才存在差异，要求行为"关涉他人"并不否认主体自身的需求和权利。

因为关涉自我与关涉他人之间的界限并不明显，所以也就存在这样的可能，即从关涉自我出发提出要求主体在行为中关涉他人的道德规范，或者从关涉他人推导出主体应当关涉自我的道德理论。前者以霍布斯和边沁为代表，后者以亚里士多德为代表。霍布斯和边沁都承认人首先具有"关涉自我"的欲望和需求，不过通过他人在我们追求自身欲望时所起到的约束作用，我们最终会在行为中"关涉他人"。依据霍布斯的理论，"利他"是不可能的。我们每个人都通过对权力的追求以实现自保，这必然使我们陷入与邻人的争斗中，使社会成为一场每个人对所有人的战争。但普遍的战争给每个人带来损害，于是社会契约产生：我们对别人的行为权利必须以他人承认

---

① Marek Konh, Trust: Self-interest and the Common Good, New York: Oxford University Press, 2008, pp. 42 – 43.
② Marek Konh, Trust: Self-interest and the Common Good, New York: Oxford University Press, 2008, p. 59.
③ Elliott Sober and David Sloan Wilson, Unto Others: The Evolution and Psychology of Unselfish Behavior, London: Harvard University Press, 1998, p. 50.

为前提。在霍布斯看来,这虽然要求为他人牺牲个人的利益,却可以长久,因为它消除了任意的利己行为。我们通过契约可以做出别人认同的行为,却没有使任何事成为无私的。真诚的利他是不存在的,一个人不可能将别人的快乐当成他自己的快乐。① 这也就是说,我们每个人根本上都是自私自利的,但我们可以将他人纳入利己的考虑,起初会基于利己而依赖别人的帮助,但会逐渐地因为他人而对他人产生兴趣,到最后,我们会不出于期望别人帮助自己而去帮助他人,关涉自我的力量和关注别人(extraregarding)的力量融合为一。② 按照边沁的看法,唯一被我们所有人欲求的就是幸福,我们追求幸福,尽量使它最大化,而不去关注为此承担后果的人,所以我们的首要欲望是朝向我们自身的。但实际上,在追求最大多数人的最大幸福的同时,利己主义会最大限度地被消除。③

霍布斯和边沁的理论虽然承认由关涉自我过渡到关涉他人是可能的,但他们最终的观点都认为动机性利他是不可能的,他们承认的利他都是对关涉自我的一种消极妥协,只有在实现主体自利时,主体才不得不考虑如何使行为能够利他。他们都将人的原始状态定性为以自我为中心的、自私的,只是后来发现人们必须与他人建立各种关系,这些关系有可能是利他的,有可能是利己的,但这些关系都是后来产生的,人们最终还是独立的、被分离的。很明显,这是错误的,因为从来不存在一个脱离他人的人。④ 实际上,正因为在关涉他人与关涉自我之间不存在明确的界限,从而使动机性利他成为可能。动机性利他并不是要求行为主体在行为中一味地满足他人需求,或是无限地牺牲自身利益,只是要求主体在关涉他人时,将他人欲求当作自身欲求,以主体满足自身欲求的方式去满足他人欲求,并承认满足他人欲求优先于满足自身欲求。

亚里士多德虽然不是由从关涉自我到关涉他人这一思路来理解道德的,但他有可能使关涉他人成为一种关涉自我的衍生品,从而使美德伦理学在本质上成为一种关涉自我的理论。在亚里士多德看来,道德作为对人们生活的

---

① George Herbert Palmer, Altruism: Its Nature and Varieties, New York: Charles Scribner's Sons, 1919, pp. 3 - 4.

② George Herbert Palmer, Altruism: Its Nature and Varieties, New York: Charles Scribner's Sons, 1919, pp. 5 - 6.

③ George Herbert Palmer, Altruism: Its Nature and Varieties, New York: Charles Scribner's Sons, 1919, p. 8.

④ George Herbert Palmer, Altruism: Its Nature and Varieties, New York: Charles Scribner's Sons, 1919, p. 8.

指导，首先意味着为人们指明某种"善的生活"，即幸福的生活，而达到这种目的的途径就是德性，即人通过学习或历练而具有的某种可赞赏的品质。这种品质使人们在行为中不自觉地关涉他人，在某种意义上也可以说，无论是否关涉他人，行为的最终目的都是实现自身品质，从而使主体能够过一种幸福的生活。在美德伦理中，自身的幸福是主体的最终目的，这一目的是内在目的，而不是达到超越自身的其他目的的手段，因此可以说具有美德实际上是行为主体自己的目的。对于亚里士多德而言，只有当每个人适合自己的社会地位相对于他以前有所提高，自身的美德得以全部实现和展示时，幸福才真正达到。所以，美德伦理的中心是只有当人们取得优势以提升自己时，权利才没有浪费；权利只关乎对个人自我实现机遇的保障。"亚里士多德的美德伦理被自我愉悦和自我满足所充斥，而最高的德性，沉思性的明智（contemplative wisdom）也只是以自己为目的。所以，美德的存在只关乎个人的幸福，社会的存在则只关乎个人的美德。"[①] 在这一层面，美德伦理给我们的感受是"一切都好像是在说接触别人主要是为将其作为自我完善的工具"[②]，由此，美德伦理被称为一种"基础性的利己主义"（foundationally egoistic）[③] 似乎也不为过。

无论是从关涉自我出发要求主体关涉他人，还是从关涉他人出发得出主体应当关涉自我的思路，都存在不尽合理之处。关涉自我与关涉他人之间难以明确界分的关系，并不要求研究者在理论建构时将关涉自我或关涉他人作为理论基础，认为人在本性上是自私的，或是利他的，这种首先对人性给出界定的尝试必然是失败的。虽然关涉自我为关涉他人提供价值基础，并制约着关涉他人，但这并不意味着人是自私的、利己的，只能被迫地做出动机性利他行为。现实生活中，有可能人类的每一行为都包括行为主体对"关涉自我"与"关涉他人"的潜在考量，移情正是人们在关涉他人时可以采用的其中的一种心理机制，能够平衡人们在动机和行为中的"关涉自我"和"关涉他人"。

总之，人们在关涉他人的行为中无法避免自我中心本能，不仅自我中心

[①] George Kateb, Human Dignity, Massachusetts: The Belknap Press of Harvard University Press, 2011, p.93.

[②] George Herbert Palmer, Altruism: Its Nature and Varieties, New York: Charles Scribner's Sons, 1919, p.2.

[③] Julia Annas, Virtue Ethics and the Charge of Egoism. In Paul Bloomfield(Ed.), Morality and Self-Interest, New York: Oxford University Press, Inc. 2008, p.208.

本能为关涉他人提供价值基础,而且也制约着"关涉他人",这是人类行为的基本特征。无视或忽略现实生活中人们的行为特征必然会对人们提出过高的要求,为人们设立根本无法达到的行为标准。美德伦理要求我们应该像完全道德的人那样生活,康德主义即使在最简朴的形式层面上也是太过严格,而根据功利主义,我们很难知道应当做什么,并且很难知道是什么最大化了预期的价值和是什么最小化了预期的价值。① 人类行为的基本特征也体现在移情中。在移情过程中,人们虽然关心他人福利,试图消除他人消极情感,但关于"对于他人而言什么是有价值的"这个问题,只能依赖于自己所具有的"自我中心"倾向才能给出答案,因为"自我中心"为"关涉他人"提供价值基础;人们在移情过程中,不会对他人进行无限制的移情,也不会认为为使他人摆脱困境,消除其消极情感,自己付出任何代价都是合理的,因为"自我中心"制约着"关涉他人";人们基于移情能产生"增加他人福利"的利他性动机,从而做出利他行为,这是"关涉他人"对"自我中心"的影响。由此,道德作为对人们的行为规范,是必要的,因为人们可能在关涉自我的过程中忽视或侵害他人;同时也是可能的,因为人们能针对他人产生利他动机。

"关涉自我"与"关涉他人"之间这样的关系,表明无论是在移情中还是在道德行为中,我们针对他人所做的价值判断,往往以我们针对自身所做的价值判断为基础。首先,正是在追求满足自利性需求的过程中,我们才形成价值判断、价值标准和价值目标,这一系列的"价值"因为只针对我们自身,所以它是一种非道德价值,可以对其进行合理与否的判定,但也只能在这一层面进行判定,因为这一价值还不涉及他人。其次,在对他人进行价值判断的过程中,我们基于自身已有的价值判断站在对方立场,认为自己身处对方境遇会有怎样的价值追求,来判定他人当下具有怎样的价值追求,从而使我们做出的价值判断既符合对方当下境遇,也符合我们所坚持的价值标准。此时这一价值判断虽然由我们主观做出,但已然被移情双方共同认同,从而具有了一定的客观性。最后,我们在对他人移情过程中产生的"增加他人福利"的动机和行为,最终消除了对方的消极情感表现。这一结果除了作为对于他人而言福利增加、消极情感消失外,对于我们而言,还有两方面的作用:一方面,我们的行为践行了我们的动机,使我们的某种追求成为现

---

① Krister Bykvist, Utilitarianism: A Guide for the Perplexed, New York: Continuum International Publishing Group, 2010, p.14, pp.160–161.

实，我们从中实现一种满足；另一方面，他人福利增加、消极情感消失，也是对我们已有价值判断合理性的辩护，我们从中实现一种被认同。当然，在这一过程中，我们所感受到的满足和被认同并不是我们做出"增加他人福利"行为的动机，只是伴随这一动机和行为的附加产物，在这种意义上，我们的道德所实现的是一种"关涉自我"与"关涉他人"的统一。至于我们基于"自我中心"倾向而在"关涉自我"过程中的价值判断和我们针对他人所做出的价值判断是怎样的价值判断，以及具有怎样的特征，则需要我们剖析自我中心的本质。

第三节　自我中心的本质

当行为主体内在地欲求某个对自己有重大影响、重要意义的目的，也就是追求某种价值实现时，关涉自我即"自我中心"就等同于自利，我们基于"自利"形成价值目标，做出价值判断。什么是我们的自利，什么对我们有内在好处很大程度上取决于我们的心理构成和欲望或关心的取向。表现为自利性需求的自我中心本能地为关涉他人提供价值基础，并制约着关涉他人的动机和行为。但关于自利性需求为何能够成为人类行为和动机的基础，作为基础的自利性需求具有哪些特征，还需要进一步的解释，需要我们对自我中心的自利本质做进一步的讨论。

自利指主体出于过一种"长远的好的生活"的动机而为自己谋取利益，[①] 这是人类的基本行为或动机。自利实际上构成了为使自己的生命或生活变得更好的一种内在动机，它来自主体关于自己整个生命的看法和观点，所谓你的自利，就是有助于你实现"使自己的生命，生活变得更好"这个目的的一切。因此，自利可以定义为："一个行为是自利的，或者说对我有价值，是当它能促进我的追求和/或目标的实现，而这一追求或目标是我强烈并发自内心地在意的。"[②] 对于所有人而言，我们强烈并发自内心地在意的目标就是长远的好的生活。由自利出发应当做某事，即是指在特定情况下，当且仅当做这件事比我所能做的其他事情能使我的生活变得更好。

[①] Nicholas Bunnin and Jiyuan Yu, The Blackwell Dictionary of Western Philosophy, Oxford: Blackwell Publishing, 2004, p.629.

[②] Stephen Finlay, Too much morality. In Paul Bloomfield (Ed.), Morality and Self-interest, New York: Oxford University Press, 2008, pp.136–154.

根据自利性需求的种类和实现方式的差异，我们可以把"自利"划分为生存性自利、价值性自利和道德性自利三种。道德性自利会在后面的章节中进行论述，这里首先讨论生存性自利和价值性自利。

一、生存性自利

人是有欲求的，这些欲求首先表现为一种"存续生命"的本能性欲求，任何人甚至任何生物都具有"存续生命"这一欲求，因此任何人都首先要求实现其"存续生命"，这就是生存性自利。生存性自利是指人作为生物性存在，其行为首先旨在保证生命的维持或存续，这是一种本能性要求，或者是无意识要求。这一自利可被表述为追求"欲望的满足"，但这一欲望仅仅是指某些基本欲望，如维持生命、趋乐避苦等。这与利己主义理论的人性预设相一致，即认为人首先是作为生物性存在追求某些最基本欲望的满足，任何人的生存都首先建立在这一基础上，并且对于所有人而言，这一自利的实现是平等的、普遍的，而且因为人的生物性的同一性，这一自利也是同质的，个体性、偶然性的自利性需求都以生存性自利的满足为前提。

生存性自利是本能性的，在日常生活中人们往往不能清楚意识到，而且在任一情感、意图和行为中，人们的欲求指向具体的某物或某事，而并不指向"存续生命"。只有当其生存无法保障时，人们才会意识到生存性自利，才会产生恐慌、焦虑等消极性情感。利己主义的错误在于夸大了这一自利，将其作为人类全部行为的动机，在否定人具有利他动机的同时，也否认人类存在某些"欲望满足"等生存性自利之外的其他自利性需求。实际上，生存性自利的实现并不能等同于作为具体行为目标的善，它在人类行为中只是隐含的，很难说人类有意识地对这一自利进行思考，遑论将它作为行为的目标或指导原则。

生存性自利具有以下特征：

抽象性。生存性自利的抽象性是指生存性自利不是某一行为的具体目标，不是可以单独构成行为动机的某种需要，相反，它是人类实现具体需要的前提。关涉人生存的不可能是某一事物或某一类事物，只能是使人类具体欲求得以满足的前提条件，如自由、平等、安全等，这些才是生存性自利的对象或目标。生存性自利不指向具体的事或物，所以它具有抽象性特征。具体行为以某一具体目标为动机，旨在实现某种对于主体而言的价值或益处，但生存性自利不同，在实现生存性自利的过程中，不存在某种具体的行为指向主体的生存，主体只能通过保证最终关涉自身生存的所有价值或益处的实现来保障生存性自利的实现。

基础性。生存性自利指向人的生存，它在维系人得以生存的同时，也是人们做出其他行为的前提，只有在生存性自利得到满足的前提下，人类才可能做出其他行为。生存性自利的基础来源于人的生物性特征，人的所有行为都建立在其生物性存在这一前提下，所以生存性自利的满足处于基础地位，它不以人是否具有意识或理性等为基础，相反，它是后者的基础。可以说，任何作为生物性存在的人都具有生存性自利这一需求，但"生存"不是某一具体需求，它只是一种由于人的生物性存在而产生的基本的、本能性的需求，所有具体需求都只能建立在这一需求得到满足或维系的基础上。

如果生存性自利没有得到满足，则人的行为必然首先指向生存性自利，行为目标必然关涉生存，正是在具体行为过程中，具体目标才成为维系主体生存的手段。

普遍性。生存性自利的抽象性和基础性特征决定了它同时具有普遍性特征，即人人都具有生存性自利，而且这种自利对于每个人而言都是平等的，任何人的生存性自利都不会优先于他人，也不会落后于他人。同时，任何行为都必须以生存性自利的实现为前提，对于行为主体而言，如果某一行为满足了自身某种具体要求，却无法满足生存性自利的需要，如自杀、自虐等，那么这一行为实质上就不是自利性行为，这一行为对于主体没有任何价值和内在好处。生存性自利的普遍性与生存性自利的抽象要求，如自由、安全、平等等存在高度的内在统一，如果说一个人是自由的，那么他必然同时也是安全的，任何对于主体生存而言的威胁都是主体基于生存性自利所力图避免的。

生存性自利的抽象性、基础性、普遍性特征决定了道德理论必须以生存性自利作为建构的前提，任何否定生存性自利的理论都是不合理的。在应用生存性自利的过程中应注意以下两点。

第一，生存性自利不是指某种具体的自利性需要，而是具体行为的前提，具体的自利性需要以生存性自利的实现为基础，因此，生存性自利不能作为人的具体行为目标，不能说人的行为目标是某种生存性自利。功利主义和享乐主义的道德理论在论及人的本能性行为方面是正确的，"趋乐避苦"毋庸置疑是所有人在关涉自我的行为中都会表现出的倾向。但不能因为人具有趋乐避苦的本能，就认为增加快乐或幸福、避免痛苦或不幸的欲望决定了我们怎么行为，或者我们应当怎样行为，否则就是把生存性自利与具体行为的目标混为一谈。如享乐主义的一个错误就在于把人所追求实现的所有价值同等对待并简化为"快乐","对享乐主义的一种反对观点认为它把所有的价值都简化为一种善"①,即快乐,但"快乐(pleasure)本身并不提供理由"②。而且生存性自利是对人的行为特征的经验性描述,不能因人的行为倾向于寻求快乐就指出人应当寻求快乐,并认为这一应当是一种道德应当。任何人、任何关涉自我的行为基于合理性考虑都不应当违反自身的生存性自利,如果由生存性自利可以衍生出规范性行为准则,那么这一准则只能是约束主体关涉他人的行为,即主体不应当损害或妨碍他人生存性自利的实现。

第二,生存性自利不能计算。对于任何人而言,任何时候生存性自利的满足都是基础性的。这对于所有主体而言具有同等意义,不能说某人或某些人的生存性自利优先于其他人,从而以其他人的生存性自利为代价来实现某人或某些人的生存性自利,在生存性自利之间不存在计算的可能。功利主义者在援引生存性自利时,将这一自利视作可计算的,在坚持功利原则,即最大多数人的最大幸福原则过程中,使少数人的生存性自利成为实现多数人幸福的代价,这里存在对少数人的生存性自利与多数人的生存性自利的计算。这种计算并不合理,若如此,功利主义实际上是在暗示,最大数量的善来自对无辜人的定罪。但道德的人不会接受这么一个与正义相矛盾的原则,功利主义不可能正确。③ 或许在人数上,少数人比多数人较少获得道德考量,但这无法论证多数人的生存性自利在道德地位上优先于少数人的生存性自利,生存性自利对于每一个人而言都保证了其生命的存续,对于主体本身而言是其根本性利益所在,在道德考量上应当被置于绝对性的地位。

生存性自利只是对人作为生物性存在而具有某些基本欲望的承认,不仅不能对它对进行计算,而且也很难认定它是人们具体行为的理由或动机,因为它没有任何指向具体对象的欲望成分存在。所以,仅依靠生存性自利,并不能涵盖人类行为的所有目的,在生存性自利之外还必然存在以某物或某事作为行为目的的自利性行为。

二、价值性自利

在生命得以存续的前提下,主体在情感、意图或行为中往往以某物或某

---

① Richard Kraut, Against Absolute Goodness, New York: Oxford University Press, 2011, p.72.
② Richard Kraut, Against Absolute Goodness, New York: Oxford University Press, 2011, p.56.
③ Ted Trainer, The Nature of Morality: An Introduction to the Subjectivist Perspective, Newcastle upon Tyne: Athenaeum Press Ltd., 1991, p.59.

事为目的,这可称为价值性自利。价值性自利以生存性自利为基础,一个不欲求自身生命得以存续的人根本没有以某事或某物为目的的欲求。自杀者和受虐狂的行为被主体自身认为是价值性自利的行为,他们认为这一价值性自利要优先于生存性自利,但这种价值性自利的实现并没有保证"存续生命"这一本能需求的满足,从根本上说违反了主体生存性自利的要求,因此,自杀、自虐的行为是违背主体自身自利性要求的行为,无论如何都不可能是合理的。

在具体境遇中,由自利出发应当做某事,即追求价值性自利的实现,是指当且仅当做这件事比我所能做的其他事情能使我的生活变得更好,因此,价值性自利一方面取决于内在欲望,另一方面还与外在对象有关,当我们试图满足自己的欲望时,我们的行为指向外在事物。

价值性自利以具体事物作为行为的目标,这一事物对主体而言意味着"有价值"或"有益处"。不过,事或物本身并不具有内在价值或"愉悦性"等特征,它们只是相对于人的某一欲求并作为人的目的才具有价值。这种价值实际上是主观性的非道德价值,某事或某物作为目的的价值大多来自它们对于主体而言所具有的"有用性",即能满足主体的某种需要。"我们说某事物对我们而言是善的,不仅是因为它能带来对我们而言善的长远事物,而且因为它能帮助我们避免那些对我们而言坏的长远事物。"[①] 因为价值性自利的主观性,具体欲求可能并不符合主体实际情况,欲求的事或物并不一定能满足主体的当下需要,对于主体解决当前紧迫需要而言某一欲求可能是错的,这一欲求的满足并不能使主体摆脱目前的处境,因此存在他人可以对主体提出建议"你应当欲求……"的可能。

价值性自利是基于个人的欲求、偏好和对外在对象的分析而做出的判断,所以,"对某些人而言是善的这一概念预留了空间,承认在具体某一物种内,对部分成员而言是善的事物可能不同于对其他成员而言善的事物"[②]。对我们而言能够实现我们价值性自利的东西,对他人而言则不一定。"但人们并不是完全不同于他人,所以,存在某些最小程度的重叠。"[③] 不同主体的价值性自利在一定程度上具有同质性,某些人或全部人对于某些价值性自利的认识和判断有可能是相同的。价值性自利的同质性与生存性自利的同质性相比要弱很多,因为后者的基础是人的生物性特征,而前者并非如此。

---

① Richard Kraut, Against Absolute Goodness, New York: Oxford University Press, 2011, p.36.
② Richard Kraut, Against Absolute Goodness, New York: Oxford University Press, 2011, p.72.
③ Richard Kraut, Against Absolute Goodness, New York: Oxford University Press, 2011, p.73.

价值性自利不仅欲求能满足主体当下需要的某物或某事（这一层面的欲求以生存性自利为前提），也欲求实现满足自身需要的合理行为方式，这种合理行为保证主体满足以某物或某事为目的的欲求。这是价值性自利对于主体而言的规范性。当为实现自身价值性自利时，主体本身具有一个或一系列的行为理由，回答"我应当做……"，这种规范性是一种非道德的规范性，这里的"应当"是指合理性应当。合理性既可以表示"理性"的，也可以表示有"正确理由"（right reason）的，一个人行为合理，是指他做出他知道可以实现自身目的的行为，如果他做出他知道不会实现他的目的的行为，那么他的行为就是不合理的。人们在这方面表现出一种理性能力：他们从事的是通过认知和明确设计来达到目的的行为。① 基于"合理性应当"的行为，如"为了我的未来，我应当存钱"，即将存钱作为达到个人为实现某种目的的手段，这种应当为主体保留了通过重新定义最终目的而逃避责任的自由余地，因此，说一个人应当做某事是说做这件事是最优的或最合理的，而不是说他有义务去做这件事。②

如果基于自身的价值性自利可以做出"应当"判断，那么，基于他人的价值性自利我们同样能够做出"应当"判断，因为我们心理和生理结构上的相似性是不变的，对我们而言是善的、应当促进的，对于他人而言也是这样。③ 主体在实现他人价值性自利时，这一价值性自利同样为主体提供行为理由，回应"我应当做……"，此时这种规范性是一种道德规范性，这种"应当"是一种道德的应当。道德性应当，如"因为我应当抚养我的孩子，所以我应当存钱"，是作为达到某个应当实现的目的的手段。这种"应当"的表述比合理性应当的表述约束力要强，没有为主体保留通过重新定义最终目的而逃避责任的自由余地。④ 当行为涉及他人时，价值性自利就成为主体实现道德行为的认识论理由，它向道德主体表明什么样的行为能帮助他人满足其价值性自利，从而使道德主体的动机和行为具有道德价值。道德行为实际上发生在当面对他人时，通过移情，主体想象自己置身于他人的当下境遇，依赖于自己的价值性自利判断，认识到哪种行为乃至哪种欲求能使

---

① Oliver Letwin, Ethics, Emotion and the Unity of the Self. Oxon: Routledge, 2010, p.103.

② W. D. Falk, Morality, Self, and Others, In Paul Bloomfield(Ed.), Morality and Self-interest, New York: Oxford University Press, 2008, pp.225-250.

③ Richard Kraut, Against Absolute Goodness, New York: Oxford University Press, 2011, p.76.

④ W. D. Falk, Morality, Self, and Others, In Paul Bloomfield(Ed.), Morality and Self-interest, New York: Oxford University Press, 2008, pp.225-250.

"我"满足当前紧迫需要,由此对他人提供帮助,做出道德行为,实现增加他人福利、消除他人消极情感的目的。

道德就是主体基于自身价值性自利判断而使他人价值性自利得以实现的过程。价值性自利以生存性自利为基础,任何关涉他人价值性自利实现的道德行为最终都必然保障其"存续生命"的生存性自利要求的满足。但因为生存性自利与价值性自利之间存在不完全对应性,即他人认为能够实现其价值性自利的行为或许并不符合其生存性自利的需要,这就需要主体在做出与他人不一致的价值性自利判断时,应基于他人生存性自利的实现重新为其设定符合他人当下境遇的价值性自利。可以说,任何实现他人生存性自利、使其生命得以存续的行为都是道德行为。

在移情过程中,当移情者感受到他人感受,认识到他人境遇对于他人消极情感表现的意义,就是在对他人价值性自利做出判断,消除他人消极情感、增加他人福利的动机和过程就是实现他人价值性自利的过程。在判断他人价值性自利时,移情者以自身价值性自利为依据,认为自己的价值性自利同时也是他人的价值性自利,能满足自身价值性自利的事物和行为同样能够满足他人价值性自利需求。即使有时他人价值性自利不同于移情者的价值性自利,移情者也会因为移情的认知功能和规范功能,认同他人价值性自利的满足对于他人当下境遇、消除他人消极情感表现所具有的合理性。

第四章

移情伦理的行为论

　　道德行为选择是主体赋予自身做出某种行为以道德理由的过程,在这一过程中,主体考虑自身行为的规范性和合理性。行为选择的规范性来自主体所具有的"增加他人福利"的道德动机,这是道德行为的根本特征。移情过程中,移情者在观察到他人处在实际忧伤中时也会感到忧伤,这种移情忧伤包含着以他人为目的,消除他人消极情感、增加他人福利的利他动机。行为选择的合理性源于这一行为能合理有效地增加他人福利,以消除他人消极情感。移情过程中,移情者对他人自利性需求进行判断,认识到他人自利性需求无法实现或已有利益遭到损害,由此他人才表现出某种消极性情感。因此,移情基础上的行为选择既包括产生道德动机的情感过程,也包括判断和实现他人价值性自利的认知过程。

　　当形成"增加他人福利"的道德动机,并对他人当下境遇中的自利性需求做出判断后,主体做出行为选择以实现"增加他人福利"的目的。在行为选择过程中,主体站在他人立场对他人进行移情认知,基于自身观点对他人价值性自利进行判断,选择以合理、有效的行为方式来增加他人福利,消除他人消极情感。在这一过程中,作为道德动机的移情关切引导移情认知,同时移情认知加强道德动机,最终主体为自己提供具有客观性的道德理由。认知与行为选择间的紧密联系,使移情能为主体提供道德行为理由,而与移情存在明显差异的同情,因对他人缺乏足够认识,虽也能引发主体形成道德性利他动机,最终却无法为主体提供道德行为理由。

第一节　行为选择的过程

　　移情过程中,主体针对他人产生增加他人福利的道德动机,由此,主体赋予自身以行为理由,使自己承担增加他人福利的道德责任,从而做出道德行为。当形成道德动机时，主体进行行为选择，借助移情认知，主体明确何种行为及应在何种程度上增加他人福利。也就是说，主体的行为选择是在道德动机的影响下进行的，同时，行为选择也必然对道德动机产生某种积极影响，从而使原本表现在移情情感中的道德动机转化为行为动机。产生道德动机的主体在行为选择中不外乎从两个方面进行考虑，一是他人当下具有何种需求，二是主体何种行为能满足对方当下需求。

一、行为选择中的移情认知过程

道德是主体基于自身对他人价值性自利进行判断而使他人价值性自利得以实现的过程。价值性自利是主体实现道德行为的认识论理由，它向道德主体表明什么样的行为能帮助他人满足其价值性自利。通过移情，主体想象自己置于他人当下境遇，依赖自己的价值性自利，认识到当下境遇中"我"具有何种欲求，以及哪种行为能使"我"满足当前紧迫需要，由此增加他人福利，做出道德行为。移情作为认识他人价值性自利的方式之一，与其他认知方式的不同在于，它引发主体形成"增加他人福利"的道德动机，在移情过程中，移情认知始终伴随着这一动机，并对其进行增强。

当主体形成针对他人的移情关切，产生"增加他人福利"的道德动机时，主体的行为选择具有规范性。移情关切作为"他人导向的移情情感不仅被危难中他人的、被意识到的福利所引起，而且与之一致（移情关切），这一情感产生一种以增加他人福利为最终目标的动机状态，以消除移情诱导（empathy-inducing）（利他动机）"[①]。在移情过程中，移情者感受到他人消极感受，产生移情忧伤，这种忧伤是对他人福利的关注，与他人在当下境遇表现出的消极情感中所蕴含的价值追求相一致。在试图消除他人消极感受的同时，主体形成增加他人福利、实现他人价值性自利的利他动机，所以移情忧伤实际上是一种道德动机。

移情过程中的道德利他动机，以增加他人福利作为最终目的动机状态，这一动机在三个方面具有明显特征。第一，"动机状态"。移情关切产生的利他动机状态是移情者在感受到他人痛苦时自觉产生的，是一种"消除他人消极情感、增加他人福利"目的指向的动力，指向的是作为移情对象的他人而非移情者自身。在这一目的指向下，移情者期望通过自身行为使他人当下境遇发生变化，且作为自身行为目的的这一"变化"是移情者能够明确意识到

---

① C. Daniel Batson, *Altruism in Humans*, New York: Oxford University Press, 2011, p. 29.

的。在此动机状态下,移情者感受到一种巨大的力量推动自己实现目的,在实现目的的过程中如果存在障碍,自己会做出另外的行为选择,当目的实现时,这种力量就消失了,即是说移情者"增加他人福利"的动机消失了。"消除他人消极情感、增加他人福利"目的要求主体对他人进行深入合理的移情认知,分析判断他人当下境遇及其价值性自利。第二,"最终目的"。"消除他人消极情感、增加他人福利"是主体的最终行为目的,而不是达到其他目标的工具性手段。当有此目的时,移情者最终要实现的就不是自己的利益,也不是移情对象以外的其他人的利益。这一最终目的同时界定了一种明确的、指向此目的的动机,"最终目的"与"动机状态"相对应,可以说,在动机状态中,移情者感受到的"力量"实质来自自己对"最终目的"的设定。但移情认知使移情者清楚意识到,这一"最终目的"是指向他人,是由他人在当下境遇所表现出的消极情感引发自己产生这一目的,而不会使移情者将这一目的指向自身,认为这一目的的实现有利于增加自身福利。第三,"增加他人福利"。以增加他人福利作为最终目标,意味着主体想象他人当下境遇发生一些可预期的改变,并以之为目的,由此感受到一种力量去实现这些改变。[①] 移情认知使移情关切中的"增加他人福利"的动机更加清晰明确,使主体知道自身应做出何种行为来实现,以及在何种程度上实现"增加他人福利"这一目的。由此,"增加他人福利"不只停留在针对他人的移情关切中,同时还体现在合理有效的行为选择中,最终使主体行为成为现实。总之,在移情关切唤起过程中,移情者会产生消除他人痛苦、增加他人福利的利他动机,其中,移情者"对他人福利的重视""增加他人福利"的动机,是内在的、目的式的重视,而不是外在的、工具式的。[②] 借助移情认知,移情者清楚知道自身关注的是他人福利的实现,而不是自身福利的实现,并由此做出行为选择。

移情认知包括"收集他人信息"和"理解他人"。借助移情认知收集他人信息的过程中,移情者以他人感受、欲望和社会地位发挥作用的方式去解释他人的生活,将他人视作完整的个体,将自己的经验与他人相连接,也就是理解他人。通过想象性地将自己置入他人境遇,移情者想象、模仿和感受自身在对方当下境遇中所追求的价值性自利,在一定程度上感受他人感受到的情感,认识到当下处境中什么是对方的具体欲求、哪种行为能实现此种欲

---

① C. Daniel Batson, Altruism in Humans, New York: Oxford University Press, 2011, pp. 20 – 21.

② C. Daniel Batson, Altruism in Humans, New York: Oxford University Press, 2011, pp. 45.

求，以消除对方的消极情感。因此，移情认知包括对他人价值性自利的认知，从而使移情者不只是无意识地感受他人或模仿他人在当时情境中的感受，同时还是一种认知性的尝试，通过对对方价值性自利的判断以确定对方对于自己生活的信念、欲望和感受，从而有效了解他人感受，并转化为作为增加他人福利的道德行为的移情回应。此时，伴随着"重视他人福利"的利他动机，移情认知保证主体确定应当以何种行为在何种程度上增加他人福利，从而使主体的行为选择在具有规范性的同时还具有合理性。

在通过移情认知进行行为选择的过程中，主体在承认他人在当下境遇中的情感表现是可理解的同时，基于自身观点对他人表现在消极情感中的需求进行判断。一方面，移情认知不仅使移情者了解他人的信息和观点，而且使移情者认为他人的情感表现相应于这些信念、理由和欲望在当下境遇中是适当的。要理解他人情感，移情者必须认同他人采取的情感相应于他当时的境遇是合理的，唯有如此，他人情感对于移情者而言才有意义，也就是说，移情要求对于他人情感的初步认同（prima facie approval），或者最初接受（initialacceptance），由此移情才发挥认知功能。[①] 这里，认同只是单纯地欣赏或接受他人的理由，不必然暗示要道德地接受他人的情感，并且不要求移情者认同他人情感在当下的道德上是正确的，甚至有可能人们对他人的情感进行移情，却不认同他人的具体情感表现或行为。[②] 移情忧伤中包含一种对移情者做出移情反应的元认知的觉察，这种元认知不是对他人境遇、信念的认识，而是对自身移情情感与他人情感之间有所区别的认知。移情过程中，移情者不仅觉得很忧伤，而且知道这种情况是对发生在某人身上的某件不幸事情的反应，是对一个人利益需求无法满足或利益损害无法停止的痛苦感或不快感的反应。通过移情认知，移情者"把自己和他人看做是具有超越当前情境的独立的内在状态、个人同一性和与生活分离的自然实体，因而能够把发生在他人身上的事情和发生在自己身上的事情区分开来"[③]。通过这种元认知，移情者能够认知到他人当下怎样感受，并能一般性地了解大多数人处在他人的情境中时会怎样感受，从而了解他人。在认同对方情感表现，并将自

---

① Julinna C. Oxley, The Moral Dimensions of Empathy: Limits and Applications in Ethical Theory and Practice, New York: Palgrave Macmillan. 2011, p. 50.

② Julinna C. Oxley, The Moral Dimensions of Empathy: Limits and Applications in Ethical Theory and Practice, New York: Palgrave Macmillan. 2011, p. 53.

③ ［美］马丁·L. 霍夫曼：《移情与道德发展：关爱和公正的内涵》，杨韶刚、万明译，黑龙江人民出版社2003年版，第72页。

身所感受的感受归之于对方的过程中,移情者感受到蕴含"增加他人福利"这一道德动机的移情忧伤,认定对方当下的消极情感表现应被予以消除,因为自己体会到这一移情忧伤,所以主体认定自身承担增加对方福利、消除对方消极情感的道德责任,也就是说,当下在与对方所形成的关系中,主体所要进行的行为选择是指向对方而非自身的。

另一方面,因为受到移情情感中的"元认知"影响,这一认同不是全然与他人联合或融入他人的:真正的、成熟的移情并不剥夺他自己的个体意识,这一意识区别于他正在移情的人。对他人移情认同不代表移情者完全抛弃自身的观点、立场,但移情者应形成"适合于"被移情者境遇的感受和想法。① 此时,借助移情认知,主体判定他人产生消极情感具有一定原因,并将这一原因归属于他人当下境遇,是他人当下境遇中的某些因素使其无法通过自身行为来实现自身福利增加或利益损害消除,从而表现出消极情感。同时,主体对他人情感表现与其原因间的关系进行判断,当认定他人情感表现与其原因间具有紧密的逻辑关系时,也就是说,他人的情感表现针对他人当下境遇是合理的,移情者才会对他人做进一步了解;当认定他人情感表现针对他人当下境遇不合理时,移情者会停止移情。在公交车上,当看到面露焦虑的老人坐立不安时,我们会认定对方身体不适才导致他产生这一消极情感表现,进而通过移情认知判断我们能否通过自身行为以消除对方的消极情感表现。但当我们得知,对方是想要司机未到站停车,以避免自己多走几步时,我们会认定导致对方表现出消极情感的原因与对方消极情感表现之间不具有合理的逻辑关系,从而即使我们能感受到对方的感受,也不会对如何消除对方消极情感表现做进一步思考。

移情主体在"增加他人福利"这一道德动机的驱动下,对他人产生消极情感表现的原因进行分析,以对其价值性自利进行判断,并选择合理行为增加其福利。移情关切要求移情者了解他人的状态、他人情感表现的原因,但并不要求这种了解是精确的,甚至都不要求这种认知符合他人对自己内状态的认知。"即使你不了解你的朋友在想什么或有什么样的感受,只要你对他感受到惋惜,那就在经历移情关切。"② 一个人可以基于对他人内状态的错误认知而产生移情关切,不过,错误认知基础上的行为,即使是由道德动机引起的,也会倾向于被误导,最终未达到增加他人福利、消除他人消极情感的

---

① Micheal Slote, The Ethics of Care and Empathy, Abingdon: Routledge, 2007, pp. 14 - 15.
② C. Daniel Batson, Altruism in Humans, New York: Oxford University Press, 2011, p. 13.

目的。一般情况下，当形成针对他人的"增加他人福利"的道德动机时，我们就有理由考虑何种行为能合理有效地实现这一目的，此时就需要我们对对方有进一步的了解，因此"如果对他人的需要有一种精确的认知，那试图去帮助危难中他人的行为会更加有利于他人"①。当试图消除他人的消极情感表现时，移情者"必须了解情感是怎样表现的，它们是怎样通过事件而形成的"②。借助移情认知，移情者知道他人消极情感表现能够反映出他人在内心深处是怎样感受的，加上移情者所具有的关于他人的所有个人信息，很有可能会迅速地整合成为对他人当下陷入困境的原因做出的解释。此时，移情者一方面认识到他人在当下境遇何种自利性需求无法满足，从而导致其表现出消极情感，也就是他人表现出消极情感的原因；另一方面认识到何种行为能满足其自利性需求，以消除其消极情感表现，也就是消除他人消极情感表现的合理有效行为方式。此时，移情者已经明确针对他人当下境遇，自己应做出何种行为选择。

总之，在行为选择过程中，移情者通过移情认知对他人的个人信息，如偏好、信念等加以了解，从而对他人的价值性自利以及如何满足进行判断。首先，移情者在感受到他人感受时的"最初认同"，除了体现移情者判定他人在当下境遇中表现出此消极情感具有一定的合理性外，还判定他人与自身具有同样的价值追求，这一追求就是同为人，每个人都应具有的对于长远的好的生活的追求，移情认知使移情者坚信对方具有对于这一最终追求的坚定信念，否则不会在当下境遇中表现出对于这一境遇不满足的消极情感。其次，移情者判断当下境遇中他人具有怎样的价值性自利需求，在做此判断时，移情者想象自身身处他人境遇具有怎样的价值性自利需求，当下境遇中自身何种需求的未满足或正当利益的被损害阻碍自身过一种长远的好的生活，由此认定他人具有怎样的需求，此时，移情者由对他人情感表现的关注转向对他人情感表现原因的关注。最后，移情者判断当下他人所具有的价值性自身需求应在何种程度上予以满足，以及通过何种行为进行满足，此时，移情者所进行的就是行为选择。当然，在对他人价值性自利进行判断及行为选择的过程中，移情认知会加强主体已经形成的道德动机。

---

① C. Daniel Batson, Altruism in Humans, New York: Oxford University Press, 2011, p.13.
② ［美］马丁·L. 霍夫曼：《移情与道德发展：关爱和公正的内涵》，杨韶刚、万明译，黑龙江人民出版社 2003 年版，第 73 页。

二、行为选择中移情认知对道德动机的影响

主体在道德动机的驱动下进行行为选择,同时,这一合理有效实现目的的行为选择相应增强了道德动机,从而使道德动机真正体现在行为中。但现实生活中,有些合乎人们一般判断实现某一目的的行为往往不是道德行为,即使这一行为从结果上增加了他人福利。所以,我们就有必要对两种移情过程中的利他行为进行区分。一种是结果上利他但动机上非利他的行为,这一行为我们无法判定为道德行为;另一种是结果上利他同时动机上也利他的行为,这一行为我们判定为道德行为。显然,道德行为选择就是在后一种意义上的行为方式选择。之所以这一层面的行为选择增加了道德动机,就在于它使原本只停留于动机层面的"增加他人福利"最终能合理有效地实现,这一合理有效一方面指这一行为能真正实现增加他人福利、消除他人消极情感表现这一目的,另一方面指这一行为在主体能力范围内。如果主体无法进行实现增加他人福利这一目的的合理有效行为方式选择,那么主体原本具有的增加他人福利的动机往往会逐渐消失。因此,道德行为选择过程中,我们必须将其限定在以下几个方面。

首先,行为选择必须以道德动机为基础。由于"自我中心"的影响,移情基础上的利他行为有可能最终实现的是行为主体自身的利益,此时,这一行为是结果性利他行为,而不是道德所要求的动机性利他行为。利他动机是区分结果性利他行为与道德行为的标准。在结果性利他行为与动机性利他行为之间,存在结果上利他的一致性,即两种利他行为的最终结果都是增加了他人福利,但两种行为在动机、目的方面存在明显区别,结果性利他行为的目的是增加主体自身福利,增加他人福利只是增加主体自身福利的手段,动机性利他行为的目的是增加他人福利。也就是说,在自我中心动机引起的增加他人福利行为中,主体希望达到增加自己福利的最终目标,即如果结果性利他的助人行为以减轻他人痛苦作为手段,从而最终增加自己福利,那么这种行为就是结果性利他的,但动机上并非利他的。在结果性利他行为中,移情可以服务于主体谋取自身利益的行为选择,使增加他人福利的行为虽然表面上有益于他人,但实际上,尤其是动机上却是有益于主体自身。当主体做出(a)为获得物质奖励、社会褒赏或个人报酬的行为,(b)避免物质处罚、社会谴责或个人惩罚的行为,(c)避免感受到他人的消极情感,[1] 移情

---

[1] C. Daniel Batson, Altruism in Humans, New York: Oxford University Press, 2011, p.213.

认知都可以使主体进行有效的行为选择，以实现这一非道德性动机。

其次，行为选择过程必须对他人产生消极情感的原因有所了解。移情关切作为情感，其表现形式往往会随着我们对导致他人产生消极情感原因的了解而有所改变、加强。当移情者认识到，导致他人痛苦的原因超出了他人的行为能力时，如遭受灾害、身患重疾等，移情忧伤就会变为同情忧伤；当移情者认识到另外的某人是他人产生消极情感的原因时，移情忧伤就会转换成移情愤怒。此时，移情便在"最初认同"意义上的"增加他人福利"动机转变为有明确指向的行为动机。如看到有乞丐面露痛苦沿街乞讨时，我们会想到他需要我们的帮助，但当得知乞丐表现出消极情感不仅是因为正忍受饥饿还因为家乡受灾时，我们在捐助其10元钱使其吃顿饱饭外，还会对其有着深深的同情；但当得知乞丐沦落到这一地步是因为有不法分子将其所有钱财骗光时，我们对他的移情忧伤就会变为对不法分子的移情愤怒。借助移情认知，我们的移情情感会变得与对方当下境遇更加契合，蕴含在我们移情情感中的"增加他人福利"的道德动机会逐渐转化为能合理、有效消除其消极情感表现的行为动机。我们由对他人感受的感受转变为对他人产生消极情感的原因分析，这一原因是我们行为选择的基础。当我们了解了他人表现出消极情感的原因，我们就会意识到我们已经有进行行为选择的可能，即只要针对这一原因做出某种行为，我们就能够消除他人的消极情感表现。

移情过程中，当他人当下境遇使移情者想起自己过去的类似经历时，移情忧伤会变得强烈，因为移情者对他人当下境遇或境遇中的某些线索导致的消极情感强烈程度有过体验，所以移情者更能体会他人意图而使自身需求得到满足或利益损害被停止的紧迫感。通过这种移情认知，当移情者了解到他人当下境遇或导致这一境遇的原因与移情者过去的经历相似时，则移情情感更为强烈；当移情者知道他人的需求无法满足或正当利益受损是一种长期状态时，则移情情感会得到加强。之所以移情认知会加强移情情感或者说道德动机，是因为深入的认知或相似的经历使我们更加明确当下他人具有何种自利性需求，当了解这一需求无法满足会带来何种感受，并了解何种行为能满足这一需求，我们认识到"增加他人福利"在我们的能力范围内，从而有着做出这一行为的更为强烈的内动力。

最后，行为选择必须始终指向他人。当想象自己处于他人境遇时，如果关注自己的情感状态，我们就会感受到与他人相似度最高的感受，甚至会夸大他人在同一境遇中的感受，即移情过度唤起，从而在我们的感受中呈现出移情关切，但这只会使我们关注自己的情感，而不是他人的。"这种形式的情感传递与产生利他动机的移情关切很不相同"①,像他人那样感受,有可能是产生移情关切或利他动机的绊脚石,从而导致关注自我、抑制他人导向的情感。② 这就需要移情发挥认知功能,认识到我们自身感受的起点是他人感受,是他人境遇引起他人消极情感表现,对他人情感原因的思考使我们思考的对象始终放在他人境遇和他人情感上,始终以他人福利为关注中心,从而对移情情感加以约束。移情关注在感受他人意义上是他人导向的,以他人福利作为情感的关注点,没有对于他人境遇的认知,就没有去改变他人境遇的冲动。因此,在日常生活中要感受到"重视他人福利"的移情关切,需要认识到他人正处于危难中,其中包括认识到他人的现在状态与在"好生活"的一个或多个维度上他人所欲求的价值性自利之间的消极矛盾。"好生活"的维度,即他人的价值性自利包括消除身上的疼痛、消极影响、焦虑、压力、危险和疾病等,也包括获得生理快乐、积极影响、满足和安全等。"好生活"的消极矛盾是对需求无法满足或正当利益受损中的他人而言的,而不是对于移情者而言的,但"认识"是对于移情者而言的,而不是对于被移情者而言的。③ 移情认知使移情者认识到"好生活"的维度是他人摆脱当前困境的价值性自利,当我们具有"重视他人福利"的移情关切或利他动机时,我们就有责任实现他人"好生活"的维度。通过移情认知,我们认识到我们对他人负有责任,这一责任与我们认识到的他人需要之间存在联系。

通过移情认知对他人境遇有所了解,认识到他人在当下境遇中表现出消极情感的原因,了解他人当下具有何种追求,以及自身做出何种行为能满足对方需求,从而使表现在移情关切中的"重视他人福利"的道德动机最终体现在我们"增加他人福利"的行为中,在这一过程中,主体所进行的行为选择实际上是一种移情性思考。

移情性思考是成熟移情的体现。成熟移情(mature empathy)是指,当感受与他人一致的情感时,凭借想象他人的观点,依赖道德关注或以道德承诺为动机产生对他人敏感性的理解。这包括认为他人有动机性的信念、感受、欲望和关注,并对它们做出回应,如同他人的欲望和关注是合理的、得到辩护的。成熟移情包括对他人复杂的思想状态和社会地位进行认知,把他人思考为整体,以理解他作为人是谁,并理解出自他的境遇的他的观点。把他人当成"人"是成熟移情的前提,因为一个人必须去了解和感受他人的生

---

① C. Daniel Batson, Altruism in Humans, New York: Oxford University Press, 2011, p.17.
② C. Daniel Batson, Altruism in Humans, New York: Oxford University Press, 2011, p.20.
③ C. Daniel Batson, Altruism in Humans, New York: Oxford University Press, 2011, p.33.

活和观点为什么是有价值的，成熟移情才能够提供对他人情感和态度的深入了解。① 成熟移情实际上是移情者站在对方立场，结合对方当下境遇以产生对他人、自我和关系的敏感性了解和认识，以确定在这种境遇下重要的和相关的价值追求及行为目标。然后，移情者运用自己的道德理解和承诺做出道德判断。当对他人进行成熟移情时，移情者始终将对方视为与自身具有平等地位的人，并且对所有人都如此看待。成熟移情追求理解他人表现出消极情感的原因，同时试着去学习关于人类应有最终价值追求、满足需求的合理行为方式等一些新东西，从而在当下及未来能够在价值判断和行为选择中更为准确地理解他人，如此就可以更为有效地解决现实的或可能的道德困境和人际冲突。

  移情性思考包括感受他人的情感，理解适合他人境遇的观点和他人观点的一定特征，使他人境遇的特征对于移情者而言变得显著，强化对他人境遇的回应，简而言之，即移情者重视他人。因为移情性思考包括分享情感，所以移情者必须初步认同他人情感，这是移情性思考规范性维度的体现。"分享他人情感，重视他人境遇"在一定程度上表达了规范性判断（normative judgment），是移情规范性维度的体现。移情性思考不仅包括想象他人的观点和了解他人的偏好，还包括感受他人情感，赞同他人境遇，鼓励对他人的欲望、感受和理由的反思，评价和判断他人的观点和理由，以确定在他人当前境遇下什么是重要的，② 从而使移情者对他人所期望的、自己对他人所承担的道德价值和原则很敏感。比如，看到有乞丐面露痛苦沿街乞讨，我们会通过移情性思考，站在对方立场基于自身观点认定自己不仅应向其捐助10元钱，还应通知有关部门或单位，以使其能够得到长期救助；但基于假定思考，我们会基于对方观点认定，实际上对方当下只希望有人能向其捐助10元钱使其吃顿饱饭，但显然，这对于实现其长远的好的生活远远不够。两者间的差异表明，移情性思考实际上使我们当下针对他人的行为所实现的非道德价值更加与他人所应具有的最终价值追求相统一，而正是这最终的价值追求才使我们能通过实现针对他人的非道德价值体现出道德价值。

---

  ① Julinna C. Oxley, The Moral Dimensions of Empathy: limits and applications in ethical theory and practice, New York: Palgrave Macmillan, 2011, p.96.
  ② Julinna C. Oxley, The Moral Dimensions of Empathy: limits and applications in ethical theory and practice, New York: Palgrave Macmillan, 2011, p.93.

第二节　移情基础上的行为理由

在对他人进行成熟移情思考的过程中，主体结合对方当下境遇，站在对方立场，基于自身观点，认识到他人价值性自利的缺失或损害，并且对他人本身进行关注，为自身提供针对他人的、"我应当做什么"的行为理由。移情基础上的行为理由作为道德理由具有以下三个特征。

一、移情基础上的行为理由是内在的道德理由

如果一个道德理由对于某人而言是有效的，则首先必须要求道德主体具有相应的道德动机，即增加他人福利的动机。道德理由以道德动机为前提。道德动机保证主体行为始终指向他人而非自身，从而使道德行为始终符合道德原则，道德原则对于行为的指导和要求效力也因此作用于主体，可以说"动机性倾向是人们接受某一道德原则的基础"①。道德动机直接为行为主体提供道德理由，尤其当主体同意不必要地伤害他人是错误的时，因为：（1）动机上，他避免伤害他人，因为没有进一步的理由，尤其没有能为伤害他人提供辩护的理由；（2）如果他相信他没有为自身行为进行辩护的理由却伤害了他人，则他会有不舒服的情感或内疚感受；（3）当他相信他人没有为行为进行辩护的理由却伤害了别人，他会不同意他人。这三个理由对于主体而言都是动机性倾向的体现，这些动机性倾向以主体判定的他人所追求实现的非道德价值为基础，所以主体相信他的动机性倾向能够得到辩护。当以实现他人所追求的非道德价值的道德动机为基础时，道德理由同时是道德义务，这尤其表现为如果某人要有一个与他人平等的好生活，则这是其他人必须予以承认、尊重并通过自身行为加以保障的。② 因此，判断一个行为理由是不是一个道德理由的依据，首先在于主体是否具有针对他人的道德动机，这一道德动机使主体明确自身行为应以"增加他人福利"为目的。

移情过程中，我们所认识到的自身应承担道德责任与我们认识到的他人

---

① Richard B. Brandt, Morality, Utilitarianism, and Rights, New York: Cambridge University Press, 1992, p.182.

② Richard B. Brandt, Morality, Utilitarianism, and Rights, New York: Cambridge University Press, 1992, p.193.

需要之间存在联系。① 当看到他人痛苦或利益受损而对之产生移情关切时，移情者同时会产生增加他人福利的动机和追求，以消除他人痛苦，而这一追求就会成为促使移情者对他人具有道德理由和做出道德行为的道德动机。当道德主体以增加他人福利为动机，对他人做出道德行为时，这一行为就是内化了的道德行为，从而使"一个人接受并感觉到必须遵守它而无需考虑外部规定"②。内化了的道德动机"（1）具有一种强制性的、义务的性质，（2）被体验为是从自己内部获得的，（3）当一个人以可能伤害他人的方式行动或考虑采取行动时，会使他感到内疚，（4）即使是当他人的需要和自己的需要相冲突时，也会驱使一个人考虑他人的需要"③，从而保证主体始终关注他人，将他人视为与自身具有平等地位，并有权威向自己提出要求的主体。可能只有通过移情才会使一个人具有这样的道德动机，因为只有通过移情，才能回答当面对自利需求无法满足或正当利益受损的他人时，我们帮助他人的动机是什么，我们到底是如何形成这样的动机的，以及这一动机的发展过程是怎样的。借助移情，主体明确自身针对他人的道德动机，使主体将这一动机始终体验为自身内在产生的，从而能转化为向自己提出的一种具有强制性的行为理由。

当移情基础上的行为理由具有增加他人福利的内在道德动机时，这一行为理由不仅作为道德理由向主体指明自身行为的最终目的，而且是一种自身对自身提出的内在理由。内在理由是指"A 有一个理由做某件事情，当且仅当 A 有某个欲望，通过做那件事情，A 就可以使得那个欲望得到满足。用另一种方式我们可以说：当且仅当 A 有某个欲望，他相信那个欲望是通过他做那件事情而得到满足的"④。因此，"A 有一个理由做某件事情"或者"存在着一个要 A 做某件事情的理由"，意味着 A 具有某个动机，通过做某件事情，那个动机就会得到实现或促进。如果事实表明不是这样，那么这个语句就是假的，即 A 没有理由做某件事情。换句话说，存在与行动者的目的相联系的一个条件，即"A 有一个理由做某件事情"等同于"A 有做这件事情的动机"。满足这个条件，这个理由就是内在理由；如果不存在这样的条件，

---

① C. Daniel Batson, Altruism in Humans, New York: Oxford University Press, 2011, p.35.
② [美] 马丁·L. 霍夫曼：《移情与道德发展：关爱和公正的内涵》，杨韶刚、万明译，黑龙江人民出版社 2003 年版，第 10 页。
③ [美] 马丁·L. 霍夫曼：《移情与道德发展：关爱和公正的内涵》，杨韶刚、万明译，黑龙江人民出版社 2003 年版，第 10-11 页。
④ [英] 伯纳德·威廉斯：《道德运气》，徐向东译，上海译文出版社 2007 年版，第 145 页。

而且用来表示行动理由的语句不会因为缺乏一个合适的动机而被证伪，此时这个理由就是外在理由，即"A有一个理由做某件事情"与"A有做这件事情的动机"之间没有必然联系。① 移情基础上的行为理由，首先在于"重视他人福利"的移情关切促使移情者产生一种利他动机，即促进他人价值性自利的实现，这使得"移情者有一个理由对他人做某件事情"等同于"移情者有对他人做这件事情的动机"，进而"移情者有理由对他人做出利他性行为"等同于"移情者有对他人做出利他行为的动机"，因此，移情基础上的行为理由作为道德理由是一种内在理由。内在道德理由也表明，道德理由的可应用性，"只是对那些具有正确动机的人才适用"②，移情基础上的行为如果不以增加对方福利为动机，比如主体通过帮助他人以实现自身利益或逃避谴责、惩罚，那么这一行为就不是基于内在理由的道德行为。在这一行为中，主体实际上为自身提供了两种行为理由，一种理由指向行为对象：做出这一行为能够帮助他人；另一种理由指向主体自身：帮助他人能实现自身利益。

移情在为主体提供行为理由时既不是站在旁观者立场，也不是采取第一人立场。旁观者模型是这样一种进行思考的模式，即主体作为自然的旁观者，在目睹他人利益需求无法满足或正当利益受损时，主体假定存在自身与他人之外的第三人，并且主体站在第三人的立场思考：作为移情主体与移情对象之外的第三人，这个人会为表现出消极情感的他人提供帮助吗？如果此人不提供帮助，他会觉得怎样？③ 这一模型解释了何以我们面对表现出消极情感的他人会产生一种内化的道德动机，并且这一动机是所有人在面对他人当下境遇时都会产生的动机，但这一模型很难解释道德理由的内在性。当作为旁观者时，我们会基于一种普遍的标准来对他人当下境遇中的消极情感进行判断，并分析他人表现出消极情感的理由以及自身何种行为能满足体现在对方消极情感中的价值性自利需求。例如，我们看到一个中年男人坐在路边痛哭，基于旁观者立场，我们首先的判断并不是他当下表现出这一情感是有理由的，而是判断他作为一个中年男人在公共场合表现这一情感是不合适的。基于这一判断，即使我们形成帮助对方的动机，最终也往往不会做出针

---

① [英]伯纳德·威廉斯：《道德运气》，徐向东译，上海译文出版社2007年版，第144页。
② [英]伯纳德·威廉斯：《道德运气》，徐向东译，上海译文出版社2007年版，第31－32页。
③ [美]马丁·L. 霍夫曼：《移情与道德发展：关爱和公正的内涵》，杨韶刚、万明译，黑龙江人民出版社2003年版，第4页。

对对方的增加其福利的行为，而可能只是上前建议：在公共场合痛哭是不合适的。因此，移情基础上的行为理由不能被看作以旁观者立场所得出的行为理由。另外，有人认为"伦理生活必须是从一个人自己的第一人称的观点来过的生活，只有当一个人自觉地接受了一个伦理生活的必要性，从他自己的观点来真实地和诚实地审视他自己的行为、选择和决定，我们才有可能在每个人都在追求一个有意义、有价值的生活的同时把一个和谐宽松的伦理共同体建构出来"①。这种伦理生活即使明确了主体应遵守的道德原则和道德规范，仅基于第一人称观点，我们也往往无法合理有效地将道德原则和道德规范运用于针对他人的行为。如我们看到有老人上车并清楚意识到老人不想坐在座位上，我们从自身观点出发认定自己应遵守给老人让座的道德规范，在这一过程中，老人实际上并不是我们在做出让座行为中所一直关注的对象，我们关注的是道德规范。显然，这样的道德思考最终不仅使他人也使我们自身成为道德规范得以遵守的工具。同时，如果只从自身立场出发，则主体很难判断他人在表现出消极情感时所欲求的合理的价值性自利是什么。看到饥饿的乞丐，我们从自身立场出发会得出判断，他应当去往人多的地方求助，这样才能更好地满足自身的需求，而不是想到自己站在对方立场，当下希望作为移情主体的自己给予他帮助。实际上，在移情过程中，我们由"增加他人福利"这一动机为自己提供的内在行为理由，所采取的是"第二人立场"，"内在理由"与"第二人立场"之间存在一致关系。

二、移情基础上的行为理由采取第二人立场

当借助移情来考虑自身的道德责任或道德义务时，我们势必会采取第二人立场（second-person standpoint）。第二人立场是一种道德反思的理论，在于说明我们的道德义务的规范性，同时指出移情对于道德思考的重要性。第二人立场是指"你和我在确认和解释彼此的行为和意愿时都会采取的立场"②，这也是在将他人视作"我"的过程中，为满足他人要求所采用的立场，由此立场主体不仅形成针对他人的"增加他人福利"的道德动机，保证自身的行为理由是一种内在理由，也可以形成被移情双方共同认同的价值判断和行为选择。

---

① ［英］伯纳德·威廉斯：《道德运气》，徐向东译，上海译文出版社2007年版，第33页。
② Stephen Darwall, The Second-Person Standpoint: Morality, Respect, and Accountability, London: Harvard University Press, 2006, p.3.

第二人立场在两种意义上保证主体在始终关注对方的同时,也能形成与对方相一致的价值判断和行为选择。① 第一,它作为形容词描绘了道德主体所采取的态度或立场:我理解你如何理解我的理解(that of me interpreting how you interpret my interpretations)。在移情关系中,移情者认为,他人会认同移情者对他人所做的理解、分析、判断及由此而来的行为。这也就说明,当作为移情者时,主体针对他人所进行的价值判断和行为选择在主体看来,不仅能被对方判定为合理,同时也能使对方清楚,自己始终是针对对方进行的。第二,它作为名词实际包括这样一种观念,即在道德主体对他人具有道德理由或做出道德行为的过程中,他人立场是至关重要的,这要求主体必须建立和保持与他人之间的一种对话或交谈关系,从而使第二人立场不同于第一人立场或第三人立场。

采取第三人立场产生的道德理由没有与他人的实际态度相联系,而是采取了旁观者的态度。旁观者只要求公共性、一般性的可用证据,如依据行为规则和模式对他人身处当下境遇中的利益需求、价值目标进行判断,在此立场上,主体只强调合适数据的重要性。例如,在"电车难题"中,如果主体采取第三人立场进行行为选择,他会认定大多数人或所有人都认为五个人的生命比一个人的生命来得更重要,因此自己有理由扳动道岔,以牺牲一人的代价来挽救五人的生命。显然,在采取第三人立场推导行为理由的过程中,他人在主体看来只是增加整体福利的单一数据,而没有关注对方当下境遇中具体的欲求、需要或偏好。第一人立场可以使主体从他人角度看待事情,通过借助想象转变自己的信念或欲求来实现,在这一过程中,主体没有采用一般的语言或行为,仅仅采取自己在某些方面的判断:我所认定的价值判断和行为选择就是他人在当下境遇做出的价值判断和行为选择。但实际上,主体基于自身立场所判定的合理自利性要求或正当行为理由基于对方立场可能并不适合他人当下境遇。第三人立场与第一人立场之间有可能存在相互转换的矛盾。当采取旁观者立场时,主体可能会面临道德原则之间的相互冲突这一问题,此时对于主体而言,解决这一冲突的唯一可能就是由"我"的观点出发,也就是说,当基于原则不能得出正确观点时,主体就会被迫采取第一人立场;当主体采取第一人立场时,只会导致主体与对象之间观点的冲突而不是统一,这就会迫使主体采取第三人立场的客观原则,但第三人立场要求的

---

① James Bohman, The Importance of the Second Person: Interpretation, Practical Knowledge, and Normative Attitudes. In Hans Herbert K. Gler and Karsten R. Stueber(Eds.), Empathy and Agency: The Problem of Understanding in the Human Science, Colorado: Westview Press, 2000, pp. 222 – 242.

客观性与主体的规范性态度不一致,从而被主体以第一人立场的理由而拒绝。①

不同于第一人立场或第三人立场,第二人立场是指主体站在对方立场,基于自身观点,结合对方当下境遇进行价值判断和行为选择所采取的立场。移情使主体能对他人当下境遇的利益需求及满足这一需求的行为方式进行合理判断,并且"使他人的观点被引入我们的观点,它们会是我们批判性反思的一部分,而不只是对他人想法进行单纯记录"②。由此,基于第二人立场得出的行为理由,即第二人称理由实际上是一种主体相关的(agent-relative)的理由,因为它允许主体采取他人的立场,并始终处于与他人相互承认的关系中,③这样,主体就能够在假定自身处于他人境遇对其进行关注,进而产生增加他人福利、使他人摆脱痛苦的动机。当有此动机时,主体会将他人的痛苦视为一件坏事,认为自己有理由改变这一状态,而且主体会很自然地认为,自己行为理由的源泉并不是"使他人摆脱痛苦"的欲望,而是自己复制或利用了对方"摆脱痛苦"的理由。

采取第二人立场使人们能够针对他人进行移情性道德思考,即"将自己想象性地置入他人的观点",通过对他人境遇和价值追求进行移情,主体能够赞同他人表现出消极情感的理由,以及体现在消极情感中的价值追求,而不认为结合他人境遇针对他人进行价值判断和行为选择是一件遥不可及的事情,由此,第二人立场可以被解释为对移情在道德行为中的显著效果具有敏感性的审视态度,④从而保证主体在任何道德境遇中都可以借助移情来做出针对他人的道德行为。在对他人表现出消极情感的理由,以及体现在消极情感中的价值追求赞同的基础上,第二人立场被"合理性"所引导和限定。合理性是判断个人行为理由和对他人进行道德回应的标准。这一合理性体现在第二人立场不仅包括主体对某种自利性要求是否合理的考虑,即体现在对他人消极情感中的价值追求是否合理的考虑方面,而且也出于对他人当时境遇

---

① James Bohman, The Importance of the Second Person: Interpretation, Practical Knowledge, and Normative Attitudes. In Hans Herbert K. Gler and Karsten R. Stueber(Eds.), Empathy and Agency: The Problem of Understanding in the Human Science, Colorado: Westview Press, 2000, pp. 222 – 242.

② Stephen Darwall, The Second-Person Standpoint: Morality, Respect, and Accountability, London: Harvard University Press, 2006, p. 170.

③ Stephen Darwall, The Second-Person Standpoint: Morality, Respect, and Accountability, London: Harvard University Press, 2006, p. 82.

④ Julinna C. Oxley, The Moral Dimensions of Empathy: Limits and Applications in Ethical Theory and Practice, New York: Palgrave Macmillan, 2011, p. 83.

的考虑,即体现于他人消极情感中的价值性自利的实现能否有效消除对方消极情感,从而使主体判定他人当下的自利性要求是合理的并且应当予以满足。因此,移情基础上的行为理由被移情双方共同认同。如果主体做某事不是出于对方所认同的"合理性",那么主体的行为对于对方而言往往无法实现其当下境遇中的价值性自利,进而无法消除其消极情感。

因此,第二人立场基础上的行为理由不仅是正当的和有权威的,同时也可以在移情双方实现"相互承认",由此,"尊严"和"尊重"一类的主张、要求和标准都只有基于第二人立场才会在道德行为中得以实现,才会在道德规范之外成为对人们行为的道德要求。① 同时,为保证针对他人的价值判断和行为选择具有客观性,还需要人们"将自己想象性地置入他人观点,并将自己认为合理的回应与他人的真实回应相比较"②。在这一过程中,主体会出于第三人立场来对自身针对他人的价值判断和行为选择进行考量,"如同移情者从第三人立场看待他人观点"可以保证采取第二人立场的行为理由,在某种程度上与由第三人立场得出的行为理由存在相同特征,即客观性。因为在第二人立场的基础上可以重构客观性,即通过考虑多种社会观点(social perspective),客观性可以被介绍入规范性态度,③ 从而使由移情产生的道德理由具有客观性。

三、移情产生的行为理由具有客观性

伦理学的主题是怎样得出实践理由和对自身行为进行辩护,一旦我们由客观立场来判断自身行为动机、行为目标和行为理由,我们会更好地理解行为,道德原则和道德规范实际上是使人们的行为动机、行为方式、行为理由具有客观性的普遍要求。同时,客观性并不来自我们行为之外,而是动机发展的一系列可能步骤,即由我们自身在某些方面的观点开始,通过在价值判断和行为选择中始终关注他人、考虑他人在当下境遇中的情感表现原因和价值追求,我们能够使行为动机、价值判断、行为选择更具有客观性。"一旦

---

① Julinna C. Oxley, The Moral Dimensions of Empathy: Limits and Applications in Ethical Theory and Practice, New York: Palgrave Macmillan, 2011, p. 83.

② Stephen Darwall, The Second-Person Standpoint: Morality, Respect, and Accountability, London: Harvard University Press, 2006, p. 48.

③ James Bohman, The Importance of the Second Person: Interpretation, Practical Knowledge, and Normative Attitudes. In Hans Herbert K. Gler and Karsten R. Stueber(Eds.), Empathy and Agency: The Problem of Understanding in the Human Science, Colorado: Westview Press, 2000, pp. 222 – 242.

完成了客观步骤，对于独立于个人观点的价值和理由的认识就是可能的，这些价值和理由可以使人们非个人地看待世界，同时包括他自己的立场。"[1] 此时，我们的行为动机、价值判断和行为理由都不仅被自身判断为合理和正当的，也得到来自行为对象甚至道德双方之外的其他人的认同。"客观性意味着，当我们从我们的个人观点分离出来（detached from），使理由和价值看起来是可接受的"[2]，因此，在采取第二人立场进行价值判断和行为选择过程中，我们不仅是从自身个人观点出发，也使自身个人观点契合对方当下境遇、符合对方立场，因此，最终我们针对他人所采取的行为理由具有明显的客观性。在这种意义上，移情过程中，虽然主体以实现他人的价值性自利、增加他人福利为动机，并承认他人当下境遇中的价值性自利判断的合理性，这一动机和判断实际上都是主体的主观判断，但由此得出的行为理由却是客观的，这种客观性表现在两个层面上。

第一个层面，这种客观性是一种适合于主观的客观性。为了追求客观性，我们不能抛弃甚至超越基于自身欲望的主观立场，因为那样会同时抛弃了价值和理由，"我们不可能持有客观立场的同时，拒绝最直接的主观价值判断，主观价值判断是我们由我们意识的内容做出的"，"没有我们可以采取的、否决我们的主观权威的客观观点"[3]。毕竟我们所要求和追求的客观性最终都要归之于我们针对他人所进行的价值判断和行为选择方面，这也就决定了道德的客观性无法与我们在价值判断和行为选择中所体现的主观性完全分离，也就是说道德行为理由的客观性只能是一种适合于主观的客观性。

这种客观性首先体现为我们共同承认：任何人都具有利益需求，并且都会因利益需求无法满足而表现出消极情感。移情基础上的行为理由首先对他人的价值性自利做出判断。主体想象自身在他人境遇中自己或他人如何判定价值性自利，从而做出判断，并且将这一判断视为适合于摆脱当前困境、消除消极情感表现的价值判断，进而针对他人做出道德行为。即使主体将自己想象为他人，站在他人立场上对价值性自利做出选择，这种价值性自利也是在主体认为对于当前境遇是合理的范围内做出的。因此，通过移情，主体做出的关于他人的价值性自利判断仍旧没有超出主体对于价值性自利主观判断的范围。但他人在当下境遇中表现在消极情感中的利益需求，以及满足这一需求的行为方式，在某种意义上被所有人共同承认为具有合理性，这一"共

---

[1] Thomas Nagel, The View from Nowhere, New York: Oxford University Press, 1986, p.140.
[2] Thomas Nagel, The View from Nowhere, New York: Oxford University Press, 1986, p.140.
[3] Thomas Nagel, The View from Nowhere, New York: Oxford University Press, 1986, p.158.

同承认"赋予我们的价值判断和行为选择以客观性。我们在移情过程中做出的关于他人的价值性自利判断,并不是对他人欲望或信念的单纯描述。如果仅仅将行为与人们的欲望和信念相连,没有触及规范问题,那么"我们得到的是一种自然主义观点,纯粹是对事实的客观描述。我们看到的不是规范理由,而是心理学解释"①。所以,无论如何都不能承认:最基础的、一般的理由只建基于人们的欲望,无论欲望的对象是什么。② 我们必须承认在行为中,每个人都有理由满足自己的欲望或偏好,虽然这些欲望或偏好有时不一定与行为相一致,但至少可以在一定程度上确定主体在做什么,根据主体的信念,他总是理性的,即满足自身欲求或偏好是合理的。在"满足自身欲望和偏好是合理"的层面,主体可以将自己的理由转换成为被具有不同偏好的他人接受的形式,所以它可以被一般化地应用于自己的理由和他人的理由,但是,这时被"一般化"的利益需求是一种不从任何人立场、未结合任何具体境遇理解的"需要"。我们在这里强调,主体具有需求以及为满足这一需求进行行为方式选择具有一种客观性的合理性,但具体到当下境遇中的需求,仍需要基于一定标准进行判断,并且最终合理与否要得到道德关系双方的共同认同。比如,如果一个人有吸毒的欲望,我们只能承认他有欲望是合理的,但有吸毒的欲望是不合理的。此时,当我们针对他人为自己提供行为理由虽然有一种表现在移情情感中的"关注他人福利"、对他人消极情感表现的最初认同,但这只是对他人具有利益需求,同时因利益需求无法满足而表现出消极情感是合理的这一层面的认同。

在移情过程中,仅仅依据对他人欲望的单纯描述、承认他人具有实现自身价值性自利的需要,主体无法理解他人境遇与其消极情感表现之间的联系,无法判定对方的价值性自利。在具体境遇中,他人摆脱当前困境、消除消极情感的手段是具体的,即在价值性自利与当前境遇间存在合理性手段与欲求之间的密切对应关系。比如,当看到乞丐在街头流露出痛苦表情时,如果仅仅认为乞丐具有消除自身痛苦的欲望,那么移情者无法为自身提供任何的行为理由,只有假定乞丐是因为饥饿而痛苦,移情者才会为自身提出做出某种行为的理由。移情过程中,主体做出的关于他人价值性自利的判定,虽然以最初认同为基础,承认他人在当前境遇中表现出消极情感是合适的,进而承认他人对于某种价值性自利的要求是使他人摆脱当前困境的有效手段,

---

① Thomas Nagel, The View from Nowhere, New York: Oxford University Press, 1986, p.142.
② Thomas Nagel, The View from Nowhere, New York: Oxford University Press, 1986, p.149.

但移情者并不必然承认他人的具体欲望或偏好对象,移情者会依据自身对于对方所处境遇的理解,站在对方立场,从自身观点出发对他人的价值性自利做出判断,从而使我们为自身提出的行为理由具有规范性,因为这一理由实际上在我们针对对方所做的价值性自利判断与他人通过消极情感表现出来的需求之间存在着合理性。

因此,行为理由的客观性还体现为行为理由的一般化特征。客观性对于行为理由是必需的,因为"我们希望用一般化概念来形成我们与利益和欲望有关的理由,从而无论我们实际具有怎样的偏好和欲望,当我们客观地看待境遇时,这些理由都可以从外部被他人或自己所识别和接受"。"即使是一般化的最小形式也是由客观性的条件产生的"[1],由此,行为的辩护理由必须是客观的,这就意味着行为理由必须以非个人的原则、信念、标准为基础。移情过程中,在为自己提出针对他人应当做什么的行为理由时,主体将自身想象为他人,在三个方面采取了一般化的判断。首先,对于他人当下境遇的分析。主体认为当下境遇导致他人表现出消极情感的原因同样是自身以及他人,也是一般化主体当下身处这一境遇都会表现出消极情感的原因,所以,主体判定他人在当下境遇的情感表现是合理的。这一判断具有客观性。其次,对于他人价值性自利的判断。主体认为对方当下境遇的消极情感表现蕴含了他对自身某方面价值性自利的判断,主体基于所有人都具有的对于长远的好的生活的追求对对方当下价值性自利进行判断,因为主体针对对方进行价值判断的标准是一般化的,所以最终得出的结论具有客观性。最后,对于满足对方价值性自利的行为方式的选择,主体在选择满足对方自利性需求的行为方式时,依据的是这一行为方式对于满足对方当下自利性需求的一般性判断,即所有人在追求满足这一自利性需求时都会采用这一行为方式,因此,主体针对对方所进行的行为选择具有客观性。总之,主体对于他人境遇的理解是一般化的,即对于他人当下境遇不仅自己而且他人也是如此理解,从而使行为理由不仅在主体看来是合理正当的,而且他人同样会如此认定。行为理由对于主体和他人的一致性,保证了行为理由的一般化,即客观性特征。

第二个层面,移情基础上的行为理由是主体中立理由。在理解自身和他人行为理由时,同样的行为理由可以根据主体的不同而不同。相关于主体的理由和不相关于主体的理由之间存在区别。如果一个理由可以具有一般化形

---

[1] Thomas Nagel, The View from Nowhere, New York: Oxford University Press, 1986, p.150.

式,同时这一理由却不关涉持此理由的主体时,那么这是一个主体中立的理由。比如,每个人都有理由做什么或希望什么,以减少世界上的不幸,这就是一个中立理由。[1] 如果一个理由的一般化形式关涉持此理由的主体时,那么这是一个主体相关的理由。例如,如果人们有理由做什么或希望什么,从而使其成为他的利益,那么这是一个相关理由。相关理由和中立理由都必须是一般化形式的理由,两者的区别在于它们是相对于不同主体而言的。比如,如果某物或做某事是 A 的利益,但与 B 的利益相违背,那 A 会希望这发生在 B 身上,而基于同样的理由,B 希望它不会发生在 A 身上。此时,A 希望这件事对自己发生的理由对于 A 而言就是相关理由,A 希望这件事对 B 发生的理由就是中立理由;同样,B 希望这件事不对自己发生的理由就是相关理由,B 希望这件事不对 A 发生的理由就是中立理由。"如果从主体的外部来理解的话,主体相关和主体中立理由都是客观的。"[2]

主体相关理由都对应着主体中立理由,尤其在人们有理由存续生命、实现生存性自利方面,更会将相关于自身的行为理由转化为主体中立理由,认为自己有理由实现自身生存性自利,他人同样有理由实现其生存性自利,"如果避免痛苦只具有相关价值,那人们有理由避免自己的痛苦,而没有理由解除他人的痛苦(除非其他类型的理由发挥作用)。如果消除痛苦具有中立价值,那每个人都有理由消除痛苦,无论是不是自己的"。没有理由只是主体相关的,每个相关理由必须对应于中立理由,否则不可能从客观立场识别相关理由。"每个表面上相关的理由都可假定为中立的理由。即,除非当我们客观地看待他人,每个针对他人行为的理由具有动机内容,否则将他人视作如同我一样的人是不可能的。"[3] 正是主体中立理由的存在使主体针对自身所做出的价值判断和行为选择在合理性层面上是普遍的,认为所有人在同样或类似境遇中都会做出这样的价值判断和行为选择。"中立理由对于避免实践唯我论是必需的"[4],只有行为理由是中立理由,我们针对自身的合理行为和针对他人的道德行为才符合普遍规范,才能避免人们在行为中只基于自身主观性标准进行价值判断和行为选择。移情基础上的行为理由显然是一种主体中立理由,主体通过将自身置于他人境遇,由自身在当下境遇所具有的自利性需求和采取满足这一需求的行为方式,来实现增加他人福利、消除他

---

[1] Thomas Nagel, The View from Nowhere, New York: Oxford University Press, 1986, pp.152-153.
[2] Thomas Nagel, The View from Nowhere, New York: Oxford University Press, 1986, p.153.
[3] Thomas Nagel, The View from Nowhere, New York: Oxford University Press, 1986, p.159.
[4] Thomas Nagel, The View from Nowhere, New York: Oxford University Press, 1986, p.159.

人消极情感的行为目的。

判断一个行为理由是否是主体中立理由的依据是看它是否以非个体价值为基础，只有以非个体价值为基础时，一个理由才是主体中立理由，此时这个理由才是客观的。非个体价值是指将自己视为无数他者中的一员，从外部审视自己对某事物做出的判断，以非个体价值为基础的行为理由对于持此理由的主体而言就是主体相关理由，对于他人而言就是主体中立理由。在认识到他人的当下境遇或消极情感表现时，主体想象自身处于他人境遇，从对方立场做出价值判断，此时，这一判断针对的不是主体自身，而是对方，所以这种价值判断会得到他人认同，因为这是主体从外在于自身的他人立场做出的价值判断。"蕴含在一般道德假定之中的理念是，唯一真实的价值是非个体价值，并且，人们有理由做某事，当且仅当存在一个希望它发生的主体中立理由。"① 主体在移情过程中做出的价值判断并非指向自身，同时，实现这一价值的行为方式同样是主体站在他人立场做出的选择，所以移情基础上的行为理由是主体中立理由。

现实生活中，主体可能很容易由一种明确的自我中心欲望去消除自身痛苦，但这不是一种对"痛苦的是坏的"的纯粹反应，即它不是由客观立场从外部审视自我做出的判断。② 同样，当我们仅依据自身价值性自利判断认定自身有理由做某事以实现这一价值性自利时，这一判断本质上是以自我为中心的，以它为基础提出的任何行为理由都仅仅是主体相关的。比如，可能我有理由贿赂医生对我进行更多关照，但我的邻居也具有同样的主体相关理由想使医生关照他，③ 由此，仅依据自身的价值性自利最终所实现的往往可能导致与他人价值性自利相冲突。因此，我们的行为理由，尤其是道德行为理由，必须与中立价值相一致，以此来保证我们的行为理由是一种客观理由。可见，移情偏见或移情过度唤醒虽然限制或避免主体针对他人进行价值判断和行为选择，但当我们将他人作为平等对象时，他人立场就会成为我们为自身提出行为理由必然采取的立场，同时又不与自身观点相矛盾，原本我们针对自身的价值性自利判断和实现这一价值性自利的行为方式借由我们所采取的外在于我们的第二人立场，最终成为我们针对他人向自己提出道德行为理由的依据和基础。

---

① Thomas Nagel, The View from Nowhere, New York: Oxford University Press, 1986, p. 162.
② Thomas Nagel, The View from Nowhere, New York: Oxford University Press, 1986, p. 160.
③ Thomas Nagel, The View from Nowhere, New York: Oxford University Press, 1986, pp. 160-161.

第三节 同情无法成为行为选择依据的原因分析

移情关切可以使主体产生道德动机,移情基础上的行为理由是一种内在的道德理由,同时具有道德原则所要求的客观性和一般性特征。但我们必须明确,移情不是同情,两者存在差异,不可以相互代替,如果认为当移情被精细化时实际上就是同情,① 那也仅仅可能是因为移情在某些唤起方式上具有与同情相似的特征。但同情与移情间的差异决定了依据移情我们可以针对他人做出道德行为选择,依据同情却不能。

一、同情的含义及特征

一般认为,同情是指主体所具有的一种能力,这种能力使主体可以分享他人的情感和忧伤,并做出与之一致的反应。② 在叔本华的伦理学理论中,同情尤其得到重视,被认为是"唯一的非利己主义的刺激,因而是唯一真正的道德动机""真正道德行为的唯一根源""真正道德的最初刺激""对一切有生命物的无限同情,乃是纯粹道德行为最确实、最可靠的保证",叔本华还指出"同情是公正的根源,也同样是仁爱的根源"③。叔本华认为,只有借助于"同情"才能回答,"另一个人的福与祸,怎么可能直接影响我的意志,即是说,恰恰像我自己的祸福促动它一样?对别人有利或不利影响的事物,并且实际上有时显得如此重要,它或多或少竟代替我自己的利益,而这些利益一般来说是我所欢迎的动机之唯一根源,这种事物怎么能够变成我的直接动机呢?"④ 在叔本华看来,同情使主体能够将他人作为自己行为的目标,对待他人利益如同对待自身利益,从而如同追求自己的福祉那样为他人谋福利。

如果我对他人做出某种道德行为,并且满足他人的需要,就意味着我首

---

① Gemma Corradi Fiumara, Spontaneity: A Psychoanalytic Inquiry, East Sussex: Routledge, 2009, p. 92.
② [英] 布莱克波恩:《牛津哲学词典》(英文),上海外语教育出版社2000年版,第369页。
③ [德] 叔本华:《伦理学的两个基本问题》,任立、孟庆时译,商务印书馆1996年版,第260、235、265、264-265、266页。
④ [德] 叔本华:《伦理学的两个基本问题》,任立、孟庆时译,商务印书馆1996年版,第234页。

先要深切体会他的痛苦与不幸，正如大多数情况下我自己所感受的痛苦与不幸，所以我急切地希望他能够幸福。为了做到这一点，我必须以某种方法同他人"融为一体"，即必须消除我和他人之间的差距，取消我的利己主义存在的理由。这种方法就是同情。通过同情，我对他人产生某种心理印象，使我同他人融合，并通过我的行动宣布我与他之间的差距已被消除了。在同情过程中，他人成为我意志的终极目标，如同我将自身视作自己的行为目标那样，如同习惯上我为自己想要的那样，我直接地为他想要福祉而不要祸害。因此，借助同情，人们能够"不以一切隐秘不明的考虑为转移，直接分担另一人的患难痛苦，遂为努力阻止或排除这些痛苦而给予同情支援"，同情"是一切满足和一切幸福与快乐所依赖的最后手段。只有这种同情才是一切自发的公正和一切真诚的仁爱之真正基础。只有发自于同情的行为才有其道德价值；而源自于任何其他动机的所有行为则没有什么价值"。①

同情虽然被运用于解释何以人们会产生如同重视自身福利那样重视他人福利的道德动机，但这一动机同样可以运用移情进行理解，毕竟两者都是使主体具有与他人相一致感受的心理过程。事实上，正是因为人具有移情心理，所以才会对他人产生同情，可以说，移情是同情的基础。单就同情而论，作为一种情感之所以被引入伦理学，实际上是因为它具有以下三个特点②。

首先，同情是对他人的善或好生活的明显阻碍或困难（threat or obstacle）的回应。"对另一个人的直接同情只限于他的痛苦不幸"，"只有另一个人的痛苦、匮乏、危险、无助，才唤起我们的同情，并且确实唤起的是同情"。③ 同情是只有在主体面对他人因利益受损表现出某种消极情感时才会产生的一种情感反应，一般不会对没有表现出消极情感的人进行同情。虽然在运用移情解释道德动机的过程中，我们承认主体是在感受到他人的消极情感时才会对他人表现"最初认同"，进而形成"增加他人福利"的动机，但这并不意味着我们只对表现出消极情感的他人进行移情，对于表现出积极情感或者没有表现出任何情感的他人，我们同样能够移情，也就是说，移情的

---

① ［德］叔本华：《伦理学的两个基本问题》，任立、孟庆时译，商务印书馆1996年版，第234页。

② Stephen Darwall, Empathy, Sympathy, Care, Philosophical Studies: An International Journal for Philosophy in the Analytic Tradition, Vol. 89, No. 2/3, The American Philosophical Association Pacific Division Meeting 1997 (Mar.,1998), pp. 261–282.

③ ［德］叔本华：《伦理学的两个基本问题》，任立、孟庆时译，商务印书馆1996年版，第236页。

适用范围要广于同情。同时,还因为移情具有认识属性和认知功能,从而不仅能使主体感受到他人感受,进而产生道德动机,而且也能将这一动机体现在行为中。而这是缺乏认知功能的同情所不具有的。

同情回应是对他人的自发的、不假思索的情感反应,这被称为"对他人痛苦的初始回应"(primitive response)。"初始是指,第一,这种回应在重要方面是直接的、不假思索的,第二,它们不能被更基础的东西,如欲望或我们所具有的其他动机来分解或解释。"① 同情的这一特点使它处于我们与他人在交流中的基础地位。因此,在人们对他人生活尤其是对他人痛苦进行的理解中,同情比同样是立即的、未经思考的非同情回应处于更基础的地位,而且"同情构成了我们对这些非同情回应进行理解的条件",同情是我们了解他人经历和他人生活的基础,正是以同情为基础,我们才实现了与他人进行严肃交流的可能。② 也就是说,当我们对他人产生同情时,实际上就是我们当下对他人所进行的一种直接的、不假思索的、最为基础的判断,即他人当下正经历痛苦。

其次,同情的对象只能是"人",也就是说,同情是一种关注个人的情感。当我们对某人感到同情时,实际上是我们对他人的福利有所倾向,或希望他人福利增加,或担心他人福利减少,这些情感都是以他人为目的的、对他人担心的形式。"以之为目的"(for its sake)是指,当某物被欲求,或者说以某物为目的时,欲望、情感或行为都由对此物的关注产生,并且欲求、感受或行为都将注意力或关心集中在此物本身。但在以某物作为目的的行为中,即使欲求和情感有明确的对象,也可能存在某种非明确的间接对象,间接对象的实现是目的对象实现的手段。在包括同情关切的行为中,作为同情者行为目的的最终对象只能是他人,即被同情者,而不可能是人之外的其他事物。例如,看到一个小孩将要掉进井里,我们欲求灾难能够避免,我们是因为小孩的缘故而希望如此,小孩是我们欲望的最终对象,避免灾难是实现这一目的的手段,这是出于一种对他的同情关切。③

因为同情的对象始终是他人,所以"同情可以被认为是联接自我和他人

---

① Craig Taylor, Sympathy: A Philosophical Analysis, New York: Palgrave Macmillan, 2002, p. 3.
② Craig Taylor, Sympathy: A Philosophical Analysis, New York: Palgrave Macmillan, 2002, pp. 111 – 112.
③ Stephen Darwall, Empathy, Sympathy, Care, Philosophical Studies: An International Journal for Philosophy in the Analytic Tradition, Vol. 89, No. 2/3, The American Philosophical Association Pacific Division Meeting 1997 (Mar.,1998), pp. 261 – 282.

的桥梁"①。在同情过程中，我被他人的痛苦所感动，意味着"我会直接与他一起痛苦，我感受他人的痛苦就如同我感受自己的一样"，是他人的痛苦而不是我的痛苦感动我。这也就是说，当我们和他人一起痛苦时，我们清楚地知道是他人在痛苦，而不是我们；而且很清楚，这一痛苦是在他人的身上而不是在我们身上，我们感受到的痛苦是他人的，而不会想象那种痛苦是我们的。这也就意味着，为使我们直接感受他人的痛苦，"需要我在某种程度上与他人同一，也就是说，我与他人之间的整个不同，即我们自我中心的基础，至少在某种程度上被消除"。由此，人们在对他人同情的过程中，自我中心动机被严格地加以调整和限制。"为什么他人的福祸可以像我自己的福祸那样立即促使我行为"，这只能是因为他人的福祸为我提供了一种我自己的福祸通常提供的动机。正如我自己的痛苦促使我行为时，我的动机的源头就是这种感受，即痛苦，所以在同情过程中，我感受到他人的痛苦往往促使我对他人做出某种关心行为。②

最后，同情产生的对他人的关注，是以他人的好生活或他人本身为目的的。见到一个小孩在井边，人们就会担心他的安全，但这不是因为他的安全的缘故，而是为了他本人。同情包括一种由于对他人的好生活或善具有看得见的威胁而产生的对他人的关注。在对他人同情的过程中，我们欲求他人的善，不仅在本质上是因为"善"本身的缘故，而且是因为他/她的缘故。一方面，同情的产生是因为某事或某物威胁着他人的善的实现，如果没有对他人好生活的威胁，那就没有对他人利益的关注，同情也就不会出现；另一方面，同情关注的出现不仅因为对他人的伤害或轻视，而且因为他人本身的价值。在对小孩同情的过程中，我们认识到即将发生的灾难不仅对他而言是灾难性的，而且对于有理由阻碍此事的任何人而言也是中立性的、坏的。

在对他人同情的过程中，我们潜在地认为他人的福利在某种程度上是绝对的，即它关系着他人本身，正是在对他人本身关注的意义上，我们关注他人福利。但因为他人的缘故而对他人的关注不能简化为对他人的善的欲求。③他人的善可以分为我们认为关涉他人本身的善与他人所认为的自己的善，即

---

① Lidewij Welmoed Niezink, Considering Others in Need: On Altruism, Empathy and Perspective Taking, Groningen: Rijksuniversiteit Groningen, 2008, p.79.

② Craig Taylor, Sympathy: A Philosophical Analysis, New York: Palgrave Macmillan, 2002, pp.13 – 14.

③ Stephen Darwall, Empathy, Sympathy, Care, Philosophical Studies: An International Journal for Philosophy in the Analytic Tradition, Vol. 89, No. 2/3, The American Philosophical Association Pacific Division Meeting 1997 (Mar.,1998), pp. 261 – 282.

一种是我们主观的善,另一种是他人主观的善,但前者的产生并不是因为他人的善,而是因为我们对他人的关注,两种善可能重叠。但在他人的善与对他人的关注之间存在着复杂关系。在对他人同情的过程中,我们是因为对他人的关注而欲求他人的善,而不是相反,因为对他人善的欲求可能出于对他人的非同情关注。当我们对他人非同情关注时,我们同样会欲求他的善,对某人而言善的事物会"因为他"而成为我们欲求此物的理由,但这种善与"因为某人的缘故而欲求某人的善"之间存在区别。前者会使他人善的实现实际上只是实现了主体自身对他人的某种偏好,如取悦他人等,从而使这种对他人的关注本质上仍是对自己的关注。一个欲求是关注他人的还是关注自我的,并不与他人的善有关,而要看它是否是对他人的关注。因此,在对他人的同情过程中,他人的福利对于关注他的人是目的,从而对同情者具有规范性。

二、移情与同情的联系和区别

在对他人进行移情和同情的过程中,主体都会感受到与他人相似的消极情感,都有可能因为自身感受到这一消极情感而产生消除他人痛苦的动机。移情和同情都是一种通过对他人情感状态和条件的了解而产生的情感回应,但前者与他人的感受或预期的感受相似,后者与他人的情感并不一样,其中包括关注他人的情感。实际上,同情由移情而来,同情是移情某一发展阶段的结果。移情是在了解他人需要基础上的情感反应,通过进一步的认知过程,这一情感反应转变成以他人为中心的情感反应,也就是同情。同情只是由移情而来的情感反应的一种,被他人的境遇所策动,针对的是他人的需要和对这一需要的关注。[1] 移情关注不是一种单独、分离的情感,而是一个系列(a whole constellation),其中包括同情,[2] "感受到别人承受痛苦时的痛苦","替正在承受痛苦的人感受",指的就是同情,即关心或关心他人的好生活。[3]

即使两者间存在着这样的联系,移情与同情作为两个不同的概念,在以

---

[1] Lidewij Welmoed Niezink, Considering Others in Need: On Altruism, Empathy and Perspective Taking, Groningen: Rijksuniversiteit Groningen, 2008, pp. 76–77.

[2] Julinna C. Oxley, The Moral Dimensions of Empathy: Limits and Applications in Ethical Theory and Practice, New York: Palgrave Macmillan, 2011, p. 11.

[3] Julinna C. Oxley, The Moral Dimensions of Empathy: Limits and Applications in Ethical Theory and Practice, New York: Palgrave Macmillan, 2011, p. 8.

第四章　移情伦理的行为论

下方面也呈现出不同特征。

首先，同情是对他人的关注，"同情将他人作为对象予以直观关注（direct concern），以他人的利益或好生活作为行为的动机，而移情并不包括这种关注"①。同情直接源于对方是一个与我们相同的"人"，仅仅因为对方正在或即将做出消极情感表现，他人成为我们同情的对象。"很明显的和毫无争议的，对他人的同情性关注（sympathetic concern）包括对他的善的关注和对其促进的欲望。"② 也就是说，同情也会使主体产生增加他人福利的动机。与同情一样，移情也是以增加他人福利为动机，从而促进他人"善"的实现，但与同情将"他人"作为对象不同，移情一开始是将他人的消极情感作为对象，在对对方境遇进一步了解的过程中，移情始终关注他人。作为一种情感回应，移情由于以他人情感状态作为对象而产生，同时，移情者知道他人是自己情感状态的起源，自己只是在某种程度上与他人分享这一情感。③ 另外，因为是以他人情感状态作为对象，有时移情只是对他人情感表现的单纯模仿，并不考虑他人的善；有时，我们对其进行移情的对象有可能是我们自己所憎恨的人，并且会通过移情认为他应当遭到此种报应。以他人作为对象和以他人情感状态作为对象，使同情与移情在考虑他人时可能会采取不同的立场，"对某人或自己境况的同情是从他所关注的第三人的观点产生的，而移情包括某些往往是从她自己的观点产生的，类似于对他人精神状态的分享，而这不同于对她的关心。毕竟，想象性地分享这些对她的关注很难与对她的关心相同"④。由此，我们的移情对象范围远远大于同情对象范围，借助移情我们所能了解的远远多于我们在同情中对他人的了解。同时，移情过程中，我们对他人当下境遇中的利益需求判断及实现这一需求的行为方式选择是站在对方立场，而同情可能导致主体在价值判断和行为选择方面只基于自身考虑，即同情过程中，我们针对同情对象做出某种行为，只是因为我们自身判断这一行为能增加对方福利，不考虑这一福利是不是对方实际追求的，

---

① Julinna C. Oxley, The Moral Dimensions of Empathy: Limits and Applications in Ethical Theory and Practice, New York: Palgrave Macmillan, 2011, p. 8.

② Stephen Darwall, Empathy, Sympathy, Care, Philosophical Studies: An International Journal for Philosophy in the Analytic Tradition, Vol. 89, No. 2/3, The American Philosophical Association Pacific Division Meeting 1997 (Mar.,1998), pp. 261–282.

③ Lidewij Welmoed Niezink, Considering Others in Need: On Altruism, Empathy and Perspective Taking, Groningen: Rijksuniversiteit Groningen, 2008, p. 75.

④ Stephen Darwall, Empathy, Sympathy, Care, Philosophical Studies: An International Journal for Philosophy in the Analytic Tradition, Vol. 89, No. 2/3, The American Philosophical Association Pacific Division Meeting 1997 (Mar.,1998), pp. 261–282.

也不考虑这一行为是否合乎对方当下境遇及预期。

其次,同情是对他人的情感反应,几乎不含有认知成分。移情在获取关于他人精神和情感状态的信念中所扮演的角色,就是移情的认知功能。[①] 认知因素在移情过程中扮演着与情感因素同等重要的角色。认知因素使移情者在感受到他人的消极情感时可以进行"境遇的转换",使移情者想象自己处在他人的境遇当中,从而清楚意识到自身身处这一境遇所感受到的情感仍然是被移情者的而不是自身的,进而对他人情感原因、价值性自利等内状态信息做出分析和评价。同情却不同,认知因素在同情中基本不发挥作用。同情的显著特点,是对他人幸福的关注,从而对他人感到悲伤或遗憾。当同情发生时,同情者感受到某种强烈的情感,这一情感在性质方面与同情对象的情感一致,从而将同情者与同情对象相联系,使同情者将他人的福祸当作自己的福祸来加以关注,但同情者能清楚意识到他人是不同于自己的主体。同情过程中,因为没有足够"认知"的介入,同情者不会考虑他人在当下境遇中的具体需要,而只是由自身观点出发,做出增加他人福利的行为,在这一过程中,有可能同情者不会对他人当下境遇做任何分析,不会对其价值性自利做任何判断。情感因素与认知因素在同情和移情中的不同作用,使移情和同情在发生时并不一致,感到同情的时候可以没有移情,而在移情的过程中也可以没有同情。

最后,移情和同情都包含一种对他人的"最初回应",但这种最初回应在移情和同情中起着不同的作用。移情的最初回应是指在对他人移情时,移情者首先对他人的情感表现持某种认同态度。只有在认同他人采取的情感相应于他当时的境遇是合理的前提下,移情者才会理解他人的情感,他人情感对于移情者才有意义;也正是在最初认同的基础上,他人的信息和观点对于移情者而言才是可理解的,而且使移情者认为这些信念、理由和欲望相应于情感是适当的。移情的最初认同虽然是一种对他人立即的、未经思考的回应,但这一回应不是道德回应,并不要求移情者认同他人情感在道德上是正确的。移情只要求对于他人情感的初步认同,只是单纯地欣赏或接受他人做出这一情感表现的理由,不必然暗示要道德地接受或认同他人的具体情感表现。[②]

---

① Julinna C. Oxley, The Moral Dimensions of Empathy: Limits and Applications in Ethical Theory and Practice, New York: Palgrave Macmillan, 2011, pp. 30-31.

② Julinna C. Oxley, The Moral Dimensions of Empathy: Limits and Applications in Ethical Theory and Practice, New York: Palgrave Macmillan, 2011, pp. 49-50.

与移情中的"最初认同"不同,同情的最初回应是指我们对他人的立即的、未经思考的回应是我们关于"人"的理解,即他人同我们一样都是人,这一回应组成了我们对他人痛苦的理解。作为对他人本身的关注,当我们以同情方式对待那些处于痛苦或需要中的人们时,不需要进一步的理由,直接可以策动同情者对他人做出增加其福利的行为。① 当面对他人痛苦时,我们可以通过情感和认知被迫地或自愿地对他人进行移情,移情回应不必然是同情回应。当我们了解对方表现出消极情感是因为对当下境遇判断错误,则我们原本针对对方的移情忧伤可能消失;当我们了解对方表现出消极情感是因为对方在当下境遇中有着不合理的价值追求,则我们原本针对对方的移情忧伤可能转变为疑惑或愤怒;当我们了解对方表现出消极情感是因为其他人针对对方之前的不道德行为而予以谴责或惩罚,则我们原本针对对方的移情忧伤可能变为愤慨或者可能消失。也就是说,即使在某些情形中我们产生针对他人的移情情感,这一情感也不必然会使我们产生"增加他人福利"的动机,遑论行为。

总之,移情以其认知因素使主体能够对他人境遇做出分析,能够站在他人立场来考虑他人的价值性自利,从而采取合理行为增加他人福利、消除他人消极情感。这是同情所不具有的过程和功能,也是移情与同情存在差异的根本所在,可以说,正是这种差异导致我们可以依据移情,却无法依据同情针对他人进行道德行为选择。

三、同情无法成为行为选择依据的原因分析

同情和移情之间的差异一方面表现在认知方面,移情过程中,我们可以对他人进行移情认知,从而分析他人当下境遇,了解他人当下价值性自利需求,以及选择有效合理的行为来满足这一需求,同情却不能;另一方面表现在我们所采取的立场上,移情过程中,虽然我们基于自身观点进行价值判断和行为选择,却是站在对方立场,而同情过程中,我们只站在自身立场。正是这种差异的存在,或者说认知的缺乏和立场的错误,才导致同情不能成为我们行为选择的依据。

首先,同情过程中主体不会对他人当下境遇进行分析理解。同情是我们针对他人的一种直接的、不假思索的情感回应,表现了我们对他人的关注,

---

① Craig Taylor, Sympathy: A Philosophical Analysis, New York: Palgrave Macmillan, 2002, pp. 95 - 96.

所以无论他人当下身处何种境遇，我们都可能对他人进行同情，而不考虑他人的情感表现与他人当下境遇间的联系。例如，即使面对人流如织的马路边正静坐欣赏风景的老人，我们也可能会产生同情，就因为我们将其作为人进行关注。正是在这个意义上，"同情可以被认为是联接自我和他人的桥梁"①，使我们与他人间建立某种联系。但这一对他人的关注并未将他人的情感表现与他人当下境遇相联系，即使承认"只有另一个人的痛苦、匮乏、危险、无助，才唤起我们的同情，并且确实唤起的是同情"②，在我们同情他人的过程中，作为引发同情线索的"痛苦"实际上也只是我们在将他人作为"人"理解时他人所可能或应当表现的痛苦，即当我们认定他人正处于痛苦中时，我们就会对他人进行同情，而实际上他人可能并不痛苦。如看到人流如织的马路边正静坐欣赏风景的老人，我们认定老人尤其是孤独的老人正忍受痛苦，所以我们同情老人，但实际上这位老人可能正心情愉悦地享受生活。同样，当看到他人正忍受痛苦，哪怕他是假装的或是基于对自身当下境遇的错误理解，我们同样会对他人产生同情。也就是说，由于缺乏对他人当下境遇的分析，往往会使我们针对他人的同情即使不是错误的，也可能是不必要的。因此，由同情而产生的"增加他人福利"的动机和行为往往并不具有道德意义和道德价值。

即使同情可以提供针对他人的"增加他人福利"的行为动机，我们的行为可能也并不会实际增加他人福利，正是他人情感表现与他人当下境遇在同情中的分离，使我们不对他人当下境遇中的价值性自利进行判断，不需要了解他人当下的真实需求，我们只要基于作为"人"应有的一般性价值追求来增加对方福利，就认定可以满足同情对我们的要求。此时，这种一般性价值追求作为我们基于自身立场出于自身观点的价值判断，往往因为指向一般意义上的"人"而具有普遍性和客观性，这也就是人们基于同情而对他人做出某种行为时，自己会内在地评价这一行为是一种道德行为的原因。但实际上，他人痛苦的原因是具体的，是与他人当下境遇具有紧密联系或一致关系的，只有出于对他人境遇的分析，我们针对他人所做的价值判断和行为选择才符合他人当下境遇的真实需求，才能真正消除他人的消极情感。

其次，基于同情，我们所做出的行为选择往往不具有道德特征。因为我

---

① Lidewij Welmoed Niezink, Considering Others in Need: On Altruism, Empathy and Perspective Taking, Groningen: Rijksuniversiteit Groningen, 2008, p. 79.
② ［德］叔本华：《伦理学的两个基本问题》，任立、孟庆时译，商务印书馆1996年版，第236页。

们在同情过程中基于对他人的关注,形成"增加他人福利"的动机,但这一"福利"是我们基于自身立场进行的价值判断,所以此时我们采取的是第一人立场,从而导致我们的行为选择及行为选择中的价值判断只具有主观性,不具有客观性。即使在增加他人福利的行为中,我们所判断的他人福利是基于作为一般"人"都应当或实际追求的价值,此时我们所依据的也只是我们主观判定的一种客观性标准,也就是说,这一标准的客观性只存在于我们主观思考、认知、判断中,并未经过一个客观化的过程。这也就导致基于同情的行为理由虽然具有一种强内在性,但正是这种强内在性与其所应具有的客观性可能形成冲突,最终导致在很多同情情形中我们无法产生行为理由,或者在本应对自己提出行为理由的情形中无法基于同情为自己提出行为理由。如当看到沿街乞讨的老人,我们对之产生同情,并对他做出增加其福利的行为,如对其进行宣传,使更多的人认识、了解这位老人,从而能给予他更多的帮助,但实际上即使假定我们自己身处老人境遇,我们也不会希望他人宣传自己。虽然对其进行宣传,的确能在结果上增加老人福利,合乎同情主体增加他人福利的内在性动机,但这一行为的合理性只存在于同情主体主观层面,由此导致这一行为理由的内在性与客观性间存在冲突。再比如,我们认定任何人都不希望掉落井里这一灾难发生在自己身上,并且我们自己也具有这一追求,但当我们看到一口随时可能让人落入其中的井时,我们却不会产生同情,因为此时没有同情对象,由此即使我们有一种客观理由对这口井采取某种措施,以防止有人落入其中,这一理由也不会是基于同情产生的理由。

虽然我们将自己一直所追求的价值目标赋予对方,从而使自己的行为理由可能是一种主体中立理由,但我们所认定的价值目标未有任何理由使自己相信,他人实际上在追求这一目标的实现。也就是说,同情中的行为理由即使是一种主体中立理由,我们做出这一行为选择所依据的价值也并非一种非个人价值,而是基于我们自身判断的个人价值。即我们基于同情针对他人做出的行为所意图增加的价值,只是一种我们基于自身立场自身观点判定的价值,即使这一价值赋予对方,我们也并不能完全承诺这一价值是一种非个体价值,是一种符合他人当下境遇及他人当下正在追求的价值。例如,当我们看到不慎落入井中的中年男人爬出井口一身泥污时,我们对其产生同情,因为我们认定任何人都不希望掉落井里这一灾难发生在自己身上,并且我们自己也具有这一追求,但当下我们对之所能做的或许只有上前安慰,因为我们所关注的对方作为人完好无损。虽然我们认定对一个"痛苦"的人进行安慰必然能为其增加某种价值，但这一价值显然并不是他人当下正在追求的价值。

另外，因为基于同情，即使我们能做出增加他人福利的行为，但我们对指向他人的价值判断仅基于个人立场，从而使这一价值仅是一种个人价值，所以，任何旨在实现这一价值的行为在我们对于他人的同情过程中都可能被判定为合理的，实际上这也是由于同情提供给我们的行为理由具有一种内在性与客观性间的冲突。当看到一个小孩就要掉进井里时，我们欲求灾难能够避免，我们是因为小孩的缘故而希望如此，小孩是我们欲望的最终对象，出于一种对他的同情关切，我们希望能够避免灾难发生在他身上。任何可能使小孩避免灾难的行为实际上都指向我们对于小孩作为"人"的关注，如上前将这口人们赖以生活的井填掉。这也就意味着，很多时候我们基于同情而对他人做出的行为可能违反了规范。例如，当看到正被警察追捕的逃犯面露痛苦，我们可能会出于对他的同情选择不告发他，尤其当得知他是为了向妻子表达爱意才做出某种犯罪举动的。

总之，在日常生活中，虽然我们经常对他人表示同情，但我们往往不会基于同情而做出道德行为选择，只有站在他人立场分析了他人境遇及他人表现出消极情感的原因，基于自身观点判断他人当下的自利性需求，以及何种行为能合理有效满足这一需求后，我们才做出针对他人的行为，此时这一行为就是一种道德行为。这是我们做出道德行为的一般逻辑或模式。正因如此，我们为自己提供的行为理由是一种内在性理由，因为这一行为的动机和目的是要"增加他人福利"；也是一种站在第二人立场的理由，因为我们是采取自身观点站在他人立场，而不是基于不会对他人情感表现有任何反应的旁观者立场来进行价值判断和行为选择；由此，也是一种客观性理由，我们将自身为实现长远的好的生活在他人当下境遇中应有的自利性需求，以及满足这一需求的行为合理性赋予对方。因此，在移情作为心理过程层面，为保证对他人信息有合理准确的了解，我们应遵守的——将所有人作为与自己地位平等的对象，站在他人立场，基于自身观点，对其当下境遇进行分析——规范，借由我们针对他人的价值判断和行为选择，以实现我们在移情过程中产生的"增加他人福利"的动机和目的，最终演变为我们生活中应遵守的一般性道德规范，即将所有人作为与自己地位平等的对象，站在他人立场，基于自身观点，结合他人当下境遇针对他人进行价值判断和行为选择。唯有遵守这一规范，我们才是真正地将他人作为目的，才能真正实现这一根本性的道德原则。

第五章
移情伦理的尊严论

在道德关系中，我们作为道德主体对他人负有某种道德责任，但当我们作为道德对象时，我们有理由向他人提出要求，之所以如此，就在于我们具有尊严。我们通过道德行为增加他人福利，实际上就是基于将他人作为尊严主体来对待，同样，任何人都是尊严主体，都应以合乎尊严的方式被他人对待。当我们作为尊严主体时，我们就具有一种向他人提出要求的权威，而保证我们向他人提出的要求与我们所享有的尊严相一致的心理基础实际上就是"双重移情"。双重移情是指由移情者到被移情者然后再到移情者的移情过程。双重移情不仅揭示了人们在交往过程合理地向他人提出要求的心理过程，而且保障实现了生存性自利和价值性自利之外的第三种自利，即道德性自利，也就是尊严。

将尊严理解为道德性自利，不仅强调人们向他人提出要求时的主体地位，从而将我们在道德行为中有责任将他人视作目的，扩展到任何与他人的关系中，我们也有理由将自己视作目的，最终实现道德的根本原则，即人是目的；同时，也对基于自身尊严向他人提出的要求进行了限定，表明并不是我们向他人提出的任何要求都与我们所享有的尊严一致。另外，移情基础上的道德行为中，我们将他人作为与我们享有平等地位的主体，借助尊严，我们可以确定：所有人应当将所有人视为享有平等地位的主体。

第一节 "向他人提出要求"的心理过程

生活中，当我们意识到我们仅依赖自身无法实现自身的自利性需求，或无法停止、消除自身正当利益所遭受的损害时，我们会希望他人能对我们施以援手。但往往在这一时刻，他人可能并没有对我们进行移情，并没有意识到我们应当成为他人的道德对象，于是我们会主动向他人提出要求，要求他人关注我们，并通过他人行为来增加我们的福利。此时，为保证向他人所提出的要求是合理的，我们就需要对他人进行双重移情。

双重移情是指移情者将自己置于被移情者的地位，通过移情认识到他人对自己移情，即移情者 A 在某种境遇下，通过移情认识到 B 应当或正在对 A 移情。实际上，在一般移情过程中就存在双重移情，即移情者所表现出来的移情忧伤在被移情者看来是对被移情者的宽慰。但一般移情中也可能并不会发生双重移情，根据移情对象是否意识到移情者表现出的移情忧伤是针对自己的而分为两种情况：一种情况是，当移情对象没有意识到移情者的移情忧伤是针对自己时，移情忧伤实际上并不是对被移情者的宽慰，此时不存在双重移情。当移情者 A 对被移情者 B 表现出的忧伤以移情忧伤回应，则在同样具有移情能力的 B 那里，A 被 B 视作移情对象，A 因 B 所表现出来的移情忧伤会借助同样的移情能力和移情过程被 B 以移情忧伤回应而加重 B 的忧伤，而不是减轻 B 的忧伤。另一种情况是，当移情对象意识到移情者的移情忧伤是针对自己时，移情忧伤可以被对方视为对自己的宽慰，此时存在双重移情，移情对象通过移情者的移情忧伤表现意识到，移情者可能会对自己做出帮助行为。在前一种情况中，移情者与被移情者并未处于双重移情关系中；在后一种情况中，两者处于双重移情关系中。因此，双重移情过程中往往伴随着双重移情主体主动要求他人对自己进行移情，尤其当一个人利益受损或身处困境时，他会主动获取他人对自己的移情，因此双重移情也被称为主动移情。"主动移情，是指更充分、更一般意义上的移情"①，可以这样认为，当在他人面前表露出某种消极情感时，人们实际上就是在进行主动移情，即希望他人能够关注自己，能够将自己作为移情对象对自己进行移情。

与移情者对移情对象的单向移情相比，双重移情时，移情双方同时既是移情者也是被移情者，这就要求双重移情的双方是明确的。单向移情时，移情对象可以是处于移情者视野之外的他人，如自然灾害中的受伤者，或小说、戏剧、电影中的利益受损者等，在这种情况下，移情者对于移情对象而言是不明确的他人，甚至被移情者都无法意识到移情者和移情关系的存在。但"主动移情至少包含了两个人之间的相互关系；不仅关系中任何一方往往会体验到另一方的情绪，而且他也希望对方分享他自己的情绪；他积极地去获取他人的移情，当他把他的情绪传给了另一个人，他就感到特别的满足，

---

① [英]威廉·麦独孤：《社会心理学导论》，俞国良、雷雳、张登印译，浙江教育出版社1997年版，第131页。

这种满足会使他更加快乐和幸福,如果他传递的是痛苦的情绪,这种痛苦就会逐渐减少乃至最后消失"①。在双重移情中,移情双方都是明确的,A 可以明确意识到 B 在对 A 移情,此时 A 就可以向 B 提出要求,使 B 基于对 A 的移情,针对 A 做出某种行为,从而使 A 自身利益得到满足,最终消除其消极情感。当基于双重移情在向他人提出要求时,我们往往依赖于对他人情感表现的判断和行为能力的认知,而且往往可能因为我们的判断错误导致向他人提出不合理要求,但即使如此,我们依然通过向他人提出要求来满足自身的自利性需求。

一、"向他人提出要求"时的情感和认知

在向他人提出要求时,我们往往依赖于他人与我们之间存在的双重移情关系。借助于情感表现,我们判断自身与他人间的双重移情关系是否存在;通过双重移情认知,我们判断他人是否有能力按照我们的要求行为。

双重移情时,A 在某种境遇下,通过移情认识到 B 正在或应当对 A 移情,这其中涉及三种情感:(1)主体 A 表现出的消极情感,是主体因需求无法满足或利益受损而表现出的本能性、自发性情感,这是他人可能对 A 进行移情的情感线索,也是 A 的消极情感表现;(2)他人即 B 的情感表现是 B 在对 A 进行移情过程中表现的移情忧伤,这种移情忧伤是 B 对 A 的境遇或情感表现的情感回应,这是移情忧伤;(3)当 A 意识到 B 在对 A 移情时,A 对 B 的移情忧伤表现出情感回应,与第一种情感相比,A 的情感回应是一种得到宽慰的情感。如果 A 意识到 A 与 B 的关系完全可以满足 B 对 A 进行移情的条件,但 B 没有对 A 进行移情,此时,A 的情感反应可能是一种比第一种情感更加忧伤的情感,这种情感同样可以视为对 B 的情感回应,这两种情感回应都可以称为双重移情情感回应,前者可以称为积极双重移情情感回应,后者可以称为消极双重移情情感回应。移情忧伤表现在一般移情过程中,如果移情关系成立,移情者 B 的移情忧伤往往是因为移情对象 A 的消极情感表现而产生的。如果移情关系没有成立,那么即使 A 表现出消极情感,也不会有将 A 视为移情对象的移情忧伤出现,此时,A 可能通过夸大情感表现等方式引起 B 的注意,即 B 成为 A 双重移情的对象,使 B 对 A 进行移情。如果 B 对 A 进行移情,并被 A 意识到,那么积极双重移情情感回应就会产生;如

---

① [英]威廉·麦独孤:《社会心理学导论》,俞国良、雷雳、张登印译,浙江教育出版社 1997 年版,第 131 页。

果 B 没有对 A 进行移情，或 A 没有意识到 B 在对 A 进行移情，那么就会产生消极双重移情情感回应。也就是说，我们可以通过是否感受到积极双重移情情感来判断他人是否在将我们作为移情对象。如果感受到这种情感，那么我们就可以将对方作为提出要求的对象；如果没有感受到这种情感，那么即使将对方作为提出要求的对象，我们往往也不会得到对方的合理回应。

  在感受到积极双重移情情感时，我们实际上就在以情感表现表达一种向他人提出要求的意愿和倾向。双重移情过程中，虽然主体可能会产生一种与他人境遇相一致的情感，如痛苦中的乞丐看到表现出喜悦的路人在远处出现时，会产生一种对自身痛苦起到缓解作用的情感，但这一情感不是乞丐感受到路人的感受，而是认为路人可能会对自己移情而在自身产生的情感，这一情感本质上与自身境遇相一致。在他人针对自身表现出移情情感时，双重移情主体会将他人表现出来的消极情感视作对自己消极情感的回应，倾向于认为他人的消极情感是与自身境遇相一致的情感，希望他人会在这一情感的策动下针对自己做出利他行为。

  不过，更多时候，在向他人提出要求时，我们并不会太多关注他人的情感表现，凡是目之所及之人甚至在我们视野之外的他人都可能成为我们向之提出要求的对象。但为保证他人能对我们进行我们所预期的回应，我们须借助双重移情对他人有一定了解。双重移情通过一系列的心理过程以获得他人相关信息，即他人是否在对自己进行移情，或他人能否对自己移情，以及在多大程度上准确了解自己的内状态，在这一过程中，是自己的境遇成为他人移情情感和自身双重移情情感的根源和线索，所以双重移情主体不会做出与他人一致的情感回应。主体在将他人视作双重移情对象时，即使产生了与他人情感表现相一致的情感，也是一种微弱的情感，仅对自身消极性情感起到缓解作用，这一情感可能不会被主体表现出来。产生这样一种情感的基础是主体希望或要求他人表现出与自己一致的情感，以作为他人对自己进行移情的情感回应，并且处于他人境遇中的对方完全有条件可以或应当这样做。主体只需要通过他人情感的外在表现就可以知晓他人是否处于不同于自身当下境遇的某种境遇，即他人有没有表现出某种消极性情感。双重移情不要求一种规范性的情感认同，因为此时利益受损的是主体自身，所以对他人双重移情产生的情感是指向主体自身的；相反，主体渴望他人对自身消极性情感表现出某种认同，以使自己成为他人帮助的对象。当主体认知到他人在对自己进行移情时，他人的情感对于主体而言起着宽慰作用。因此，双重移情关系的成立，并不依赖于他人移情忧伤的存在与否，移情忧伤既可以作为双重移情的线索，也可以不作为双重移情的线索。

在向他人提出要求时，我们须对他人的能力、情感表现及行为有所认知。双重移情过程中，B 成为 A 的双重移情对象必然存在 A 对 B 的认知，这种认知表现在三个方面：第一，A 在选取双重移情对象时，会考虑 B 是否有能力和条件对 A 进行移情，如果 B 不具备对 A 进行移情的能力或条件，则 B 不会成为 A 的双重移情对象。比如，当 A 和 B 在自然灾害中都损失了巨大利益，或身体上都受到重大伤害时，两者间形成双重移情关系的可能性基本没有。这种认知可以称为对他人能力的认知。第二，当 A 认识到 B 具备对自己进行移情的能力后，B 表现出某种消极情感时，A 会考虑这种消极情感是否是一种针对 A 的移情忧伤。如果这种消极情感不是针对 A 的移情忧伤，并且其程度在 A 看来小于自身的情感表现，则 B 会成为 A 的双重移情对象。在 A 看来，B 表现出的消极情感比自身更为激烈，那 B 不会成为 A 的双重移情对象。比如，当乞丐面对家庭成员病危的某人表现出悲痛时，后者不会成为前者的双重移情对象，相反，后者很有可能成为前者的移情对象。这种认知可以称为对他人情感表现的认知。第三，当 B 表现出针对 A 的、明显的移情忧伤时，A 会考虑 B 对 A 利益受损或当前困境是否有准确认知，否则，B 不能对 A 做出 A 所期望的、能够使自己摆脱当前困境的利他行为。比如，当乞丐因饥饿表现出痛苦时，某人通过对其移情，认为乞丐的痛苦是因为寒冷，并赠予衣物，那乞丐不会做出积极双重移情情感回应。这种认知可以称为对他人行为的认知。

在双重移情过程中，主体将自己置于他人地位，想象自己在他人境遇面对自己当前状况会做出什么样的反应。双重移情实质上就是认识到他人对自己正在移情或可能移情的主体认知过程，与单向移情相比，双重移情最大的不同就在于，它在很大程度上只是单纯的认知过程，不包括情感状态，它具有移情认知的基本特征。在双重移情过程中，主体会产生对他人情感表现的认知，主体不需要知晓表现出激烈消极情感的他人内状态，如果主体试图通过一系列的心理过程获得他人内状态信息，此时主体就会转换为单向移情中的移情者，而他人成为被移情者。另外，双重移情包括对他人外状态信息的认知，在对他人能力的认知中，主体需要知道他人是否具备对自己进行移情的能力或条件，在对他人行为的认知中，主体需要了解他人针对自己的利他行为对于自身自利性需求的满足是否合适。以此，在向他人提出要求时，我们就可以合理预期他人能对我们所提出要求进行积极回应，从而满足我们自身的某种自利性需求。

二、"向他人提出要求"中的他人行为理由分析

当向他人提出要求时，我们实际上就是基于自身立场为他人提供了一个行为理由，他人依据这一理由行为就可以满足我们的自利性需求。虽然在向他人提出要求过程中，我们可以通过双重移情对他人进行了解，以保证他人对我们向之提出要求进行合理回应，但双重移情的自利性本质，导致我们在向他人提出要求时赋予他人的行为理由远不如我们所预期的那样有效，从而可能无法使他人针对我们做出我们所预期的回应。

双重移情本质上是"自利性的，它寻求的是一种自我满足"①。这种自利性表现在，"他人分享我们的情绪时，通过基本的原始的移情反应的方式强化了我们的情绪，进而给我们带来了更多的快乐和欢乐"，即使他人在对我们移情中表现出移情忧伤这样一种消极情感，"我们仍希望他人分享我们的情绪并能从中获得满足"。② 因此，主体的利益受损或欲望无法实现时的自利动机是双重移情的首要条件。双重移情的自利性表现在以下几个方面：首先，表现在作为双重移情起点的、主体的消极情感表现，既是因为主体利益受损或自利性需求没有得到满足，也是因为主体期望通过自身的情感表现引起他人关注自身境遇，使自己成为他人移情对象；其次，双重移情过程是一个主体通过认知寻求双重移情对象的过程，主体期望自身成为他人情感或认知焦点，进而他人能够对自己做出利他行为；最后，当意识到他人对自己表现出移情忧伤或做出利他行为时，双重移情主体感到宽慰，认为自己的受损利益能够得到恢复，自利性需求能够得到满足。

虽然消极情感是双重移情自利性本质的表现，但作为一种心理过程，双重移情不能等同于消极情感表现。当认识到利益受损或欲望无法实现是由自身原因引起，或通过自身某种适当行为就可能避免时，主体即使表现出消极情感，也不会对他人进行双重移情，并且有可能会避免他人分享自身情绪，如因自身偷懒而上班迟到，主体虽然会表现出忧伤或愤怒等消极情感，却不会因此而对他人进行双重移情，或让他人分享自身情感。因此，当主体表现出消极情感时，并不意味着他已经开始双重移情，只有在主体利益受损或欲

---

① ［英］威廉·麦独孤：《社会心理学导论》，俞国良、雷雳、张登印译，浙江教育出版社1997年版，第134页。

② ［英］威廉·麦独孤：《社会心理学导论》，俞国良、雷雳、张登印译，浙江教育出版社1997年版，第132页。

望无法实现，并且因自身能力不足而无法摆脱当前境遇时，双重移情才有可能开始。

可以说，双重移情发生的根本原因在于：主体自利性需求仅依赖自身无法满足，此时，主体希望他人能帮助自己满足自身需求。正是因为自利性需求无法得到满足，主体才表现出消极情感。在这里，主体对自身自利性需求的判断往往是不明确的，只是认为自身利益受损或自身自利性需求没有得到满足，这种判断是一种消极判断，对于哪种行为或什么样的对象能满足自身自利性需求，主体一般不做明确判断。如果他人针对自己的、移情基础上的利他行为没有满足自身自利性需求，主体会表现出消极性双重移情情感，这种消极情感会作为再一次双重移情的起点，从而希望他人能够纠正自身行为。例如，当乞丐因饥饿表现出痛苦时，某人通过对其移情，认为乞丐的痛苦是因为寒冷，并赠予衣物，乞丐会因自身自利性需求没有得到满足而表现出消极性双重移情情感，从而与此人进入下一次双重移情关系中，直到乞丐认为自身自利性需求得到满足为止。

在双重移情基础上，主体为他人提供了一个针对自己做出利他行为的理由，但这一理由不同于在移情基础上、移情者为自身提供的针对他人做出利他行为的理由。因为前者是出于自利动机，而后者是出于利他动机。与移情基础上的行为理由相比，双重移情基础上的行为理由因其自利性本质而具有以下特征。

第一，它是一种外在理由。内在理由满足这一形式，即 A 有一个理由做某件事情，当且仅当 A 有某个欲望，通过做那件事情，A 就可以使那个欲望得到满足，因此，在 A 有一个理由做某件事情，并且这一理由作为内在理由时，其前提是 A 有做这件事情的动机。在双重移情过程中，主体为他人提供了行为理由，此时，虽然主体有某种自利性需求，但他并不是此理由所指向的行为主体，这一理由实质是这样一种形式，即 A 有一个理由做某件事情，但无法做到，A 希望 B 通过做那件事情而使 A 的欲望得到满足。实质上，这一行为理由是 B 有一个理由做某件事情。但对 B 来说，他做这件事情的行为理由与他做这件事情的动机之间没有必然联系，对于 B 而言，这一理由是一种外在理由。但当 B 在 A 的双重移情过程中对 A 产生积极双重移情情感，即对 A 产生某种移情忧伤时，B 会为自身提出针对 A 的某种内在行为理由，此时，B 有做这件事情的动机。B 的内在行为理由与 A 为 B 提供的外在行为理由有可能是一致的，都是 B 有理由做某件事情，当这一理由是 B 对自己提出时，表示 B 有做这件事的动机，所以这一理由是内在理由；当这一理由是

A 对 B 提出时，B 不一定有做这件事的动机，所以这一理由只能被看作外在理由。

第二，它采取的是第一人立场。第二人立场是"你"和"我"在确认和解释彼此的行为和意愿时都会采取的立场，也是一种在将他人视作"你"的过程中，为满足他人要求所采用的观点。第一立场是"我"在确认和解释自己的行为和意愿时采取的立场，是一种为自己行为和意愿提供合理性、满足自身要求所采用的观点。在双重移情过程中，主体的消极情感表现是对"自身利益受损是不合理的"的承认，消除这种"不合理"的途径在主体看来就是他人对自己做出某种利他行为，即"B 有一个理由做某件事情"，这一理由的合理性仅仅通过双重移情主体对自身价值性自利的确认和解释来实现，从而导致即使向他人做出明确表述，可能也无法得到他人认同。因此，双重移情基础上的行为理由有时是不合理的，这就要求主体将自己想象性地置入他人观点，并将自己认为合理的回应与他人的真实回应相比较，这一过程往往需要通过与他人的不断交流来实现。

第三，这种行为理由不具有客观性。在双重移情过程中，主体只对自身的价值性自利做出判断，并采取第一人立场，认为自身判断是合理的。移情基础上行为理由的客观性是这样一种客观性，我们从自己的个人观点中分离出来，使理由和价值看起来是可接受的，由此，我们在新认识的基础上，会加强某些原来的理由，拒斥某些错误的主观现象。因此，这种客观性是一种符合主观的客观性，并且具有某种一般化特征。这种客观性与移情基础上的行为理由的"内在理由""第二人立场"特征是相融的。在双重移情过程中，当主体意识到自身利益受损时，就会从个人观点出发认为这是不合理的，并提出一种在自身看来是合理的、针对他人的行为理由，即"B 有理由做某件事情"。此时，主体并没有从个人观点中分离出来，其理由和价值也没有考虑是否会被他人所接受，因此，这一行为理由不具有任何的客观性，并且不能被一般化。

第四，双重移情基础上的行为理由实质上不具有道德规范性。首先，这一行为理由没有涉及行为者的动机性倾向。道德动机在道德行为中起到强制性、义务性的作用，如果没有道德动机，那么一个行为即使在结果上是利他的，也很难算作道德行为。双重移情基础上的理由中，道德动机的缺失与它是一种外在理由相对应，即缺乏行为理由与行为目的之间必要的对应关系。其次，这一行为理由实质上只是通过他人行为来实现自身自利性要求的手段。因此，这一行为理由对双重移情主体而言，具有实现自身目的的合理性，即他给出他知道可以实现自身目的的行为理由。这是通过认知和明确设计来达到目的过程，却不是得出"道德性应当"——作为达到某个应当实现的目的的手段——的过程，因为双重移情主体的目的有可能与行为主体的目的不一致，从而为行为主体保留通过重新定义行为目的而逃避责任的自由余地。不过，因为双重移情过程的可重复性，主体可以通过调整自身情感表现，或对他人做出明确表示，使他人将自己作为移情对象；或改换双重移情对象，将那些有能力、有条件的他人作为自己的双重移情对象，使自己作为移情对象的移情过程能够实现。当双重移情过程伴随着他人对自身的移情过程时，即自己处于与他人道德关系中的道德对象位置时，他人可以对作为移情对象的双重移情主体产生"增加他人福利"的动机，站在对方立场，基于自身观点，结合对方当下境遇，进行价值判断和行为选择，最终得出内在的、符合第二人立场的、具有客观性的道德行为理由。虽然对道德关系的确认不能改变双重移情基础上行为理由的性质，但当自己对他人提出的行为理由与他人的道德理由相一致时，自身自利性要求就能够得到他人承认，就能够运用一般化、客观性的概念对自身要求进行辩护，从而有利于自身自利性需求的满足。

三、"向他人提出要求"得不到有效回应的原因

当我们向他人提出要求，往往没有得到他人有效回应。一方面是因为我们向之提出要求的对象范围被我们所限定。生活中，我们向之提出要求的对象往往是我们熟悉的人，认为他们对我们有更多的了解，能够以更为合理有效的行为方式来实现我们自身的价值性自利。但这带来的问题就是，我们往往不会对陌生人提出要求。因为双重移情的成立同样依赖于人类生理与心理结构的相似性，所以双重移情也存在"家族相似偏见"，即主体会倾向于将双重移情对象限制在与自己具有亲密关系或相同价值判断的他人这一范围内。当面对与自己具有亲密关系的他人时，主体会本能地倾向于认为他人会对自己进行移情，从而易于产生可以缓解消极情感的积极双重移情情感。因此，与导致移情的"家族相似偏见"的原因类似，双重移情往往也发生在生理与心理上具有高度相似性的两人中，"主动移情的关系往往在两个一起生活、总是被同一客体激发起同样情绪的人之间形成；如果两个人有相同的感

情,主动移情的情形就更多了"①。在具有高度相似性的"家族"成员中,移情发生的可能性更高,从而使成员之间发生双重移情的可能性也大大提高。

双重移情的自利性本质,使双重移情更容易发生在双方能够准确认知对方需要的成员之间。移情关系中,当移情者与被移情者在生理和心理上具有相似性时,移情者不仅能更准确地识别被移情者的消极情感反应,而且对于被移情者的自利性需要会有更准确的认知。同样,在双重移情中,主体意识到自己的消极情感反应会被熟悉自己的人准确认知,并且不会被认为是过激或不必要的情感表现,同时,自身自利性需要也更容易被熟悉自己的人实现或满足。或许只有在相互熟悉的成员,尤其是相互钟爱的两者之间定义双重移情时,双重移情的意义才能得到体现,"只有主动移情特定化,并与拥有相互钟爱感情的两者结合在一起。只有深知对方渴望移情,渴望从中获得更多快乐和减少更多痛苦,渴望为对方带来这些结果,并反过来从确信他能够并且确实也带来了这些结果中获得满足——只有这时,移情这个词最丰富的意义才算实现了"②。事实上,有时也的确如此,在与我们熟悉的人形成的关系中,当向他人提出要求时,我们更容易得到他人的回应。但现实生活中,我们的行为领域并不局限于家庭,甚至都不局限于我们熟悉的人或环境,如果限定自己只向那些熟悉的人提出要求,那我们很多境遇中的自利性需求都无法满足。

另外,当向他人提出要求,以使他人通过针对我们的行为来实现我们的价值性自利时,我们往往会犯"归因错误"。人们在解释日常生活事件时往往采用"常识心理学"的方式,这使人们通常试图将个体的行为或者归结为内部原因(如个人的性格),或者归结为外部原因(如人们所处的情境)。这被称为归因理论。归因理论表明当我们解释他人的行为时,我们会低估环境造成的影响,而高估个人的特质和态度所造成的影响,③ 当我们解释自己的行为时,我们会高估环境的影响,低估个人特质和态度因素。这被称为基

---

① [英]威廉·麦独孤:《社会心理学导论》,俞国良、雷雳、张登印译,浙江教育出版社1997年版,第131页。
② [英]威廉·麦独孤:《社会心理学导论》,俞国良、雷雳、张登印译,浙江教育出版社1997年版,第135页。
③ [美]戴维·迈尔斯:《社会心理学》(第8版),侯玉波、乐国安、张智勇等译,人民邮电出版社2006年版,第64页。

本归因错误（fundamental attribution error），已在许多实验中得到证实。[①]"归因错误的根本性在于它在本质上影响着我们的解释"，[②] 归因错误同样发生在双重移情过程中。

首先，主体在解释自身利益受损导致的消极情感表现时存在归因错误。主体在分析自身利益遭受损害的原因时，往往归咎于外在环境，认为是外在条件的不足或他人使自身利益受损；在表现出消极情感时，主体往往认为自己的情感表现与自身遭遇是相符的，在主体看来，自身情感表现不仅是外在条件导致自身利益受损的适宜表现，而且是自身意愿的一种适宜表达，从而认为自己情感表现得越强烈越能表达自己的主张。这种强烈的情感表现在他人看来有可能只是一种情感的宣泄，不仅主体的利益受损有可能是主体自身导致的，只有主体自身行为才能实现其利益，而且对于这种过于激烈的情感表现，他人即使表现出最初认同，也往往因为无法充分认识这一情感表现背后的真实需要而无法在移情过程中对其进行准确认知，致使主体的双重移情过程失败。

其次，主体在解释他人应对自己进行移情时存在归因错误。主体将自身利益受损的原因归咎于外在环境，认为他人尤其是那些可能或应当能够对"我的"境遇进行准确认知的人，应对自己做出利他行为，从而使自己的情感往往会对某人表现得过于激烈。当那些在主体看来本应对自己做出利他行为的人却没有做出任何行为时，失望、消沉等消极情感会与原有的消极情感相叠加，从而表现为更加强烈的消极情感。但实际上，他人有可能无法准确认识主体当下境遇中的具体需要，或自己根本不具有消除主体消极情感的能力或条件，从而认为主体具体的消极情感表现是不合适的，此时主体的激烈情感表现对于他人而言就会成为他人不得不做某一行为的外在理由。"一些自私自利的人也有很强烈的主动移情倾向；由于他们不断地需要移情性的情绪，却不顾给那些无法一直处于移情性情绪中的同伴带来的压力，因此他们把自己的妻子或周围其他人搞得痛苦不堪。"[③] 归因错误使得双重移情主体在他人应当对自己做出利他行为方面存在错误认知，主体往往在他人不具有

[①] ［美］戴维·迈尔斯：《社会心理学》（第8版），侯玉波、乐国安、张智勇等译，人民邮电出版社2006年版，第63页。

[②] ［美］戴维·迈尔斯：《社会心理学》（第8版），侯玉波、乐国安、张智勇等译，人民邮电出版社2006年版，第71页。

[③] ［英］威廉·麦独孤：《社会心理学导论》，俞国良、雷雳、张登印译，浙江教育出版社1997年版，第134页。

做出利他行为的能力或条件时，依然以激烈的情感表现面对他人，要求他人对自己移情，这往往会导致他人承受因做出利他行为而付出巨大代价或不作为时产生强烈的心理压力。

双重移情的"家族相似偏见"局限使我们向之提出要求的对象范围大大缩小，主体往往只对自己熟悉的人进行双重移情或提出某种自利性诉求，从而使某些情况下，尤其是面对陌生人时，本应发生的双重移情过程没有发生，自己本来能够实现的合理要求无法实现；同时，"归因错误"局限使主体通过双重移情向他人诉求在他人看来不符合主体境遇的某种需要，他人无法对主体做出利他行为，进而导致自利性双重移情的失败。实际上，我们向他人提出要求却得不到他人有效回应的根本原因在于主体没有认识到自身与他人所处的道德关系：一方面是没有认识到自己与他人处于某些可能的或现实的道德关系中，他人对自己负有某种道德责任；另一方面是夸大了某些道德关系，认为他人对自己负有实际上他人无法承担的某种道德责任。当作为双重移情主体，我们在向他人提出要求时，由于我们与他人之间道德关系的缺失导致我们向他提供的行为理由缺乏规范性，所以我们向他人提出的要求沦为个人偏好的诉求，无法使他人对我们形成带有利他动机的移情关切，进而他人也无法产生对主体做出利他的行为理由。但"家族相似偏见"和"归因错误"局限并没有否定双重移情存在的必要性和合理性，在我们向他人提出要求过程中，只须我们将自身自利性要求的提出限定在自身与他人的道德关系中，最终我们的自利性需求就会得到满足。

第二节　作为道德性自利的尊严

一、道德性自利

当意识到他人利益受损或价值性自利无法实现时，作为道德主体，我们会对他人做出道德行为；当意识到自己需要他人帮助时，我们会在自己与他人的道德关系中，借助双重移情对他人提出自利性要求，这一要求就是"道德性自利"要求。道德性自利是主体认为仅依赖自身无法实现自身价值性自利时，在道德关系约束的双重移情基础上对他人提出的自利性要求。道德性自利是主体价值性自利在道德关系中的延伸。

基于价值性自利的行为是"合理性应当"的行为，主体有理由满足自身的自利性要求，但由于自己能力不足或外在条件限制，主体无法满足自身价值性自利，这时就需要对他人提出要求，借助于他人道德行为帮助主体实现价值性自利。因此，价值性自利与道德性自利既有联系，也有区别。价值性自利基于主体自身行为就能实现，而道德性自利只存在于与他人的道德关系中。价值性自利是主体满足自身欲望的意图或行为，价值性自利的主体是自己，对象同样是自己，但道德性自利的实现过程需要主体向他人提出要求，所以必然关涉他人。道德性自利中的"关涉他人"不同于道德行为中"重视他人福利"的"关涉他人"特征。道德性自利的实质是"要求"他人对我们做出道德行为，其中"要求"体现了道德性自利的"关涉他人"特征，这种"关涉他人"特征代表了主体在实现自身价值性自利过程中对他人的依赖，希望通过他人行为满足自身自利性要求。但这一"要求"不是随意或无原因的，它是自利主体通过双重移情过程，认识到他人通过移情能认识到我所处的境遇和我的迫切需要，他人能够做出同我一致的价值性自利判断，满足了应当对我做出道德行为的前提，以此为基础，我向他提出要求，希望通过他的道德行为来满足我的自利要求。道德性自利体现在通过向他人提出"要求"，最终满足主体价值性自利要求的整个过程中。如果说价值性自利是主体对具体某事或某物的欲求，那道德性自利不仅包括这种对具体某事或某物的欲求，还包括对于他人帮助自己满足这一欲求的行为的欲求。

　　道德性自利的本质仍是价值性自利，但不是所有的价值性自利都能上升为道德性自利。价值性自利成为道德性自利意味着，他人能够或应当认识到我们的价值性自利，他人通过做出某种行为能够帮助我们实现自身价值性自利。但价值性自利没有判断自身是否真正为"善"的标准，它只是相对于主体而言是"善"的，是主体在具体境遇下认为某物或某一行为符合自身自利性要求，从而判断它是"善"的，这意味着他人可能即使通过移情或其他手段也无法了解主体的价值性自利；另外，当表现为主体对某物或某事的独特偏好时，如海边捡贝壳，这种价值性自利只能通过主体自身行为来实现，他人很难对我们进行帮助。这说明道德性自利不包括仅依赖自身就能实现的价值性自利和主体清楚地认识到只是对自身提出的价值性自利。

　　在认识能力范围内，人们的价值性自利往往也是不同的。当我们作为道德主体，规范我们行为的"道德性应当"除"重视他人福利"的道德动机外，还包括我们对他人价值性自利的认知，正是对他人价值性自利的判断为"道德性应当"奠定了"合理性"基础。但因为对于"善"的认识或许存在不同，"如果对你而言最好应有的情感，不同于最适合我的情感，那么，你的善就不同于我的"①，我们的道德行为有可能最终没有满足他人的价值性自利需要。同样，当我们作为道德对象，他人的道德行为有可能无法满足我们的价值性自利需要，或当我们作为可能的道德对象，他人却没有对我们做出道德行为时，我们的"价值性自利"就转变为"道德性自利"。道德性自利是当意识到自己需要他人帮助时，或他人的道德行为没有满足主体的价值性自利需要时，主体运用双重移情和移情基础上的道德关系、道德原则而对他人提出的自利性要求。因此，在道德性自利的提出和实现过程中，既依赖于双重移情，也依赖于道德关系。

依赖于双重移情，主体保证自己的价值性自利被他人认知。道德性自利以价值性自利为基础，道德性自利的欲求对象最终只能作为价值性自利的东西。道德性自利的实现依赖于他人对我们价值性自利的认知，如果他人认为我们的价值性自利已经实现或没有受损，那么他人不会对我们进行帮助，又或者他人对我们的价值性自利的认知不符合我们真实的价值性自利需要，那么他人会对我们做出我们并不需要或未增加我们福利的助人行为。通过双重移情，我们将自身自利性要求的提出限定在能够被他人认知、得到他人认同的范围内。在向他人提出自利性要求时，双重移情只具有认知功能，即 A 在某种情境下，通过双重移情认识到 B 有可能或应当在对 A 移情，此时，A 只是基于个人价值性自利的未实现，根据 B 可能对 A 进行移情的情境，认识到 B 在对 A 移情。这里存在两种情况：当 B 处在对 A 进行移情的情境中并对 A 进行移情时，B 依据自身价值性自利判断对 A 做出道德行为，但这一价值性自利可能并不是 A 的价值性自利，A 依据其价值性自利要求 B 调整其价值判断或行为选择，以满足 A 的价值性自利，这一"要求"是道德性自利；当 B 处在对 A 进行移情的情境中，但 B 没有对 A 进行移情时，A 依据其价值性自利要求 B 对其进行移情，使 B 做出某一行为以帮助 A 满足其价值性自利需要，其中 B 帮助 A 的"行为"和 A "要求" B 对其进行移情的过程，都是 A 实现自身道德性自利的体现。

依赖于道德关系，我们向他人提出"你应当……"的道德要求。道德性自利的实现除使他人认识到我们的价值性自利之外，还需要我们处于或可能处于与他人的道德关系中，而且我们处于利益受损一方，即需要他人帮助一方。这就需要我们对道德关系有正确认知。我们对于道德关系的认知或许不同于他人对我们与他人所处道德关系的认知，即当我们需要帮助时，我们认

---

① Richard Kraut, Against Absolute Goodness, New York: Oxford University Press, 2011, p.75.

为自己面对的助人者或许会与他人理解的应当对我们进行帮助的助人者不一致，或者我们对他人助人能力的理解并不符合他人的真实状态。当明确认识到我们处于与他人的道德关系中时，基于道德性自利，可以对他人提出"你应当……"这种规范性是一种道德规范性，这里的"应当"是一种道德性应当，是主体为满足自身价值性自利而对他人提出的道德性应当要求。基于道德性自利做出的道德性应当判断，同样是以某种价值性自利的合理性应当为基础，即要求他人做出的行为是他通过认知和明确设计能够实现的行为，是在他人认知能力和行为能力范围内能够实现的行为。如果超出他人能力，即使我们基于自身价值性自利及现实的或可能的道德关系而对他人提出要求，那他人也可以基于自身价值性自利而对我们予以回绝。基于他人的价值性自利，我们可以对他人提出"你应当……"的合理性建议，即建议主体做出他知道可以实现其目的的行为，此时，"应当"不是一种道德性应当，而是一种合理性应当。判断"你应当……"是否是一种道德性自利要求的标准，就在于是否存在现实的或可能的道德关系，是否要求他人在行为上有助于我们价值性自利的实现。当"你应当……"要求他人在行为上有助于我们价值性自利的实现，并且是一种消极判断时，是向他人提出的"不妨害"我们生存性自利和价值性自利实现的消极性要求，这都属于道德性自利的范畴。这也就是说，道德性自利实现时，作为道德性自利主体的"我"就是他人道德行为的对象，作为道德行为主体的他人就是"我"的道德性自利要求的对象。道德关系对于道德性自利的实现是必要的，如果只基于双重移情对他人提出自利性要求，为他人提供帮助我们的行为理由，那么这种理由只能是外在的、第一立场的，同时不具有客观性和道德规范性，正是通过将自利性要求限定在道德关系中，才能保证他人对我们产生"增加我们福利"的道德动机，从而使我们对他人提出的行为理由等同于他人对自己提出的道德理由。

　　道德性自利的提出具有必要性和重要意义。首先，道德性自利使主观的自利性要求得到承认。虽然道德性自利不包括仅依赖自身就能实现的价值性自利和主体清楚地认识到只是对自身提出的价值性自利，但价值性自利具有主观性，主体在某种具体情况或具体境遇中判定某物或某一行为能满足自身需求，从而认为它是"善的""有价值的"，这有可能与人们对"价值"的一般性理解相冲突，他人不会仅在承认主体自利性要求合理性这一层面上对主体做出道德行为。此时，就需要主体在双重移情过程中，通过自己的情感表现或明确表示，来申明自身关于价值性自利的理解，使他人通过移情，想象自己处于我们的境遇中,从我们的立场出发来理解我们主观认定的价值性自利的重要性,从而最终被他人认同并得到其帮助。

其次,道德性自利赋予主体自利性要求以外在的道德规范性。道德性自利通过将自利性要求的实现限定在道德关系中,以"道德性应当"的形式约束他人来满足主体的自利性要求。因为符合一般道德关系中他人对利益受损主体所承担的道德责任,所以这种"道德性应当"对他人而言具有客观性、普遍性特征。由此,当自利性主体没有表明自己具有某种自利性要求,或没有能力表明自己的某种自利性要求时,在与他人的道德关系中,自利性主体同时作为道德性自利主体,以自身要求和道德关系来约束他人,使他人凭借其能力和条件,实现他所能实现的主体的生存性自利要求和某些价值性自利要求;同时,道德关系之外的他人依据道德性自利,对与自利性主体形成道德关系中的他人进行规劝或谴责,使其实现主体的自利性要求。

最后,道德性自利可以平衡利益冲突。现实生活中,经常发生利益冲突,他人价值性自利的实现往往意味着我们价值性自利的无法实现,或他人在其认为合理的价值性自利实现过程中,伴随着对我们价值性自利的损害。此时,就需要我们通过移情,对他人境遇和他人价值性自利进行评估,比较双方各自价值性自利的重要性。如果他人价值性自利的实现是合理的,并且重要性对于他人境遇而言强于我们价值性自利在自身境遇下的实现,此时,我们就会以及应当作为移情者,对他人产生移情关切,以自身作为或不作为帮助他人实现其价值性自利要求;如果他人价值性自利的实现是不合理的,或重要性对于他人境遇而言弱于我们价值性自利在自身境遇下的实现,此时,我们就可以作为双重移情主体,向他人申明自己的道德性自利要求,使他人通过作为或不作为来帮助我们实现自利性要求。

二、作为道德性自利的尊严

在日常生活中,道德性自利要求最突出、最典型的表现就是"尊严"。尊严作为当代伦理学研究中处于基础地位的重要概念,在某种层面上可以说充当着为人的行为,确切地说是自利行为进行辩护的角色,尤其在对"人权"的讨论中,部分学者更是将"尊严"作为人权的基础来看待。但"这样一个被誉为'西方法治文化的一块宝石'的伦理和法律概念却没有一个清晰可辨的含义"①,究竟从何种角度、何种层面来理解、定义尊严,才能既合

---

① 甘绍平:《人权伦理学》,中国发展出版社 2009 年版,第 139 页。

乎人们现实生活中的相应要求并为人们生活做出导引，又与其他伦理学概念、观点相一致，成为当代伦理学界研究的重要问题。"尊严"是指被所有人平等享有的内在道德价值或基础道德地位。① 通过道德性自利来理解"尊严"，不仅可以辨析尊严的自利本质和属性，而且可以明确尊严实现的条件。

（一）个体意义的尊严

对"尊严"的理解，一直以来存在它到底是一种"类尊严"还是一种"个体尊严"的争论。前者指作为物种的人类整体所具有的尊严，当人意识到人与世间万物不同，人就具有了类的尊严；后者指作为个体的人所具有的尊严，当人作为个体意识到其存在与他人不同时，就具有了个体的尊严。② 基于人的类属性界定尊严往往使尊严成为种族性的类尊严而否定尊严的个体性实质。人类尊严只能相对于自然或自然界的其他物种而言，人类根本无法对其他物种提出尊严要求，"尊严问题只可能存在于人与人之间，亦即拥有自由意志的主体之间。人与自然之间的关系，无论如何是不会涉及尊严问题的"③，"人的类尊严"的提倡最终只能导向一种人类中心主义。在承认两种尊严存在差异的基础上，有学者基于人的某些特征来界定个体尊严，却往往导致尊严不能普及所有人类个体，"将人的尊严归因于具有主动意味的自主选择、道德完满性或成就等的解释模式，其最大问题是大大缩小了受尊严保护的范围"④，基于具有"脆弱性和易受伤害性"的"个体性"或"自我"提出的人具有"基本的精神性的需求"即尊严的观点，将尊严视为一种需求，"希望获得一种他人对其个体性的最起码的尊重"，很难不落入将尊严等同于"自我目的"的窠臼，除非要求自己成为他人行为的目的，否则，这种"希望"只能沦为一种空想。实际上，在日常生活中，被人们所尊崇并加以运用的，更多时候只是作为个体的尊严。尊严只能是一种个体性概念，必须具体地体现在每个人的身上，只有作为个体尊严时才是其本质。⑤

康德指出，"只有那种构成事物作为自在目的而存在的条件的东西，就

---

① Robert Audi, The Cambridge Dictionary of Philosophy (second edition), Cambridge: Cambridge University Press, 1999, pp. 234 – 235.
② 成海鹰：《人的尊严与人的异化》，《哲学动态》2012 年第 3 期，第 77 – 82 页。
③ 翟振明、刘慧：《论克隆人的尊严问题》，《哲学研究》2007 年第 11 期，第 94 – 101 页。
④ 甘绍平：《作为一项权利的人的尊严》，《哲学研究》2008 年第 6 期，第 85 – 92 页。
⑤ 王大贤：《尊严的本质与当代中国人尊严的实现》，《安徽理工大学学报》（社会科学版）2012 年第 2 期，第 1 – 5 页。

不但具有相对价值,而且具有尊严"①。并且,他明确,"道德就是一个有理性东西能够作为自在目的而存在的唯一条件"②,这在将尊严理解为类尊严的同时,也把体现为善良意志的实践理性当作尊严赖以成立的唯一基础。不过,由此我们也可以认为康德实际在说,"人的尊严是我们'由此''要求获得尊严'的东西"③,尊严在其本质上首先体现为"要求",尤其是在具有关系的人们之间的要求。"尊严在某种程度上包括人们必须怎样对待他人和不能怎样对待他人的方式"④,与尊严所对应的被他人所对待的方式,必然是合乎尊严主体基于自身生命或生活而向他人要求的合理的行为方式,在此意义上,尊严才真正可能成为主体由此"要求获得尊严"的东西。"要求"无一例外是作为个体的人对他人的要求。虽然在某些时候,不得不承认由个人所组成的群体或集体也被人们认同具有尊严,但此时尊严在其由来上等同于个体的尊严,或者是人们将某一群体或集体视作具有某种特征的个体,或者是人们将其作为类似于个体的对象来对待。

满足移情特征的"要求"实际上就是尊严。在移情过程中,移情者首先对他人的情感表现持某种认同态度,即认同他人采取的情感相应于他当下的境遇是合理的,这被称为"最初回应"。这一认同态度也被称为"反应态度"⑤或者"判断敏感态度"。这一最初认同"总是预设了认定某人负责或要求某人的权威"⑥。"尊严不只是一系列与人相关的要求;它也是人们通过认定彼此负有这样做的责任来要求彼此服从的权威。"⑦ 单纯的要求并不必然等同于人们所认同的尊严,只有表现着"要求彼此服从的权威"的要求才是真正的、合理的尊严。同样,也可以说,之所以某些要求被对象承认为是主体尊严的体现,正是基于对方承认了主体对于作为他人的自己具有"要求服

---

① [德] 伊曼努尔·康德:《道德形而上学原理》,苗力田译,上海人民出版社1986年版,第87页。
② [德] 伊曼努尔·康德:《道德形而上学原理》,苗力田译,上海人民出版社1986年版,第88页。
③ [美] 斯蒂芬·达尔沃:《第二人称观点:道德、尊重与责任》,章晟译,译林出版社2015年版,第126页。
④ [美] 斯蒂芬·达尔沃:《第二人称观点:道德、尊重与责任》,章晟译,译林出版社2015年版,第14页。
⑤ [美] 斯蒂芬·达尔沃:《第二人称观点:道德、尊重与责任》,章晟译,译林出版社2015年版,第18页。
⑥ [美] 斯蒂芬·达尔沃:《第二人称观点:道德、尊重与责任》,章晟译,译林出版社2015年版,第18页。
⑦ [美] 斯蒂芬·达尔沃:《第二人称观点:道德、尊重与责任》,章晟译,译林出版社2015年版,第15页。

从"的权威。在移情过程中，这一"权威"是对于移情对象而言其生命或生活的重要性，并以一种对于移情者而言其生命或生活相对于自身而言的重要性的方式被移情者所认同。被主体所承认的这种重要性实际上赋予尊严一种坚实的基础，从而保证尊严是一种"不可侵犯的价值或尊严"①。因此，尊严在作为要求的同时，也体现着一种尊严主体和尊严的要求对象的共同承认，进而对尊严所要求的对象具有规范意义。

移情过程中所体现的作为权威的最初认同，实际上就是人们首先彼此要求的"承认尊重"。对他人的承认尊重"等同于'在思考要做什么时，严肃对待和恰当衡量他们是人这个事实'"②。将他人作为移情对象，感受他人的感受，承认他人当下表现出这一消极感受的合理性，认同他人在自身当下境遇做出的价值判断，就是在承认对方具有一种针对移情主体"要求服从"的权威，即具有尊严。在这一过程中，对方成为提出"要求"的尊严主体，仅只依赖对方是人这一事实，而无须其他任何能力、属性，因为只要对方是人，对方就能成为移情对象，在移情过程中，就会以及应当被承认具有尊严。"对某人的承认尊重涉及的是他作为一个人而言，我们对待他的行为方式，或者与他发生联系的方式，也就是那些他的尊严所要求的方式。"③ 这里的人是作为个体的人，并且是被我们承认与我们具有同等地位的、作为对象的个人。正是基于对方是人，我们被赋予一种责任，无论是在情感、动机还是在行为方面都应当旨在以某种方式保证对方尊严的实现。

在将其理解为据以"彼此要求尊严"的过程中，尊严不可能是一种类尊严，因为显然任何人在移情过程中都不可能将自身所在的物种作为移情对象，并赋予其某种等同于自己的重要性。虽然国内有学者提出"人类尊严或人种尊严"④ "人性尊严"⑤ 等，但其基础无非是人之为人、不同于其他物种的某种特征，或者理性，或者人性等。但对此种特征的承认，并予以一定地位，在某种意义上只是对人或者说人所具有的某种特征的赞赏或评价。在评

---

① [美] 斯蒂芬·达尔沃：《第二人称观点：道德、尊重与责任》，章晟译，译林出版社 2015 年版，第 14 页。

② [美] 斯蒂芬·达尔沃：《第二人称观点：道德、尊重与责任》，章晟译，译林出版社 2015 年版，第 137 页。

③ [美] 斯蒂芬·达尔沃：《第二人称观点：道德、尊重与责任》，章晟译，译林出版社 2015 年版，第 136 页。

④ 程新宇：《生命伦理学视野中的人及其尊严辨义》，《哲学研究》2012 年第 10 期，第 118 - 123 页。

⑤ 王泽应：《论人的尊严的五重内涵及意义关联》，《哲学动态》2012 年第 3 期，第 71 - 76 页。

价中虽然也体现了尊重，但这一尊重明显不是与尊严相对等的尊重，实际上只是赞赏尊重。"赞赏尊重"，主要指对一个人身上具有的特殊美德或能力的赞赏；①或者称之为"评价尊重"，"评价尊重是由于行为或品格而应得或获得的敬重。相反，我们作为人，不考虑我们所应得的，能够要求的尊重完全不是这种形式的敬重"②。基于人的某种类特征所论证的作为类的尊严，被国内学者归为"属性—尊严说"及"自我目的说"而对其进行批判。③

移情的心理过程更为明显地揭示了作为在"彼此具有关系"的人们之间的作为要求的尊严本质上是一种个体意义上的尊严。首先，移情预设了作为个体的移情者对同样是个体的被移情者的最初认同，这一认同所体现的"权威"是移情者对被移情者某种地位的承认。在将这一"权威"以一种自身生命或生活相对于自身而言的重要性的方式"赋予"对方的同时，移情者不可能对与自身不同的种属，也就是人之外的其他存在进行移情（如果承认动物具有人可以感受到的某种感受，那么在一定意义上就是承认动物也可以作为移情对象，进而承认动物可以对人提出某种"要求"），遑论承认对方对于自己具有某种权威。其次，移情者所承认的"权威"实际上是对移情对象对于移情者提出、必然被对方所认同的某种要求的地位的认同，这一认同以移情者本身所具有的、能实现移情对象要求的能力为前提，如果超出移情者的能力范围，这一"要求"就是一种不合理的要求。显然，以移情者实现能力为条件的要求只可能是与移情者处于平等地位的个体意义的要求。最后，移情得以进行或展开的前提是移情者对移情对象消极情感表现的感受，这一消极情感表现只可能出现在作为个体的人身上，由此，等同于要求的"尊严"也只能被承认存在于个体意义的人身上。

人类世界中能够呈现人的崇高地位的，就是道德。道德是人类特有的，在人类范围内呈现出普遍性特征，同时道德的实现在某种意义上只能基于个体的人，因为每一道德行为似乎都必须具有明确的道德主体，所以道德在代表人的普遍性的同时，又能呈现人的个体性。道德必须具有作为对象的道德客体，唯此，道德才具有可能性，而尊严就来自道德的对象性结构，即如果人具有尊严，那么只有在人作为道德对象时才有可能，任何人都有可能也都

---

① 张容南：《古典尊严理念与现代尊严理念之比照》，《华东师范大学学报》2011年第3期，第28-33页。

② [美]斯蒂芬·达尔沃：《第二人称观点：道德、尊重与责任》，章晟译，译林出版社2015年版，第128页。

③ 甘绍平：《作为一项权利的人的尊严》，《哲学研究》2008年第6期，第85-92页。

应当成为道德的对象，所以任何人都有尊严及对尊严的需求，也许这就是康德所说的"只有道德以及与道德相适应的人性，才是具有尊严的东西"[①]的本义。如此，尊严就与康德的"人是目的"相统一，在道德中作为目的的我们或他人就是尊严的主体，主体的尊严就在于在可能的道德关系中主体是他人的"目的"，"目的王国中的一切，或者有价值，或者有尊严。一个有价值的东西能被其他东西所替代，这是等价；与此相反，超越于一切价值之上，没有等价物可替代，才是尊严"[②]。尊严实质上是关涉主体自利性要求的实现，在生存性自利、价值性自利和道德性自利中，道德性自利是一种具有了"道德规范性"的自利性要求，它是主体在道德关系中作为他人"目的"的体现。这一"目的"首先不是一种"自我目的"，即尊严并不因为主体的需求或需求的明确表示而具有，否则植物人、智障群体等就没有尊严可言，但事实上我们承认他们具有尊严，甚至承认逝世的人也具有尊严，这正是因为他们可以成为现实的或可能的道德行为对象，即他们是某些道德行为的"目的"。

正因为在道德关系中作为他人"目的"的至上性，尊严才具有了至高无上的价值。一方面，尊严是自身主体性的外显；另一方面，尊严也是对道德的确证。否定人的尊严，即是否定人作为道德对象的可能性。即使现实的道德关系有可能不存在，可能的道德关系依然存在，也正是以可能的道德关系为依据，尊严才具有了诉求的广阔空间。如身处偏远地区、生活困难的人们，正因为他们身处应当被帮助的道德关系的道德对象位置，所以他们才具有要求帮助的尊严。尊严在逻辑上后于道德，在人类历史上，虽然尊严和道德有可能同时出现，而且也应该同时出现，但只有当处于道德关系中，主体的尊严才成为可能。尊严不会是主体自身的事情，它与自身成就无关，甚至与自身的道德水平也不存在完全对应关系，它与在现实或可能的道德关系中主体的目的性相关。

基于移情的、作为个体意义的尊严具有普遍性的特征，即人人具有尊严。虽然尊严所等同的作为"要求服从的权威"体现于移情过程中，却并不来自移情，它是一种先于移情的、被移情双方所承认的东西。这一权威实际上来自"人"这一存在，即只要是人就具有一种要求他人服从的权威，体现

[①] [德] 伊曼努尔·康德：《道德形而上学原理》，苗力田译，上海人民出版社1986年版，第88页。

[②] [德] 伊曼努尔·康德：《道德形而上学原理》，苗力田译，上海人民出版社1986年版，第87页。

为任何人都可以而且可能成为移情对象。简言之,只要是人就具有尊严。"当我们承认她的尊严时,我们就将她作为一个人来尊重。"①

同时,尊严还具有平等性,即任何人的尊严都不会高于或低于、多于或少于他人的尊严。尊严所代表的"权威"在作为"最初认同"的移情中,来自自身生命或生活相对于自身而言的重要性,这一重要性是无可替代也无可比拟的,它对于人自身而言具有无上的崇高性。当这种重要性或崇高性被他人所认同时,实际是在他人生命或生活相对他人的重要性意义上被认同,这种重要性对于任何人都是一致的,表现出相对于每个人而言的平等性,由此所反映的尊严也必须是平等的。另外,尊严的平等性还体现在尊严实现过程中所关涉的双方具有平等地位上,即尊严主体和尊严要求对象处于平等地位。这意味着,在基于自身尊严对他人提出要求时,主体只能"以尊重的方式要求尊重"②,即同时承认对方具有与主体相平等的尊严,任何可能对对方尊严不尊重的要求都不会是合乎尊严或基于尊严的要求。此种理解的尊严具有超验性,它是基于"个体之间形而上的同一性"③,即只要是人类命运共同体的成员都是尊严的主体。这不同于基于人的某种属性而界定的尊严,它在最宽泛意义上将尊严平等地"赋予"每一个主体,无论其理性及其他方面的情况如何。

(二) 尊严与尊严意识

"以尊重的方式要求尊重"在某种层面上是对于基于尊严的要求的限制。当人们基于自身尊严而向他人提出要求,往往首先具有一种尊严意识。剑桥哲学大词典中的"尊严"(dignity)词条明确区分了尊严(dignity)和尊严意识(sense of dignity),认为尊严意识是对自身尊严和规避被侮辱的诉求,一个人可以没有尊严意识,但任何人都无法否定其尊严。④ 尊严所对应的权威使所有人同时成为尊严主体,而不以具有清晰、合理的意识为前提,这也就同时承认了那些即使无法向他人提出要求的人类命运共同体成员同样具有尊严。这也同时意味着,并不是所有的尊严意识在最低限度上都是出于尊严的

---

① [美] 斯蒂芬·达尔沃:《第二人称观点:道德、尊重与责任》,章晟译,译林出版社2015年版,第150页。
② [美] 斯蒂芬·达尔沃:《第二人称观点:道德、尊重与责任》,章晟译,译林出版社2015年版,第90页。
③ 成海鹰:《人的尊严与人的异化》,《哲学动态》2012年第3期,第77-82页。
④ Robert Audi, The Cambridge Dictionary of Philosophy (second edition), Cambridge: Cambridge University Press, 1999, pp. 234-235.

合理要求。"当尊严成为一个威力无比的论辩利器之时，人们甚至可以将任何一种需求都视为尊严的需求，将任何一种不悦都看作对尊严的冒犯。"① 尊严来自人在道德关系中的"目的性"地位，因此它是普遍的，同时也是先验性的，这赋予人在享有尊严时的平等、至上地位。尊严意识实质是一种自利意识，尊严主体在具体境遇中认识到基于自身尊严应当对他人提出的某一具体要求，它是具体的、经验性的，受人们对自身境遇、价值性自利的认识能力的影响，进而影响到尊严意识的表达，即尊严诉求。但即使认识能力不足，甚至不具有这种认识能力，如植物人等，尊严主体的自利性要求，尤其是生存性自利要求也不能被否定。因此，尊严是尊严意识的基础，而不是相反。尊严意识在某些情况下或许只是基于主体自身的感受力，但"感受能力并不构成尊严的基础"，"也不可能把这种不同质的感受能力看成是尊严的基础，或成为平等尊重或平等保护的基础"。② 当承认自利性主体的道德对象地位时，就是承认了主体的道德性自利主体地位，也就是承认了其尊严主体地位，任何人都可以作为他人的道德对象，所以任何人都是尊严主体，这不依赖于自利性主体是否意识到自身的自利性要求或自身所处的道德关系。

尊严本质上是对于主体利益的维护，对于主体而言，这一利益可以称为自利。尊严要求实质上是自利性要求，只有在个人利益受损或自利性要求无法实现时，才作为"自利性要求"的道德规范性概念向他人提出。

首先，当尊严意味着对于他人的要求时，表明对于主体而言，他自身处于某种自利无法实现或受损状态。"尊严更多的是一种缺失性价值……当人们在一个公平正义、彼此尊重的伦理共同体中生活时，并不会感受到尊严的价值，只有当自己的权利被伤害、被奴役、被羞辱时，尊严才有可能为人们自觉意识并形成尊严要求。"③ 移情过程中，移情主体首先感受到移情对象的消极情感，即移情对象因自身自利的无法实现或受损而表现出某种消极情感，从而使移情者产生类似于对方当下情感表现的某种感受，即"移情忧伤"。在这一情感中，以对对方"初步认同"的方式体现了对于对方作为尊严主体的尊重。这同时意味着，基于尊严而对他人提出的要求首先关涉的是自身某种自利无法实现或受损的状态，除此之外的要求，即使是主体声称为自身"尊严"计而提出的要求，也实际上并不是真正出于尊严的要求。

其次，即使移情对象当下的确处于某种自利无法实现或受损的状态，因

---

① 甘绍平：《作为一项权利的人的尊严》，《哲学研究》2008年第6期，第85-92页。
② 龚群：《论人的尊严》，《天津社会科学》2011年第2期，第17-20页。
③ 高兆明：《论尊严：基于权利维度》，《桂海论丛》2016年第3期，第32-42页。

为自利的主观性,当移情者通过移情认定对方的自利性要求不合理或仅凭对方的能力能够而且应当实现时,尊严主体所提出的要求也不会被认同为是出于尊严的要求。这包括两种情形。第一,在他人不妨害主体自身自利实现的前提下,某些价值性自利只能通过自己的行为来实现,根本不涉及他人,此时主体无法依据此类价值性自利对他人提出要求,生活中的诸多日常行为便属此类情形。第二,主体在某种具体情况或具体境遇中判定某物或某一行为能满足自身需求,即认为它是"善的""有价值的",他人可能无法做出同样的价值判断,所以即使主体依据此种自利对他人提出要求,他人也无法满足。因此可以说,仅依赖自身就能实现的自利不需要转变为尊严要求,主体清楚地认识到只是针对自身提出的自利要求不能成为尊严要求。尊严意识与道德意识相关,只有理性地知道自己身处或可能身处的道德关系时,其尊严意识才清晰,尊严诉求才正当、合理,尊严诉求的对象(他人)、内容(他物)对于主体而言才是明确的,在维护自身尊严方面也才是有力、有效的。这也说明一贯行为道德的人因为对现实的或可能的道德关系具有更加清晰、准确的认识,所以他不仅能尊重他人尊严的实现,而且对于自身尊严也具有更加准确合理的认知。因此,合理的尊严意识在某种程度上表现为一种认识能力,即认识自己所身处或可能身处的道德关系的能力。由于这种能力受外在社会条件,如教育、科技水平的影响,因此即使在同一境遇下,不同主体也可能会有不同的尊严意识,尤其当这一意识表达为诉求时。但合理的尊严诉求必然与一定的道德关系相关,唯有如此,才能在保证尊严普遍性、平等性的基础上,避免"当尊严成为一个威力无比的论辩利器之时,人们甚至可以将任何一种需求都视为尊严的需求,将任何一种不悦都看作对尊严的冒犯"。对于植物人、智障群体而言,他们虽然没有尊严意识,无法表达尊严诉求,但人们以他们可能身处的日常道德关系中的道德对象地位来想象他们可能的尊严诉求,进而实现其尊严。

另外,基于自利而提出的尊严要求还有另外一类,虽然对于主体而言"这一追求或目标是我强烈并发自内心地在意的",因而表现出主观性,但因其为所有人所追求,从而也具有一定的客观性。这一类的自利关系到人自身的生存。任何人甚至任何生物都具有"存续生命"这一欲求,因此任何人都首先追求其生命得以存续的实现,任何人的生存都首先建立在这一基础上,并且对于所有人而言,这一自利的实现是平等的、普遍的,而且因为人的生物性的同一性,这一自利也是同质的。在日常生活中,人们往往不能清楚意识到生存性自利,在任一情感、意图和行为中,人们的欲求一般指向具体的某物或某事,并不指向"存续生命"。生存性自利不能作为某种具体的行为要求,不是可以单独构成行为动机的某种需要,但它是人类实现具体需要的前提。关涉人类生存的不可能是某一事物或某一类事物,而只能是使人类具体欲求得以实现的前提条件,如自由、平等、安全等。可以说,基于"生命得以存续"的自利性要求因为被所有人都具有且承认其重要性,所以天然地可以转变为尊严要求,如溺水者出于尊严而要求他视野内的所有人无论使用何种手段来挽救自己生命都是合理的。

对堕胎问题的理解往往是检验一种"尊严"理论是否合理的"试金石"。基于人的类属性讨论的尊严往往将胎儿和孕妇置于平等的主体地位,进而出现"两个'尊严主体'之间的难题"[①],而基于人类的某些特征,如理性、道德完满性等讨论尊严,却又将胎儿置于"尊严"的讨论范围之外。如果将尊严与道德关系联系起来,认为尊严实际上来自现实或可能的道德关系时,堕胎问题或许可以得到合理理解。在现实或可能的道德关系中,不仅具有自利性要求的是孕妇,而且与他人形成道德关系的也只能是孕妇,而不是胎儿,无论他人试图对胎儿实施怎样的道德行为或不道德行为,最直接触及的仍是孕妇。孕妇与胎儿之间,与其说是一种道德关系,不如说是一种生物存在上的依赖关系,胎儿之于孕妇更像是孕妇的一个器官,只是基于孕妇对胎儿出生后的预期或种族遗传的生物本能,孕妇会赋予胎儿比自身器官更多的情感,但这无法改变孕妇与胎儿之间的生理依存联系。所以,胎儿不具有尊严,只有孕妇具有尊严。在关于堕胎是否合理的问题上,唯一应该尊重的只有孕妇,不能将胎儿作为独立的尊严主体。如果孕妇因身体原因,如神志不清、受制于他人等,不能自主、理性地做出决断,他人也只能视孕妇为尊严主体,不应考虑胎儿的情况,除非孕妇在理性、自主的情况下做出过明确表示,因为孕妇意愿的达成也属于孕妇尊严的实现。

通过道德性自利来理解尊严,使得尊严与道德相联系。道德的普遍性实现了尊严的普遍性,这一普遍性不仅指每一个体都具有尊严(包括不具有尊严意识能力、无法表达自身尊严诉求的个体),同时也指尊严无时不在、无处不有,因为日常生活中每个人可能进入的道德关系都是普遍的,只是往往当尊严主体的利益受到损害或价值性自利无法实现时,个人的尊严意识才觉醒,所以现实中人们并不是每时每处都在要求尊严。尊严的普遍性与人的类属性表现出明显的同一性,但这种同一性更倾向于一种"个体之间形而上的

---

① 甘绍平:《作为一项权利的人的尊严》,《哲学研究》2008年第6期,第85-92页。

同一性",因为每个人都具有自利性要求,同时又先天地可以作为道德的对象(如果动物可以成为道德的对象,那么动物也具有尊严)。另外,每个人实现自利、作为道德对象的地位是平等的,所以尊严也具有平等性。道德是人们交往中最基础的行为规范,所以尊严亦具有底线性。

"以尊重的方式要求尊重"对于尊严的限制,在自利方面可以理解为对于尊严内容方面的限制。但因为尊严主体出于自身自利而提出要求时,作为尊严要求的对象同样也是自利主体,因此尊严要求的提出还必须面临行为方式的限制。当然,内容与方式的限制在实际的尊严要求中往往是紧密联系或一致的,都要求尊严主体在向他人提出要求时,这一要求本身同时也是对于对方尊严的承认或尊重。

(三) 尊严与道德(尊严的实现)

尊严在某种意义上等同于尊严的实现。虽然尊严意识的出现以自身利益的无法满足或遭到损害为前提,但如前所述,尊严具有普遍性,为所有人具有;具有平等性,为所有人平等享有;具有底线性,是人之为人的基础,"平等的尊严不是人们可以授予的东西,所以也不是任何人或群体能够通过不尊重移除的东西"[①]。所以,作为主体,每个人都在享受尊严所带来的对自身作为人的确证,即潜在地或现实地作为道德对象处在与他人的道德关系中,被他人道德地对待。此时,尊严所代表的就是被他人道德地予以对待的方式,这就是尊严的实现。"用康德式的'目的王国'的'共同法则'来理解,道德要求塑造和表达了人们同等具有的特殊价值——尊严,一种'无价的价值'。"[②] 尊严体现于实际处于道德关系中的人们之间,当一方承认对方当下所提出的要求合乎其尊严时,出于"尊重他人"的这一规范性要求,此方应当实现对方的要求,即保障对方尊严的实现。在这一过程中,基于尊严的"尊重他人"实际上是一种道德要求,因此,尊严的实现同时意味着道德关系的成立。

作为"不可侵犯的价值或尊严",在某种程度上包括"人们必须怎样对待他人和不能怎样对待他人的方式"[③],即作为尊严的主体,人们可以基于彼

---

① [美]斯蒂芬·达尔沃:《第二人称观点:道德、尊重与责任》,章晟译,译林出版社2015年版,第152页。

② [美]斯蒂芬·达尔沃:《第二人称观点:道德、尊重与责任》,章晟译,译林出版社,2015年版,第124-125页。

③ [美]斯蒂芬·达尔沃:《第二人称观点:道德、尊重与责任》,章晟译,译林出版社2015年版,第14页。

此共同享有的"尊严"对他人提出应当怎样和不应当怎样被对方对待的方式。在这一过程中,人们首先要求的就是"被尊重",因为"尊重是对尊严的恰当回应"①。尊重是指在地位或权威方面仅被作为与对方同等的存在而受到合理地对待,也被称为"承认尊重",对人们的承认尊重"等同于'在思考要做什么时,严肃对待和恰当衡量他们是人这个事实'"②。也就是说,在被作为尊严的主体对待时,任何人都应仅被考虑"是人"这一事实,因为这被所有人平等具有而不存在差异,只有基于此,才能保证尊严被所有人平等、普遍享有。同时,这也是对主体因具有某些特殊能力或属性而要求超出一般意义尊严的不合理性的否定。显然,实现尊严或承认尊重,被作为人而平等地对待,这些构成尊严的必需要素只可能并且也是应当存在于"道德"之中,"人与人之间相互作为主体来对待、相互尊重彼此的以自主性为核心内容的尊严,便构成了人际一切规范之约束力的根基"③。正是在对他人尊严尊重的过程中,我们内心产生"增加他人福利"的道德动机,使我们针对他人的行为理由是一种道德理由,使我们针对他人的行为具有道德规范性。

"对某人的承认尊重涉及的是他作为一个人而言,我们对待他的行为方式,或者与他发生联系的方式,也就是那些他的尊严所要求的方式。"④ 当道德关系成立,道德主体对于道德对象负有某种责任,即应当以某种方式来对待对方,从而实现对于对方的尊重,在此情况下,作为道德对象的尊严主体的"要求"被限定在合理范围内,同时这一"要求"也得以保证实现。必须强调的是,道德关系中的"尊重"不是仅指道德对象的利益需求满足的结果,而是指包括指向这一结果的过程中向他人提出要求的"立场"或"权威",即被作为道德对象对待时自己是对方行为的"目的"。此时,作为一个人也就具有向他人提出要求,以及在相互负责的平等个体组成的共同体之内,被他人提出要求的能力和立场,"当我们在与一个人的关系中赋予他这个立场时,我们就因此将他作为一个人尊重"⑤。此时,尊严所要求的就是道

---

① [美] 斯蒂芬·达尔沃:《第二人称观点:道德、尊重与责任》,章晟译,译林出版社 2015 年版,第 125 页。
② [美] 斯蒂芬·达尔沃:《第二人称观点:道德、尊重与责任》,章晟译,译林出版社 2015 年版,第 137 页。
③ 甘绍平:《尊严:一种不容情境权衡的价值》,《中州学刊》2018 年第 1 期,第 83 – 89 页。
④ [美] 斯蒂芬·达尔沃:《第二人称观点:道德、尊重与责任》,章晟译,译林出版社 2015 年版,第 136 页。
⑤ [美] 斯蒂芬·达尔沃:《第二人称观点:道德、尊重与责任》,章晟译,译林出版社 2015 年版,第 132 页。

德所旨在实现的，尊重某人，实质上就是我们调节与他形成的关系中的行为，去做他的尊严要求我们做的事，"'我'的尊严感来自他者主体对'我'的尊严的尊重，我从他者主体的尊重中感受到了尊严或尊严的存在"①，同时，"基于平等尊重的道德观，将道德理解为在最根本上与我们应该如何与彼此相联系有关的，即我们有立场提出什么要求以及我们有什么立场提出这些要求"②。因此可以说，尊严就体现于道德，尊严的实质就是在可能或现实的道德关系中被作为道德对象恰当地对待。这样理解尊严，就使因其普遍性、平等性、底线性而本来具有形而上意义的尊严最终能够实现于现实生活，而不致沦为一种只能被视为幻想的东西；也唯此，才能在人们使用"尊严"这一概念的时候，能用其指称某种现实的东西。

如前所述，只有在利益受损或仅依靠自身无法实现自身利益时，合理的尊严意识才会觉醒，被他人认同的尊严要求才可能做出，才可能针对他人提出最终指向自身的道德性自利要求，此时，尊严所意味的"被赋予立场"就体现于双方所处道德关系中，体现于道德主体通过移情所感受的尊严主体所表现的消极性感受中。在移情过程中，当移情者表现出"移情忧伤"时，实际上意味着在承认对方尊严的同时尊重对方，在此过程中，尊重从三个不同的地方进入移情忧伤：（1）移情忧伤的对象总是某种形式的明显的不尊重；（2）移情忧伤的目标是要求尊重；（3）移情忧伤本身包含对他们要求的人的尊重——他们以尊重的方式要求尊重。③ 正是这一体现"尊重"的移情忧伤，使道德主体对于道德对象，或者说移情者对于移情对象负有某种道德责任。在移情忧伤这一消极感受中，移情者将他人利益受损视作自身的，对对方予以尊重，这一尊重体现在两方面：第一，承认他人是与自身平等存在的主体，他人所认定的表现为因自身利益无法满足而产生的消极感受的"利益"重要性得到移情者的承认或尊重，被移情主体表现为自己的消极感受，即移情忧伤；第二，承认他人表现出消极感受的合理性代表着对于要求自身利益满足的正当性，当表现出移情忧伤时，移情主体具有消除这一感受的要求，这一要求是对他人要求消除自身消极感受，实现利益满足正当性的尊

---

① 龚群，兰超：《共同体规则意识和人格尊严——对近来伦理事件的反思》，《道德与文明》2019 年第 4 期，第 122 – 129 页。

② [美] 斯蒂芬·达尔沃：《第二人称观点：道德、尊重与责任》，章晟译，译林出版社 2015 年版，第 136 – 137 页。

③ [美] 斯蒂芬·达尔沃：《第二人称观点：道德、尊重与责任》，章晟译，译林出版社 2015 年版，第 89 – 90 页。

重。正是基于移情中尊重的实现，借助于双重移情过程，当主体向他人提出道德性自利要求以实现自身尊严时，这一要求才被处于道德关系中的他人认定为是合理的并且正当的，才会被作为道德责任附加于对方。

在这一过程中，尊严的实现依赖于对"利益"相对于他人重要性这一事实的考量，但这不是说对于他人的尊重来自对于他人的利益的尊重，也不是对尊重等同于"在思考要做什么时，严肃对待和恰当衡量他们是人这个事实"的否定，而是承认对方作为人在某种意义上就是通过我们可以做出与之一致的价值判断和行为选择，从而认定对方是与我们同等的存在这一事实来体现。无论在现实或可能的道德关系中，还是在移情过程中，主体所判定的他人的消极感受所体现的利益都是特殊的，是无法作为尊严或尊重的依据或来源，尊严永远都只是来自"对方是人"这一方面。当然，被作为行为目的的他人之所以能被作为道德对象来对待，是因为他具有具体的、与当下境遇相一致的特殊的价值判断和行为选择，唯有通过对他这一价值判断和行为选择合理性的认同才能实现对于"对方是人"的承认，除此之外，任何基于某种外在规范或价值，武断地以"对方是人"作为尊严来源的理论或观点，都可能存在某种谬误，要么在其价值溯源过程中最终达到一个无法被共同认同的起点，要么在现实中无法依据其理论来实现这一尊严。当然，尊严被所有人平等享有，现实或可能的道德关系在保证道德性自利要求合理性的同时，也在限定着这一要求，从而保证不是所有的尊严要求都是合理的，只有那些被移情双方共同承认，因此具有客观性的主观要求才能上升为尊严要求；也同时保证着移情双方当下都具有尊严，任何与"以尊重的方式要求尊重"相背离的要求都是对尊严的否认，只有彼此平等尊重，尊严才会实现。

尊严的实现并不意味着福利的无限增加，甚至有时都不意味着福利的增加。虽然在现实或可能的道德关系中，尊严的实现意味着将尊严主体作为"目的"置于道德对象的位置，并且这一"目的"是通过对道德对象所做价值判断和行为选择的认同而来的，在道德实现过程中，必然具有实现或增加道德对象福利的可能。但尊严的实现并不以福利的增加为标准，因为如同现实生活中经常发生的，即使双方做出再一致的价值判断和行为选择，也不意味着道德主体无论是在内容上还是在方式上都有责任来无限增加他人的福利，这是有悖于"以尊重的方式要求尊重"的尊严实质的。在双方所形成的道德关系中，作为道德对象的尊严主体，其尊严的实现一方面来自道德主体对于尊严主体基于自身长远的好的生活的实现而对自己当下境遇中的价值判断和行为选择的认同，另一方面来自道德主体承认对方基于尊严所做出的价值判断的合理性和对道德主体所提出要求在道德关系中的正当性。同时，这一正当性没有超出道德关系所限定的合理性范围，本身就是对于道德主体作为人或道德共同体成员的认同，即实现对于道德主体的尊重。但在对他人的关心过程中，行为主体赋予对象以一种超出道德关系所要求的对于主体而言的重要性，这一重要性无法被普遍适用于道德关系中。同时，关心他人所旨在实现的是对方福利的增加，其中所体现的价值判断并非被关心者基于自身所设定的长远的好的生活的实现而得出，而是关心者基于自身立场认为这一价值的实现有利于被关心者长远的好的生活的实现。在这一过程中，关心者将被关心者视作对于自身而言长远的好的生活的另一主体，也就是说，对于被关心者而言，其福利的增加最终所实现的实际上是一种关心者所认定的，并且对于关心者而言是长远的好的生活。所以，在关心他人的过程中，关心者甚至会采取牺牲自身生命的方式来实现对方福利的增加，这并未违背生存性自利的实现是实现价值性自利和长远的好的生活的前提，因为在关心者看来，被关心者生命的存续以及价值性自利的实现一样可以保证对于关心者而言的某种长远的好的生活的实现。

当尊严主体基于自身与他人所处道德关系而对他人提出尊严要求时，对于他人而言，这一要求实际上就是一种道德责任，是一种应当实现对方福利增加或痛苦消除的规范性行为要求。当主体因自身利益受损或单纯依赖自身无法实现需求满足而表现出消极情感时，这一消极情感表现只是单纯体现着一种利益要求，并未成为对于他人而言的行为要求。但当这一消极情感借助移情引发他人移情忧伤时，两人间的道德关系成立，消极情感表现实际上就变为一种尊严要求。一方面，表现为消极情感的利益要求被他人承认是一种尊严要求，体现了对于利益主体的尊重；另一方面，尊严要求同时成为对于移情者而言的内在性行为要求，通过作为移情者的道德主体的行为做出，实现尊严主体福利增加或痛苦消除，在结果上满足尊严主体利益需求，从而实现其尊严。将尊严实现置于道德关系中，并未为尊严的实现附加更为苛刻的条件，或增加尊严实现在日常生活中的难度，因为显然，当主体的尊严要求未清楚传达到他人时，这一要求只能是一种对于主体而言的自利性要求，不能成为对于任何他人而言的道德责任要求。相反，将尊严置于道德关系中来理解，一方面为尊严的实现提供了保障，正是通过他人道德行为的做出来保障主体尊严的实现，在这一过程中，主体的尊严要求成为对于他人而言的道德责任要求。另一方面这并未缩小尊严的范围，不能因为道德关系的原因而认定尊严未被普遍赋予所有人。如前所述，所有人都可以而且应当处于与他人现实或可能的道德关系中道德对象的位置，所以任何人都享有尊严。并且，因为尊严被平等享有，也就意味着任何人在作为尊严主体的同时也承担着对于他人尊严实现的现实或潜在的责任，这就要求任何人都应当清楚合理地判断自身作为道德主体而与他人所形成的道德关系，积极主动地承担起自己的道德责任。

第六章
移情伦理的第二人立场

  作为道德性自利的尊严说明，不仅作为道德主体在针对他人做出道德行为过程中，我们采取第二人立场为自己提供旨在增加他人福利的道德行为理由，同时，当作为道德对象在向他人提出尊严要求时，我们仍采取第二人立场以合乎尊严的方式要求尊严，来满足自身的自利性要求。因此，基于移情的道德实质上都是在采取第二人立场解释主体何以能做出得到他人认同的价值判断和行为选择，从而成为主体与对象间"作为平等责任的道德"①。

  作为使道德成为可能的前提，第二人立场要求移情者具备将自己置于他人立场的能力，移情是我们能够采取第二人立场的基础。通过移情，我们可以想象性地进入他人立场或通过感受他人感受，以一种我们对他人的困境感同身受，因而导致我们想要使他人免于痛苦的方式，使我们站在第二人立场承认他人向我们提出的、表达在消极情感中的要求，以及其中所蕴含的价值判断和行为选择，最终通过我们增加他人福利的行为，对他人予以一种道德回应。正是在这种意义上，我们与他人共同采取第二人立场进行的相互回应究其本质实际上就是"理由给出"②。我们采取第二人立场对他人进行价值判断和行为选择，我们认定他人同时也采取第二人立场，对我们所做出的价值判断和行为选择予以认同。由此，基于对他人提出要求所预设的立场的认同，我们承认他人具有一种我们与他人彼此间必然对等承认的权威，认识到我们对于他人的责任，采纳他人当下对我们所提出的具有道德规范性的行为理由。

---

  ① ［美］斯蒂芬·达尔沃：《第二人称观点：道德、尊重与责任》，章晟译，译林出版社2015年版，第106页。

  ② ［美］斯蒂芬·达尔沃：《第二人称观点：道德、尊重与责任》，章晟译，译林出版社2015年版，第51页。

第一节　传达权威性要求的反应态度

"第二人立场"可以解释人们之间的道德责任是如何形成的。道德责任的实质就是要求道德主体与道德对象彼此尊重，道德责任成立或尊重的责任成立，就意味着人们之间已然具有一种道德关系。人们之间的道德关系之所以成立，是因为人们在"反应态度"中已然假定了这一关系。只有当承认我们对彼此负有道德责任时，我们作为道德共同体的成员才有权威向彼此提出要求，我们才能按照道德的要求，在道德上为我们的行为负责。[①] 正是在第二人立场上，我们承认彼此具有相互提出要求的"权威"，共同体成员间才会形成一种作为平等责任的道德。"反应态度"实际上已经预设了这种"权威"。

反应态度是指当认定自身或他人应当为某事负责时主体所表现出的某种特定态度或情感，包括义愤、羞愧、怨恨、原谅、感激等。比如作为反应态度的义愤。我们对某人感到义愤，就是觉得他应该为他所做出的错误行为而遭到谴责，为他的错误行为承担相应责任，即使只是通过接受自己和他人的反应态度来承担。在我们表达义愤的过程中，实际是认定他应为自己所做出的错误行为承担相应责任，而之所以我们如此认定，是这一反应态度中包含一种对权威性要求的感受，即我们有权威对他人或彼此做出这一要求，同时，这一权威性的要求本身也意味着要求他人或彼此认同我们享有这一权威。当然，这一"权威性要求"被反应态度所表达，但并不意味着会随反应态度的变化而消失。比如，如果某人因为不可能预先知道他所做的事情是错误的，或者因为他是被他人以一种极端的方式所胁迫，那么我们相信他人即使做出错误行为，也不应当因此遭受谴责，我们对他的义愤情感就会减弱甚至消失；但如果我们发现，无论我们做出怎样的努力都不可能使他为自己的错误行为而承担责任，那么我们对他的义愤情感就不会有任何减弱。但无论哪种情况，我们通过反应态度所表达的"权威性要求"是一直都存在的，这是彼此间形成道德关系的前提。反应态度总是与某人可能被认定的东西相关，所以它们总是预设了认定某人负责或要求某人的权威。因此，道德的反

[①] [美]斯蒂芬·达尔沃：《第二人称观点：道德、尊重与责任》，章晟译，译林出版社2015年版，第72页。

应方式预设了要求和认为彼此有责任服从道德义务的权威。①

反应态度实际上就是一种移情情感或双重移情情感，是主体处于以下情形时对于他人的移情情感表现：当认定因自身错误行为而导致他人利益受损或妨害他人利益实现，从而站在对方立场认为自身应当对此负有责任时，主体产生作为反应态度的移情情感表现；因他人错误行为而导致自己利益受损或妨害自身利益实现，他人站在主体立场认定其应当对此负有责任并表现出某种情感，主体由此产生作为反应态度的移情情感表现；因他人错误行为而导致自己利益受损或妨害自身利益实现，但他人没有认识到对此应当负责，或没有站在主体立场认识到对此应当负有责任的程度，从而主体产生作为反应态度的移情情感表现。因此，反应态度实际上是一种移情主体对自身与移情对象间所形成关系的确认，因为涉及谁应当对利益受损或妨害利益实现负责，所以这种关系也是一种道德关系。"通过移情，我们不仅仅感受到他人的谴责，并且感觉到我们应该受到谴责"②，也就是说，反应态度是一种我们以产生移情情感的方式，承认他人针对我们所做出情感表现是合理的，是对于我们应当负担道德责任的明确，并由此我们明确了自身的行为理由。正是因为反应态度是一种对人们彼此间应当具有一种道德关系的情感表达，所以反应态度总是具有这四个特点："（1）一种（第二人称）传达的形式；（2）这种形式预设了他人成为传达对象的能力和立场（第二人称能力和权威）；（3）这种传达形式是对人们行为的回应；（4）这些行为（至少）与人相关。"③

首先，反应态度是一种第二人称传达的形式，是指当表达一种反应态度时，我们实质承认了一种与这一反应态度自始就紧密联系在一起的第二人称的实践权威，即我们有提出或被提出主张或要求的权威，并且有理由要求他人或自己服从，而"提出要求的权威不仅蕴含了一个传达者服从要求的理由，也暗示了他有责任这么做"④，即当反应态度做出，传达者与被传达者间关系成立时，实际上就已经确认了错误行为的判定是合理的，谁应当对此错

---

① ［美］斯蒂芬·达尔沃：《第二人称观点：道德，尊重与责任》，章晟译，译林出版社 2015 年版，第 18 页。

② ［美］斯蒂芬·达尔沃：《第二人称观点：道德，尊重与责任》，章晟译，译林出版社 2015 年版，第 178 页。

③ ［美］斯蒂芬·达尔沃：《第二人称观点：道德，尊重与责任》，章晟译，译林出版社 2015 年版，第 72－73 页。

④ ［美］斯蒂芬·达尔沃：《第二人称观点：道德、尊重与责任》，章晟译，译林出版社 2015 年版，第 12 页。

误行为负责或承担相应后果是能被双方共同认同的。因此，反应态度的做出实际上意味着认定某人应当对其错误行为负责的权威的成立。如当感受到"内疚"时，我们就是对于他人谴责的恰当的回应，并且这一回应是第二人立场的，即承认我们应受到谴责就是承认了向我们提出谴责者具有相应的权威，同时我们具备被当作能够负责的人所必需的能力和立场以实现对于这一权威的服从。与之相类似，当表达出"羞愧"这一反应态度时，实际上就是感到我们被以某种方式正确对待或看待，"怨恨"是我们在回应他人对于我们某一合法主张或期望的侵犯，"原谅"是承认他人应该为错误对待我们而负责，"感激"是对一个负有责任者的行为的回应。

其次，反应态度预设了他人成为传达对象的能力和立场，即第二人称能力和权威。反应态度"总是预设了关于作为它们目标的个体的能力和权威的第二人称传达，以及那些具有这些能力和权威的人的第二人称传达"[①]。这是对反应态度作为一种道德传达的规范性恰当条件预设。但反应态度所预设的能力和立场不是作为反应态度的表达对象所具备的某种特定的能力或立场，如理性或客观中立等，而是指我们的反应态度所针对的对象"能够通过对我们提出的第二人称理由，以及对我们提出理由的权威的相互承认来引导他们自己"，以及"他们能够对自己采取第二人称视角，并且（通过向他们自己提出相关要求）按照他们从这个视角接受的理由行动"。[②] 这就是在强调，当我们做出反应态度时，我们认定我们所传达的对象能够认识到这一反应态度所包含的行为理由的有效性，即认识到这一理由是由承认彼此具有的权威性要求而得到的最终行为理由，并且自主自由地通过这个认识来根据这个理由行动。由此，被传达者才能将这一道德要求当作内在的"理由给出"，使自己处于真正的道德义务之下，即真正地受制于一个道德要求。之所以反应态度所内含的第二人称行为理由是一种内在的"理由给出"，就在于"反应态度隐含地预设了不可还原为其对象是后果或状态（像那些隐含在同情中的）的评价（及相关欲望）的动机能力"[③]，因为"使得一个理性人遵守道

[①] [美] 斯蒂芬·达尔沃：《第二人称观点：道德、尊重与责任》，章晟译，译林出版社 2015 年版，第 69 页。

[②] [美] 斯蒂芬·达尔沃：《第二人称观点：道德、尊重与责任》，章晟译，译林出版社 2015 年版，第 78 页。

[③] [美] 斯蒂芬·达尔沃：《第二人称观点：道德、尊重与责任》，章晟译，译林出版社 2015 年版，第 81 页。

德义务的东西,其自身必须包含一个使他按照道德义务行动的动机来源"①。也就是说,当一个行为理由被作为一个要求他人应当按照这一理由行为的最终理由时,对于行为者而言,其遵守这一行为理由的动机应当来自这一理由本身,或者说就是基于对这一行为理由作为行为规范的接受,而"不能还原为对任何世界状态或后果的积极关注",否则就与反应态度所内含的权威性要求相悖,即当行为者是出于对作为行为结果的某种世界状态或后果的积极关注而做出符合反应态度所表达的行为理由的行为,而不是出于遵守这一行为理由是尊重对方在反应态度中所表达的权威性要求而行为时,这一行为就不是将反应态度所表达的行为理由作为一种道德要求来对待。之所以反应态度预设了这样一种能力,实质来源于反应态度本身,即当我们对他人做出反应态度来回应他人行为时,就是"将他看作道德共同体的一个成员;只不过是作为一个违背了共同体要求的成员"②,可以说道德关系的成立提供了做出反应态度的前提,而反应态度是对于彼此间道德关系的确证,即人们之间的道德关系是通过彼此反应态度的做出来实现的。

最后,反应态度作为对人们行为的回应,并且这些行为与人相关,是指当做出反应态度时,我们就已经认定自己或他人应当如何安排自己的行为,以使反应态度所内含的最终行为理由被作为内在理由得以遵守,由此可以说,"反应态度回应的是,一个个体如何将自己作为第二人指导自己的行为"③。在使他人将反应态度所内含的最终行为理由作为内在理由指导自身行为时,他人实际上就做到了这一点,即按照反应态度所预设的权威性要求,承认反应态度所包含的主张和要求是有效的,由此实现对于反应态度做出者的看待和对待,也就是对于反应态度做出者的尊重。而这种尊重与反应态度所预设的认定他人是道德共同体的一员所表达的尊重是一致的。通过反应态度的传达,人们彼此之间实现一种存在于道德关系中的平等尊严,"人们在尊重他们的平等尊严方面对彼此负责,而反应态度要求这种形式的尊重,并

---

① [美]斯蒂芬·达尔沃:《第二人称观点:道德、尊重与责任》,章晟译,译林出版社2015年版,第37页。
② [美]斯蒂芬·达尔沃:《第二人称观点:道德、尊重与责任》,章晟译,译林出版社2015年版,第79页。
③ [美]斯蒂芬·达尔沃:《第二人称观点:道德、尊重与责任》,章晟译,译林出版社2015年版,第82页。

且为这种形式的尊重提供责任的中介"①。"反应态度的对象始终是不尊重"②，可以说，我们之所以会产生反应态度，就是因为自己或他人的错误行为或不作为导致我们自身利益需求没有满足或正当利益受到损害，道德共同体内成员间对此有着一致的道德判断，对于这一错误行为或不作为会产生一致的看法，其中包括谁应当以何种方式对此负责。"反应态度寻求尊重。它们寻求通过第二人称的方式让其他人参与进来，而当其他人接受传达，承认它的规则，因而尊重说话者的尊严，包括她传达的要求和她传达要求的立场时，它们就成功了。"③ 因此，人们之间道德关系的成立，以及由此所确立的道德责任的归属和实现，都可以通过反应态度的传达来实现。反应态度的传达实质是"以尊重的方式要求尊重"。

通过"反应态度"解释人们之间道德关系何以成立，势必包括道德责任的归属和道德行为理由的由来问题。"道德关系何以成立"这个问题似乎一直以来都没有得到解决，甚至被人们忽视，以往的哲学家关于道德的讨论都以道德关系已然成立为前提，这就导致道德责任和道德行为理由的提出往往与道德关系的产生本身形成一种背离的情形。当主体与对象间的道德关系成立时，实质就已然明确了谁应当为使道德关系成立的错误行为或不作为负责，并隐含地以双方共同认同的方式对错误行为者或不作为者提出行为理由。如果我们认为主体做出某一行为的规范性理由或者来自某种力量，或者因为这一理由具有某种优先性，那么这样的观点相较于这一规范性理由是因为"任何人具有主张或要求我们这样做的权威"缺乏一种关于规范性理由有效性的论证依据。道德关系的成立实际是基于反应态度的做出，因为"有两个观念看起来是根本上对反应态度至关重要的。一个是关于主张和要求的观念，而第二个是关于传达者和被传达者相应地位的观念，即传达要求的权威和因此被传达的立场，由此必须对传达者作出回答的立场，必须对她负责而承认和实现这个要求的立场"④。前者是指反应态度的被传达者应当具有某一行为理由，后者保障这一行为理由是一种内在性的最终行为理由，即道德行

---

① ［美］斯蒂芬·达尔沃：《第二人称观点：道德、尊重与责任》，章晟译，译林出版社2015年版，第87页。
② ［美］斯蒂芬·达尔沃：《第二人称观点：道德、尊重与责任》，章晟译，译林出版社，2015年版，第87页。
③ ［美］斯蒂芬·达尔沃：《第二人称观点：道德、尊重与责任》，章晟译，译林出版社2015年版，第89-90页。
④ ［美］斯蒂芬·达尔沃：《第二人称观点：道德、尊重与责任》，章晟译，译林出版社2015年版，第86页。

为理由。以此，道德行为理由就具有一种康德式的形式化规范性，承认"人"具有一种康德的"人是目的"性质的平等尊严，从而避免基于价值或结果而使道德行为理由的规范性受到质疑，进而否认在道德关系中人们彼此间的平等地位。

反应态度预设了传达者与被传达者间的个人性关系，似乎不涉及甚至是中立的"第三人"，但这并不否认基于某一独立于传达者与被传达者间道德关系的客观标准而存在的反应态度。当反应态度做出者置身于某一与他人间的传达与被传达关系，或者想象自身置身于某一他人与他人间的传达与被传达关系时，这一反应态度就是一种个人的反应态度；当反应态度做出者以一种不偏不倚的立场，即道德的立场来看待某一他人与他人间因其中一方做出错误行为而成立的关系时，这一反应态度就是一种非个人的反应态度。"个人的反应态度是从相关交易者的第二人称观点感受到的，非个人的反应态度则是从道德共同体成员的观点感受到的。由此我们可以推出，能够保证这些态度的理由（能够成为正确种类的理由）必须是第二人称理由。"① 其中正确种类理由或者称正确类型理由是指，"一个考虑因素要成为正确类型的理由，它必须根据自身来辩护相关态度。它必须是关于某个对象的一个事实或对象的特征，对这个事实或特征的恰当考量能为某人的理由提供一个导向这个考虑因素得到合理性确证的态度"②。例如，在考虑是否要相信某个命题 P 时，应当基于我们对于 P 所应有的态度，而非其他，如果我们通过反思相信 P 会带来好结果而得出的思考结果只能是 P 值得相信，而非"相信 P"本身。因此，对于行为理由的考量存在可信性和可欲求性的差异，道德行为理由只可能基于对这一行为理由的可信性，而不可能基于可欲求性，前者而非后者使这一理由成为正确种类理由。因为反应态度中有一种对于权威性的要求，即被传达者基于自身所处立场应当承认传达者做出这一反应态度的合理性和权威性，以及这一反应态度所隐含的行为理由的有效性，所以即使反应态度做出者并没有处于因某人错误行为而导致的可能的道德关系中，但同样以传达者的身份置身于某一传达与被传达关系中，从而使反应态度中所隐含的行为理由作为第二人称理由成为道德行为理由。如果有人踩着你的脚，你会感到疼痛，而那个人挪开他的脚就可以解除你的疼痛。但解除你的疼痛对那个

---

① ［美］斯蒂芬·达尔沃：《第二人称观点：道德、尊重与责任》，章晟译，译林出版社 2015 年版，第 69 页。
② ［美］斯蒂芬·达尔沃：《第二人称观点：道德、尊重与责任》，章晟译，译林出版社 2015 年版，第 17 页。

人而言，是他挪开他的脚的一个"行动者中立的、关注后果的、非第二人称的理由"①，他挪开他的脚只是代表着他有机会可以创造更好的世界状态，如果其他人也能够形成这个状态，那么其他人原则上也具有这么做的理由。然而，如果你向他传达让他挪开他的脚的要求，这一要求是合理的，因为他毕竟没有权力踩你的脚，那么当下你提供给他的行为理由就不是关注世界变得更好这一状态的，而是关注权威的，是行为者相关和第二人称的。在这一过程中，你不需要预设和证明：他挪开他的脚以解除你的痛苦是一个更好的状态，他有理由这么做。你需要预设的是：就当下而言，你有权威要求他挪开他的脚，所以他有理由并且有责任这么做。在这个过程中，因为反应态度的被传达使行为者具有一个内在性的最终行为理由，即道德行为理由。但这似乎将"他挪开他的脚而使世界变得更好"与"你"变得联系不那么紧密，必须承认，他挪开他的脚而使世界变得更好，同时也使"你"变得更好，从而没有痛苦甚至表现出欣慰、轻松等积极的情感表现，即某种反应态度，这使他挪开他的脚的行为理由依然是在尊重"你"的权威性要求的基础上存在。所以，反应态度本身也蕴含着一种对于"更好的世界状态""价值"的判断及追求。当然，我们必须承认，反应态度所传达的权威性要求是相互的，你在你做出的反应态度中隐含的权威性要求同样被对方所具有，所以你不能以否认对方具有权威性要求的方式来向对方主张权威性要求。但这涉及何种行为及某一行为在何种程度上能同时实现双方相互的权威性要求，很显然，这种判断只能基于何种价值及某一价值在何种程序上应当被首先实现来做出。

第二节 作为平等责任的道德

反应态度所传达的隐含其中的权威性要求使对方具有一种内在性的最终行为理由，依据此理由行为，对方实现他作为传达者所应承担的责任。因为反应态度的做出意味着承认对方依然是道德共同体的一员，所以双方对彼此都具有一种权威性要求，从而使共同体成员间，尤其是反应态度的传达者与被传达者间具有一种相互责任，在某种意义上，这一相互责任正是通过反应

---

① ［美］斯蒂芬·达尔沃：《第二人称观点：道德、尊重与责任》，章晟译，译林出版社 2015 年版，第 259 页。

态度来实现的。"我们在构造相互责任的第二人称关系中赋予权威——这种构造是通过承认彼此的要求、抗议、拒斥、控诉、谴责、怨恨、感到义愤、原谅、宽恕等等立场的方式,使彼此相联系来完成的。"① 如此理解,"责任"概念所强调的是对象作为道德主体的地位,而不是道德行为旨在实现的某种价值或结果,"为……负责"的道德意义实际上就是"对……负责",因此责任明确实现的是"一个人如何根据她已经做的事情,与我们作为道德共同体成员所处的第二人称关系相联系,即如何在这个关系中被(包括她自己)看待和对待"②,即在与他人所处道德关系中一个人的地位或权威。彼此承认这一地位或权威时,那我们彼此之间实际上就负有"作为责任的道德义务"③,因此,道德责任、道德义务都是一个"不可还原的第二人称的概念",一个行为会违背道德义务或道德责任就是不能做出这一行为的一个第二人称理由。④ 这实际上就实现了隐含在反应态度中的权威性要求转变成被传达者对于自身的道德责任要求,使传达者在反应态度中所提出的行为要求具有了一种"做出这一行为就是行为者的道德责任"的规范性。

由道德责任和道德义务所构成的"道德"可以称为是"作为平等责任的道德","根据这个观念,道德规范约束了一个平等、互相负责、其本身自由和理性的行动者组成的共同体,而道德义务是这些行动者有立场向彼此提出的要求,并且他们相互有责任遵守这些要求"⑤。因此对于所有人而言,其道德责任就是遵守他人在反应态度中向之提出的行为要求。当平等责任是指我们对彼此负有道德责任时,就等同于我们作为道德共同体的成员有权威向彼此提出要求,从而使我们在道德上为我们的作为或不作为负责。如此理解责任,就是赋予责任一种相互的平等性,承认每个人作为责任主体对他人权威性要求的尊重,从而使道德关系具有一种强规范性,任何违背自身道德责任的行为都是违背道德的行为,任何人都应在道德的意义上理解和看待自己对于他人所提出要求的责任。由此,道德要求或者说道德义务实质就是一种

---

① [美]斯蒂芬·达尔沃:《第二人称观点:道德、尊重与责任》,章晟译,译林出版社2015年版,第148页。
② [美]斯蒂芬·达尔沃:《第二人称观点:道德、尊重与责任》,章晟译,译林出版社2015年版,第71页。
③ [美]斯蒂芬·达尔沃:《第二人称观点:道德、尊重与责任》,章晟译,译林出版社2015年版,第105页。
④ [美]斯蒂芬·达尔沃:《第二人称观点:道德、尊重与责任》,章晟译,译林出版社2015年版,第95页。
⑤ [美]斯蒂芬·达尔沃:《第二人称观点:道德、尊重与责任》,章晟译,译林出版社2015年版,第106页。

道德责任要求，而责任的意义就是自由自愿地做出符合他人要求的行为。

　　作为平等责任的道德强调两点。首先，作为平等责任的道德"将道德观点理解为根本上是主体间的"，也就是"我们作为任何人［或者，作为道德共同体的复数第一人称（我们）的一个平等参与者］，也将某个人（自己或他人）作为任何人（作为另一个平等成员）来对待"①。道德是作为道德共同体成员的任何人平等对待同样作为道德共同体成员的任何人。这就否定了道德存在于凌驾于"人"之上的可能，既不承认非人的存在会赋予人以责任，也不承认抽象意义的人或人的集合体对人提出责任要求的合理性。在强调道德是要求每个人平等对待同属于道德共同体中的任何人的过程中，不仅明确了道德是一种人与人之间的关系，同时其"主体间"性也明确了道德责任的要求不会超出将自己和对方作为"主体"来看待和对待，从而道德责任具有一种适用于道德共同体内所有成员的普适性。这一普适性与主体间道德的统一，正是由于非人的存在或人的抽象存在不能在道德关系中作为主体存在，所以作为道德对象的主体不会担负超出他人对自己所担负的责任。责任或道德要求的普适性在明确作为道德责任的行为要求在具有一种强规范性——这一行为要求是作为道德共同体成员对行为主体提出的对其要平等对待的态度传达——的同时，也赋予行为要求以一种适合当下境遇的现实意义，即这一行为要求不是由第三人观点得来，而是由传达者作为第二人对被传达者所提出的要求，超出这一导致传达者与被传达者间关系成立的当下，这一行为要求可能就不适用。在将他人作为道德对象对待的过程中，我们站在对方立场基于自身观点对他人当下境遇及其情感表现进行判断，并针对他人进行价值判断和行为选择，我们并不是采取完全客观的第三人视角，而是将自身作为与他人共处其中的某一共同体的成员，实现我们与他人之间的联系。行为要求的提出是传达者基于第二人立场提出的权威性要求，按照这一行为要求做出相应行为，则是责任主体以第二人称方式对传达者的回应。这一行为要求仅存在于当下传达者与被传达者间，从而使主体在两种意义上看待自身责任：一方面，按照传达者所传达的行为要求做出行为是平等对待对方的实现；另一方面，将这一行为要求作为责任要求是对传达者做出反应态度的回应。很显然，这种对于责任的理解，可能缩小了人们在日常生活中所理解的责任范围，仅将积极行为的做出理解为主体责任的实现，但不能否

---

① ［美］斯蒂芬·达尔沃：《第二人称观点：道德、尊重与责任》，章晟译，译林出版社2015年版，第106－107页。

认，现实中还存在一种通过不作为或消极行为来实现自身责任的情形。

同样在踩脚事例中，如果有人踩你的脚，你会感到疼痛，当下你对他做出反应态度以传达一种权威性要求，同时也是一种行为要求，即让那个人挪开他的脚，这一行为要求对于那个人而言就是一种道德责任要求，他挪开他的脚就是尽到了自己应尽的道德责任。但很显然，对于任何人而言，在你要求那个人挪开他的脚以解除你的痛苦意义上，谁都不愿意承受这种痛苦，尤其不愿让这种痛苦降临到自己身上，所以任何人对于任何人都有一种"你不要踩我的脚"的行为要求，而对于任何人而言，只要不做出踩别人脚的行为，实际上就是遵守了他人基于第二人立场提出的行为要求，也就是一种道德责任要求。假定这个世界只存在两个人，显然，他们只能属于一个道德共同体，而彼此间道德关系的成立，是基于两个虽然相隔很远，但彼此知道对方的存在。两人同时认为不去面对对方，就是对于对方基于第二人立场所提出的权威性要求的回应，从而导致两人无法借助于某一行为来实现彼此间的联系，或者说彼此间无法对对方提出任何权威性要求或行为要求，也不能以任何行为的做出作为对对方的回应。此时，如果承认两人都以第二人称方式实现对于对方的道德责任，那么显然"主体间道德"就形同虚设，因为当其中一人去世而另一人对此不知道，那在世的这一人依然基于一种"主体间道德"来判定自己与另一人的关系，但这种关系很显然是不成立也不存在的。所以，可以说"主体间道德"似乎容不下消极责任的存在，它总是赋予他人作为或不作为的积极责任。

但我们或许会得到这样的回应，如果世界上仅存在一人，这个人认为还有一人与他共存，虽然两人相隔很远无法产生联系，那么此时这个人是否与他人形成"主体间道德"关系？即使某人基于自身与他人间的道德对自身行为进行规范，我们也不能奢望他所依据的是一种真实的道德关系，否则就是对作为主体的"人"提出一种过高的能力要求。基于这样一种过高的能力要求来理解道德关系和主体间责任要求，必然导致道德的扭曲，使道德成为非人的存在与人之间的关系，以及提出一种其规范性无法普遍适用的责任要求。同时，以某一世界状态来理解道德关系，也与"主体间道德"相悖。在"主体间道德"中，对人的要求仅有一条，即作为道德共同体中的一员，不存在数量上的要求。不能说道德共同体成员越多，就会形成一种使道德关系更为合理的世界状态，这与"道德根本上是主体间"没有关系；相反，以一种更好的世界状态来定义道德，却使道德只能成为第三人称的，而非第二人称的。而且，行为理由必然来自第二人称的反应态度，并非来自我们对于某一更好或更为合理的世界状态的责任。如果不存在某一反应态度的传达与被传达关系，那么对于任何人而言，他都只能是以一种不作为方式来实现自身对于他人的可能或现实的道德责任，而非对于某一世界状态的责任。

作为平等责任的道德明确，担负自身责任的行为理由来自反应态度。"道德责任的诸种形式（谴责、内疚、义愤、惩罚等等），确实蕴含了行动者有理由（事实上，最终的理由）做他们道德上有义务和责任做的事。"① 基于第二人立场的反应态度在预设一种权威性要求的同时，也隐含着一种行为要求，对于反应态度的被传达者而言，这一行为要求就是一种道德责任要求，按此要求行为，就是被传达者作为责任主体对传达者权威性要求第二人称方式的回应。对于责任主体而言，这一行为理由绝不受制于行动者那些关注状态或后果的欲求，甚至不受制于他形成这种欲求的能力。也就是说，按照这一行为理由做出相应行为不是基于这一行为能够实现某种价值，也不在于这一行为能够导致对于行为对象或整个世界而言某种更好的结果，而只是因为反应态度的传达者提出了这样一种作为权威性要求的行为要求。"根据第二人称理由的行动中暗含的欲求，包括按照当我们认定某人有责任服从道德义务时暗示的理由的行动，都是'依赖于原则'而非'依赖于对象'的。"② 这同样是在赋予责任以一种强规范性，因此对于责任主体而言，这一行为是其内在性的最终行为理由。

很显然，强调责任要求来自反应态度是对"道德根本上是主体间的"的辩护，因为反应态度仅存在于传达者与被传达者间，相应地，传达者与被传达者同时作为主体存在，所以两人间的道德关系只能是主体间的。这也就使责任要求似乎只能由作为道德共同体成员的个人提出。虽然我们身处的共同体同样有权向我们提出禁止做出某事的要求，此时这一要求之所以应被看成是一种责任要求，实际上也是基于这一责任要求是第二人称的，而非第三人称的，即对于道德共同体中的任何人而言，遵守道德共同体所提出的要求不是因为这一要求是一种中立的第三人称的，而是因为它是不偏不倚、第二人称的。"在认定人们负有责任时，我们承诺了这一假定，即他们能够通过从一个我们和他们共享的视角出发，向自己提出要求而认定他们自己负有责任。为了使我们对他们不服从的行为进行谴责，我们必须认为他们能够从同

---

① ［美］斯蒂芬·达尔沃：《第二人称观点：道德、尊重与责任》，章晟译，译林出版社2015年版，第99页。

② ［美］斯蒂芬·达尔沃：《第二人称观点：道德、尊重与责任》，章晟译，译林出版社2015年版，第99页。

一个视角,即道德共同体中自由和理性成员的视角谴责他们自己。"① 显然,"道德共同体"存在的意义并不在于以某种规范或约束使其成员成为一种集合或群体,而只是明确做出反应态度的适用范围,也就是说,反应态度的传达与被传达只能存在于道德共同体成员间,或者说只有在可能形成道德关系的人们之间才存在反应态度的传达与被传达。这就使道德、反应态度、权威性要求、责任等几个概念相互论证、解释,可以说,"这些概念——第二人称权威、有效的主张或要求、第二人称理由和责任——构成了一个可以相互定义的循环;每一个概念都蕴含其他所有概念"②。虽然这的确排除了在这些概念所表述内容之外寻求道德基础的可能,但有可能会使作为主体的人们在日常生活中以之为行为原则时根本无法清楚准确地判定行为规范。

在传达反应态度表达自身权威性要求的过程中,我们向他人提出道德责任在承认他人作为"人"同样具有向我们提出要求权威的同时,往往是结合我们当下所处境遇对他人提出具体的行为要求,他人在相较于我们处于一种利益实现较好的状态中,以合乎自身所具有地位和权威的方式,通过增加我们自身福利满足我们利益需求或消除利益损害,实现对于我们的责任。如果有人踩着你的脚,你会感到疼痛,但这种疼痛不仅是因为他人踩了你的脚,还因为原本在你脚下的一颗钉子没有刺穿你的鞋子伤到你的脚,而当他人踩了你的脚后,钉子刺穿你的鞋子伤到了你的脚。当下你对他做出反应态度以传达一种权威性要求,同时也是一种行为要求,即让那个人挪开他的脚,这一行为要求对于那个人而言就是一种道德责任要求,他挪开他的脚就是尽到了自己应尽的道德责任。但此时,你并没有因此而停止反应态度的传达,你认定即使他挪开他的脚,他依然应对你做出某种行为,比如他马上将你送往医院,从而实现对你负责。但此时,对于他人而言,他无法确定应当如何行为以对你负责,对于你而言,你也无法确定在你所传达的反应态度中所隐含的行为要求是否是一种合乎作为平等责任的道德行为要求。与之前案例相比,如果有人踩着你的脚,你会感到疼痛,当下你对他做出反应态度以传达一种权威性要求,这一要求同时也是一种行为要求,即让那个人挪开他的脚以尽到他对你的责任。如果你在传达的态度中隐含行为要求,"他应当马上将你送往医院",那么显然,这一行为要求的做出不仅仅只是基于一种符合

---

① [美]斯蒂芬·达尔沃:《第二人称观点:道德、尊重与责任》,章晟译,译林出版社 2015 年版,第 117—118 页。

② [美]斯蒂芬·达尔沃:《第二人称观点:道德、尊重与责任》,章晟译,译林出版社 2015 年版,第 12 页。

作为平等责任的道德的权威性要求，其中必然隐含着他应当进一步解除你的痛苦的要求。所以，道德根本上是主体间的，责任要求的规范性来自主体间共同认同的彼此具有提出权威性要求的立场，但这一权威性要求无论是提出还是实现，必然关乎到主体自身地位被他人承认，"承认"虽然体现于他人对于主体权威性要求的回应，但这一回应的限度和程度应当由作为利益主体的权威性要求提出者结合自身境遇来判定。当然，权威性要求提出者或者说反应态度传达者在判定他人回应的限度和程度时，为保证判定合理，必然基于第二人立场，但不能否认，还必然依据自身痛苦的解除或利益需求的满足。

第三节　以尊重的方式要求尊重

责任的实现意味着对他人的尊重，反应态度被合理地回应意味着传达者尊严的实现，"尊重是对尊严的恰当回应"①。作为对反应态度的回应，被传达者当做出符合传达者在反应态度中所隐含的行为要求的行为时，就是尽到了自己的责任，此时，对于被传达者而言的责任的履行同时意味着传达者尊严的实现。可以说，尊严与责任之间存在对等关系，作为平等责任的道德也就转变为对于尊重的要求和实现。"作为平等责任的道德通过平等尊重来理解道德关系"②，不仅责任主体以自身行为实现反应态度传达者的尊严，而且传达者本身在反应态度中所预设的权威性要求和所隐含的行为要求既是一种尊严要求，也是一种对于被传达者的尊重。"道德的反应态度本身是一种形式的尊重。它们将目标对象看作'道德共同体的成员'，正像那些持有这些态度的人一样，因此在相互尊重的基础上与他们对话。反应性态度寻求的是对双方都主张和预设（传达者的主张，被传达者的预设）的（平等）尊严的对等认同。"③ 正因为所有共同体成员将自己看作与他人相互负有责任，从而赋予作为平等成员的对方提出要求的立场，彼此相互的责任实际上就是一

---

① ［美］斯蒂芬·达尔沃：《第二人称观点：道德、尊重与责任》，章晟译，译林出版社 2015 年版，第 125 页。
② ［美］斯蒂芬·达尔沃：《第二人称观点：道德、尊重与责任》，章晟译，译林出版社 2015 年版，第 124 页。
③ ［美］斯蒂芬·达尔沃：《第二人称观点：道德、尊重与责任》，章晟译，译林出版社 2015 年版，第 88 页。

种相互尊重的要求,这一要求实际上就是一种在反应态度中传达者针对被传达者所预设的权威性要求,同时,传达者也承认,被传达者对于传达者也具有一种权威性要求,即尊重要求,"反应态度隐含的目标,是让其他人感觉到我们的尊严(以及不那么明显地,感觉到他们自己的尊严)"①。以实现相互尊重为目标,反应态度预设了作为平等责任的道德,从而实现尊重根本上也是主体间的。

尊重同样是第二人称的,"对人的尊重在两个独立的,但是相关的意义上是第二人称的:它包含了对第二人称权威的承认,而承认自身来自第二人称观点"②。因为对他人的尊重所实现的是对他人权威性要求的恰当回应,所以权威或者说尊严就成为尊重的特定对象。这也就是说,一方面,尊重所实现的只能是对方的尊严,超出对方尊严范围的不是尊重所旨在实现的目标,但在一定程度上承认对方提出超出了人与人之间的对待范围的要求肯定是基于对自身尊严的理解;另一方面,尊重是对于对方权威或尊严的恰当回应,任何非尊重的行为方式都不是对于对方权威或尊严的合理回应。正是表现在反应态度中所预设的权威性要求的尊严,保证了反应态度所隐含的行为理由具有一种作为第二人称理由的规范性,"人的尊严(设想为被分享的基本的第二人称权威)从第二人称观点不可避免地被预设为传达第二人称理由的规范性恰当条件"③。因此,"尊严"具有一种基础性的本体论意义,是对于人的地位的根本性界定,使其不依赖于任何他物而天然具有,也由此使第二人称立场、观点、权威、责任具有了一种坚实的基础。尊严不仅包括了认定彼此对对方负有道德义务的立场,而且人的尊严的根本观念是作为平等个体的相互责任。

虽然我们可以基于反应态度来理解第二人立场、第二人称权威及责任、尊严,但尊严实际上具有更为基础的地位。"人的尊严是融合了以下三者的复杂整体:关于对待他人的行为的实质性强制规范,作为相互负责的平等个体中的一员要求服从这些规范的立场,以及基于这个权威的有效要求。"④ 这

---

① [美]斯蒂芬·达尔沃:《第二人称观点:道德、尊重与责任》,章晟译,译林出版社2015年版,第88页。

② [美]斯蒂芬·达尔沃:《第二人称观点:道德、尊重与责任》,章晟译,译林出版社2015年版,第147页。

③ [美]斯蒂芬·达尔沃:《第二人称观点:道德、尊重与责任》,章晟译,译林出版社2015年版,第257页。

④ [美]斯蒂芬·达尔沃:《第二人称观点:道德、尊重与责任》,章晟译,译林出版社2015年版,第256页。

也就是说，当我们处于第二人立场，具有要求他人服从我们所提出的行为理由的权威时，我们就实现了自己的尊严，而且这可能也是我们尊严实现的唯一方式。反应态度所预设的权威性要求和隐含的行为要求都是第二人立场的主张行为，都因为指向主体尊严的实现，所以具有合理性。"人的尊严是我们能够由此从他人那里'要求''索取'或者'要求'尊重，并且每个人由此具有对尊重的'合法主张'的东西"①，也正是因为人人具有尊严，所以人们彼此可以提出被对方承认并做出恰当回应的权威性要求，以及体现这一权威性要求的行为要求。"合法主张"表现在反应态度中就是一种"主张行为"，是一种基于彼此承认对方具有尊严而相互提出的要求，"正是'主张的行为'促成了自我尊重和人们的平等尊严"②。相应地，道德的意义就在于在保证彼此承认对方尊严的前提下，主体向对方做出的主张行为被对方承认为对其具有规范性，从而使作为主张行为的、对对方的行为要求成为对方内在性的最终行为理由。对于所有人而言，对于对方的尊重本身就是一种责任要求，所以"尊重他人"是所有道德共同体成员应当遵守的行为规范。"道德规范来源于意志向意志提出的那些主张，这些主张试图向对方提供一个本来不会存在的行动的特殊理由（即第二人称理由），并将他置于如此行动的责任之下。"③ 因为反应态度所针对的对象始终是不尊重，所以反应态度所反映的主张行为就是要求被传达者实现对于传达者的尊重。对于被传达者而言，在反应态度被传达之前，他即使负有尊重对方的责任，这一责任也不能提供任何的行为理由，但一旦反应态度被传达，传达者向其做出一个"主张行为"，这一主张行为就是对于尊重的合法要求，由此转变为对于被传达而言的要做出某种行为的责任要求。"尊重的义务包括任何特定的人们有权威要求服从的义务。将他人作为平等的人尊重，要求我们履行这些义务。但是它也要求我们承认他人对于我们这样做的'合法主张'，而且，我们只有通过承认他们主张或要求我们这样做的权威才能这样做。"④ 作为第二人称的尊重，正是通过承认体现在反应态度中的我们彼此具有的责任，并且认定自

---

① ［美］斯蒂芬·达尔沃：《第二人称观点：道德、尊重与责任》，章晟译，译林出版社2015年版，第144页。
② ［美］斯蒂芬·达尔沃：《第二人称观点：道德、尊重与责任》，章晟译，译林出版社2015年版，第144页。
③ ［美］斯蒂芬·达尔沃：《第二人称观点：道德、尊重与责任》，章晟译，译林出版社2015年版，第111页。
④ ［美］斯蒂芬·达尔沃：《第二人称观点：道德、尊重与责任》，章晟译，译林出版社2015年版，第144页。

己对彼此负有服从这些要求的责任来实现的。我们承认彼此作为自由和理性存在者具有提出要求的平等权威,也就是尊严,因此对他人的尊重就包括我们对他人作为平等的人负责,而不仅仅是我们考虑彼此作为人的任何事实、规范或者价值。可以说,只要是人就具有尊严,就具有一种向他人提出要求的平等权威,当我们承认他人的尊严时,我们就将他作为一个人来尊重。这不仅是对他作为人所具有的权威性要求的恰当回应,也是在承认彼此具有相互责任和平等权威的基础上,对自身尊严的承认和主张。

以尊重的方式要求尊重,所实现的就是一种平等尊严。正是在尊重他人平等尊严方面我们与他人对彼此负责,而反应态度要求这种形式的尊重,并且保证这种形式的尊重实现。平等尊严就是人们通过认定彼此负有做出某种行为的责任来要求彼此服从的权威。在反应态度作为一种主张行为要求实现自身尊严的过程中,作为反应态度的传达者,我们也同时以承认对方具有与自身平等的权威性要求,并以此来实现对对方的尊重。由此,无论在反应态度的传达过程中,还是在主体与对象所建立的道德关系中,尊严都不会只独属于某一方,而是被双方同时具有,并且以一种平等的方式被双方同时具有,因此尊严只能是平等尊严而非其他。"反应态度寻求尊重。它们寻求通过第二人称的方式让其他人参与进来,而当其他人接受传达,承认它的规则,因而尊重说话者的尊严,包括她传达的要求和她传达要求的立场时,它们就成功了。"① 任何可能导致尊严在主体间存在差异的因素,都必然不会得到第二人称立场的辩护,最终会因为只能被一部分人所具有而自相矛盾。可以说,平等的尊严是作为根本上是主体间的道德的必然要求,只有承认这一点,才能将道德建构于"平等"之上。正是借助于尊严,我们才能确认道德所关涉的所有主体的平等地位,作为平等责任的道德预设了所有人具有尊严,并且所有人能够要求他人实现对自身尊严的尊重。尊严是对人所享有主体地位的确认,从而能够在反应态度中预设权威性要求,当我们承认自己有责任遵守某一规范或对他人负有某种责任时,这一责任"是我们认为从平等的自由和理性人所共享的道德共同体观点出发,可以合理地向我们每个人提出的"②。同时,平等的尊严通过明确主体间的道德责任和道德关系的实质,来保障主体地位的实现,基于平等尊重的道德观,道德在最根本上与我们应

---

① [美]斯蒂芬·达尔沃:《第二人称观点:道德、尊重与责任》,章晟译,译林出版社2015年版,第89-90页。
② [美]斯蒂芬·达尔沃:《第二人称观点:道德、尊重与责任》,章晟译,译林出版社2015年版,第123页。

该如何与彼此相联系有关，即我们可以向彼此提出什么要求以及我们有什么立场提出这些要求。因此，人所具有的尊严实际上就是提出要求或做出主张行为的立场，这一立场在被道德共同体所有成员平等享有的同时，也被彼此承认，从而所有人以"人"的存在方式成为道德共同体成员。正是作为"人"，我们不仅有向他人提出要求的地位和权威，也具有被他人提出要求的立场和能力，由此我们彼此尊重对方的尊严。

任何人都应被他人作为"人"来对待，都应被承认是"人"这一事实，在与之形成的关系中都应当被赋予某种地位，"当我们给予他们在与我们的关系中以地位，并承认他们的第二人称尊严时，我们就是在尊重他人"①，因此平等尊重实质也就是承认尊重，也就是在针对他人进行价值判断和行为选择时，我们要严肃对待和恰当衡量他人是"人"这个事实。对于任何人作为"人"这样的事实，任何人都不会因他不同于其他人的某些特征而产生不同判断，从而在与之所形成的关系中，我们必然要承认他所具有的提出要求和被提出要求的立场，也就是他享有与他人平等的尊严，此时，他的尊严在最基本的实现方式上也就是一种来自我们的承认尊重。可以说，对人的承认尊重实际上是一种针对他人的态度，而不仅仅是针对关于他人的一个事实或一个属性。承认尊重是对于尊严具有平等性的进一步确认，在道德共同体成员间，无论是理论上还是事实上，唯一平等的只可能是作为"成员"这一点，而之所以能够成为"成员"，仅仅是因为被承认为是"人"。在作为"人"以及被承认为是"人"这一点上，任何人之间必然不可能存在差异，从而才能使所有人享有一种平等性的尊严，因为这一尊严源于作为"人"的被承认，所以平等尊重在其实现上就是要求他人给予主体一种承认尊重。承认尊严仅关注他人作为"人"这一事实，如果是对某人的行为或品格的评价，或者是对某些多少涉及这些行为或品格的事物的评价，那么就是给予他人一种"评价尊重"，认可他在做出某一行为方面具有的不同于他人的能力，这样的行为会使世界达到更好的状态，所以做出评价尊重所依据的不是第二人称理由，而是第三人称的。即使我们认可他人具有某种使世界变得更好的能力，也并不意味着他就享有高于一般人的道德地位，从而在道德关系中享有高于其他人的立场和权威，在作为"人"方面他一样具有与道德共同体其他成员间相互承认的尊严。作为"人"在与他人的道德关系中，也就是在反应态度

---

① ［美］斯蒂芬·达尔沃:《第二人称观点：道德、尊重与责任》，章晟译，译林出版社 2015 年版，第 159 页。

传达过程中所传达的权威性要求,只能是承认尊重。在实现对于他人的承认尊重过程中,主体实际上就是赋予对方基于自身尊严向他人提出要求的立场和权威,在他人将其反应态度所隐含的行为要求作为内在性的最终行为理由过程中,实现其作为"人"的价值。承认尊重"是内在地赋予某人价值(赋予内在于他的价值或以他自己为目的赋予他价值)的一种方式。在尊重某人的尊严时,我们尊重他,赋予他价值"。但是,关心或仁慈同样是一种赋予某人内在于他自己的价值,或者以他自己本身为目的赋予他价值的方式。①

承认尊重与关心不同。在将个体作为对象的过程中,尊重某人蕴含了与他作为一个具有尊严的存在的关系,在这样的关系中,我们规范自身行为,使自己具有去做他的尊严要求我们做的事的倾向,所以尊重是关注态度或行为,而不是关注状态的,在承认他人从作为一个平等的独立行动者的观点判定为有价值的和善的东西对他而言是合理的,认可他作为"人"是自由和平等的。但关心不同,关心在将个体作为对象的过程中,涉及将他看作一个可以具有福利的存在,关心某人,也就是我们想要实现特定的状态,即那些将会使他受益的状态。比如,吸烟的习惯是不好的,最终会损害他的身体,因此违背他的福利。如果是出于对他的关心,我们可能采取限制其自由的方式来强制其戒烟,但出于对他的尊严的尊重,我们可供选择的方式受到限制,只可能选择一种也能被他所接受的方式来促使其改变。因此,基于关心的行为理由是出于这样的行为会使他人福利增加的结果,此时,关于行为和价值,以及对于他人的意义的判断是第三人称的,是行动者中立的,但除非他对于自身福利及增加自身福利的方式有着同样的判断和重视,否则,出于关心他人而做出的行为就不是将其作为一个与我们平等存在的"人"来看待,而只是作为一个价值的载体,这一价值的实现或许代表着更好的世界状态。此时,如果出于对他人的关心来认定我们的行为是合理的,那么对于任何人而言,似乎都存在一个行为理由来使价值、福利增加,造就一个更好的世界状态。但显然这不可能成立。因为任何人都能够向他人要求对其尊严予以尊重,却不会要求他人以自身不认同的方式来增加福利。这也就说明,一方面,我们不应当也不可能在超出他人尊严要求的范围内来实现对于他人的尊重;另一方面,我们不应当以一种使我们的尊严作为代价的方式来实现对于

---

① [美] 斯蒂芬·达尔沃:《第二人称观点:道德、尊重与责任》,章晟译,译林出版社 2015 年版,第 132 页。

他人的尊重。

总之,作为向他人提出要求的权威,尊严是第二人立场的,是能够并且应当被所有人共同承认的。这就意味着,一方面,只要是"人"就具有尊严,在与他人所形成的道德关系中就具有一种向他人提出要求的立场和权威,并且这一体现为尊严的立场和权威被所有人平等享有,从而使尊严具有一种普适而坚实的基础。另一方面,尊严的实现就是在承认他人具有平等地位和权威的同时,自己基于这一地位和权威指向他人的主张和要求被予以恰当回应,也就是对于尊严予以尊重,唯有如此,才是对人们在道德关系中所处立场和权威的承认,才有理由使尊重他人尊严成为人们应遵守的最基本规范。当然,将尊严理解为"以尊重的方式要求尊重",认为尊严是第二人称权威,是彼此提出要求和主张的立场,我们并没有将自利性需求以及需求的满足排除在尊严之外,从而使尊严能够体现并实现于我们的现实生活。在现实生活中,同样是踩脚案例,如果有人踩你的脚,你感到疼痛,你出于自身尊严的实现,要求他把脚挪开,当他把脚挪开时,可以说你的尊严就实现了。在这个过程中,"要求他把脚挪开"无论以何种方式表达,都会是一种在我们所传达的反应态度中所隐含的行为理由。当我们因脚被踩痛而要求他人把脚挪开时,我们认定"他不应当踩我的脚"。既然他已经踩了我的脚,说明他当下对于是否应当踩我的脚(如果他是故意的),或者共同承认的不应当踩我的脚的前提如何实现(如果他不是故意的),肯定与我存在判断上的差异。我接下来会做也应当做的就是向他明确,我的判断是合理的,他应当认可我的判断或者做出与我一致的判断,从而实现我们共同认定的"他不应当踩我的脚",由此,他具有将脚挪开的行为理由。此时,我们所要求的尊重,是一种他的行为所体现的、对我们的价值判断以及这一价值实现对于我们整个好的生活的实现的意义的认同。所以,尊严的实现在现实生活中能够与尊严主体所处境遇相统一。一方面,在与他人所形成的关系中,我们一般不会基于自身作为"人"的身份来对尊严做主张,这样的尊严作为类的尊严被我们清楚认识到被所有人平等具有,只会因为自身利益需求的满足与否,以及他人是否应为我们自身利益受损承担责任来判断自身尊严是否得到实现;另一方面,在向他人主张尊严的过程中,我们以他人针对我们所做出的旨在实现我们利益满足或消除利益受损的能力,来判断他们可能实现我们尊严的程度,既不会因承认对方是与我们平等的道德共同成员而满足,也不会过分要求对方甚至以牺牲自己生命为代价来实现我们的尊严。所以,尊严在包含我们向对方提出主张的权威和立场的同时,也包括尊严实现的实际方式或手段,这一方式或手段的合理性必然依据双方一致性的价值判断,这一判断既是主体基于当下境遇对自身利益实现的判断,也是对方站在主体立场上基于主体所设定的长远的好的生活而对其当下需求满足情况的判断。

第七章

移情伦理对陌生人社会和道德教育的意义

移情伦理以"增加他人福利"的动机为判断行为道德的标准,要求人们站在他人立场,基于自身观点,结合对方当下境遇,针对他人进行价值判断和行为选择,保证了道德行为能够取得道德主体与道德对象双方的共同认同。尤其在采取"第二人立场"过程中,移情伦理赋予道德主体与道德对象平等的地位和"向他人提出要求"的权威,从而使道德行为能够同时实现道德双方的尊严。将移情伦理应用于"陌生人社会"和道德教育,一方面是对移情伦理合理性的检验,另一方面也表明移情伦理在解决现实问题方面的理论优势。

第一节 规范陌生人社会中的主体行为

当代中国正逐渐由"熟人社会""人情社会"向"陌生人社会"转变,社会生活的多样化使道德主体无时无刻不面对陌生人。一方面,陌生人为我们提供生活所需要的一切,"在当代社会,我们的健康、生活以及财富受到我们从未而且永远不会谋面的人支配。我们打开包装和罐子吃下了陌生人在遥远的地方制造和加工的食品,我们不知道这些加工者的名字或者他们的任何情况。我们搬进陌生人——我们希望是精巧地——建造的房子……因此我们的生活也掌握在那些制造和运转机器的陌生人手中"[①]。另一方面,我们也时时刻刻在与陌生人打交道,"我们所生活的世界几乎被陌生人所充斥,而

---

① 转引自冯必扬:《人情社会与契约社会——基于社会交换理论的视角》,《社会科学》2011年第9期,第67-75页。

使得它看起来像是一个普遍的陌生世界。我们生活在陌生人之中,而我们本身也是陌生人。……我们必须和陌生人生活在一起"①。对于我们而言,陌生人既是那些我们从未与之有过交往的人,也是那些近在我们身边、为我们所熟悉的人。

"熟人"背景下产生的道德原则、道德规范已无法完全适用于当今社会。熟人社会中具有普遍化意义的道德原则、道德标准实际上是血缘、亲情基础上行为规范的延伸,判断行为是否道德的标准就在于主体是否将他人视作"亲人",但这种判断标准已很难适用于"陌生人"社会,这就需要我们重新设定陌生人社会的道德标准。实际上,无论是作为自然人还是社会人,我们与陌生人都具有某些相同的自利性要求,这些"自利性要求"保证每个人在道德关系中应当处于平等地位,而不应因关系的"亲疏远近"导致地位和权利上有所差异,这就要求伦理学审视、批判建立在"熟人"基础上的道德理论,提出适用于当今社会的伦理观。因为在道德动机、道德思考、道德理由等方面有着独特理解,移情伦理既能直面"陌生人社会"呈现的新问题和新要求,也能满足人们在"陌生人社会"如何规范自身行为、判断行为道德与否的新需求,从而在摒弃熟人和陌生人"双重标准"的同时,保证整个社会能够形成关于道德的合理、统一理解。移情伦理认为,我们无论对于熟人还是对于陌生人的移情忧伤都会使我们形成"增加他人福利"的道德动机,同时,在价值判断和行为选择中采取的"第二人立场"既使道德主体对熟人和陌生人承担平等的道德责任,也使道德主体与作为道德对象的陌生人之间负有平等的责任,熟人和陌生人在道德关系中处于平等地位,享有同等权威。

一、陌生人社会产生的原因

(一) 人口流动性的加剧

随着经济的发展,"生于斯,长于斯"的观念已经无法满足人们通过经济行为获得利益的需要,人们不断地由农村涌向城市,由一个城市流向另一个城市,同时,便利的交通也对人口流动起到了促进作用。"新工业和新技术改变了社会环境和自然环境的面貌。农民离开了乡村,蜂拥到城市,成为工业劳动力,在极其恶劣的条件下工作。城市以空前的速度发展着,提供了

---

① [英]齐尔格特·鲍曼:《通过社会学去思考》,高华等译,社会科学文献出版社,2002年版,第51页。

一个人们彼此互不相识的环境,使人与人之间关系密切的传统社区的风俗习惯和价值标准所剩无几。"① 在高流动性社会中,由于经常处于流动之中,人们随时可能处于陌生人环绕的境遇,这使我们常常处于陌生人社会中,不断以陌生人的身份面对他人,彼此之间以"陌生"关系对待。当陌生人关系成为人们处理与他人关系的基本要求时,"熟人"之间也不得不开始以陌生人关系相对待,同时,熟人之间的陌生化也使"流动"能够继续,使人们能够脱离原有"熟人"关系的束缚,自由地选择获取利益的手段和方式。社会流动性的增强,使地域限制不断被冲破,人们大量地由农村涌向城市,由一个城市涌向另一个城市,亲缘体系迅速瓦解,旧有关系持续断裂,人们不得不置身于一个陌生人的社会。这就使当前社会无时无刻地不在制造陌生人,不仅大量产生着自然意义上的陌生人,而且随时随地都会把自然意义上的熟人转化为陌生人。这个社会已然无法容忍熟人,"它时时要求打破熟人圈子中的惯性、惰性和封闭性,它在何种程度上瓦解了熟人圈子,也就在同等程度上拥有了社会活力"②。

人口流动的加剧本质上是人们经济行为扩大的结果。在经济行为中,双方视彼此为陌生人,实现交往的唯一合理方式就是利益交换,为实现精确、公平等目标,被交换的利益只能是经济利益,任何资源最终都会转换为"金钱"进行交换。"工业社会以及它的市场经济,把完整的个体的人的存在抽象化为'经济人',使人只认识金钱和利益得失,时时处于计算与算计的行为谋划之中,这对农业社会的'亲情'来说,是一个极大的冲击。"③ 在市场经济背景下,熟人社会中的道德规范已无法发挥联结社会关系的纽带作用。当经济行为成为当前社会交往占主导地位的交往方式时,人们在日常生活的各个领域都进行着利益的计算,面对任何人都在某种程度上视其为可以进行经济交往的"陌生人",熟人观念、熟人关系已无法适应经济行为的要求。

(二)现代通信手段,尤其是互联网的应用

作为新兴技术的代表,互联网已影响到人们生活的方方面面,它不仅在瓦解着"熟人关系",也在为陌生人之间的行为模式建构规范。互联网在改

---

① [美]伊恩·罗伯逊:《社会学》(上册),黄育馥译,商务印书馆1990年版,第15–16页。
② 张康之:《"熟人"与"陌生人"的人际关系比较》,《江苏行政学院学报》2008年第2期,第58–64页。
③ 张康之:《"熟人"与"陌生人"的人际关系比较》,《江苏行政学院学报》2008年第2期,第58–64页。

变人的交往方式和交往途径的同时,也改变了交往主体的特征。通过"人—机—人"的方式,网络中的交往主体可以实现身体不在场,各自的真实姓名、性别、民族、学历、学位、地域等表明自己身份的信息既可以自由公开,也可以随意掩盖。① 尤其是匿名性特征使网络社会本身就是一个陌生人社会,匿名化的网络交往中,人们单从网名很难辨别对方的真实身份,也就是说,"网络世界是一个庞大的陌生人社会,而且比现实世界陌生得更彻底"②。

互联网对于陌生人社会的产生在两种意义上有促进作用:一是网络使人们之间陌生化。互联网用户由于相同的偏好而在网络中结成各种各样的群体,网络群体的出现,在深化人们对某一事物偏好的同时,也加大了与其他群体之间偏好的差异。这意味着:(1) 合理性行为更为多元,同时距离主体日常生活更远。网民往往由于一个在生活中微不足道的话题或一个新闻事件展开争论,无论是争论双方还是话题人物,网民都一概视为"陌生人",从而试图能够理性地分析;(2) 对某些社会事件的争论呈两极化态势,争论双方都无法说服对方,持不同观点的人们之间的交往矛盾突出。各种观点的纷繁呈现一方面表明着当前社会更为开放,另一方面也在推动着当前社会更加开放,以能容纳更多的陌生人。比以往社会更为开放是陌生人社会的标志,"陌生人社会"的形成并不是因为人们之间交往得少了,而是交往得多了。陌生人与熟人的区别并不在于人们之间的交往频率与次数存在差异,而是社会整体上的开放程度。③

二是互联网社会的交往方式影响着现实社会的交往方式。网络社会影响现实社会最直接的表现就是网络行为被照搬入现实社会。网络社会是现实社会的虚拟,人们在网络中所讨论和面对的仍是现实社会问题,网络与现实社会相比具有匿名性、约束力弱等特征,网络中的各种不道德行为更易实现,而网络上的各种不道德行为一旦成为习惯,必然会被行为主体带入现实社会中。网络社会极大地扩展了陌生人社会,同时也为陌生人伦理缺失而导致的各种反道德行为提供了更多的便利。网络主体在直面陌生人、无视"熟人"

---

① 张康之:《"熟人"与"陌生人"的人际关系比较》,《江苏行政学院学报》2008 年第 2 期,第 58 – 64 页。
② 韩建磊、赵庆杰:《道德失范与陌生人伦理缺失》,《南昌大学学报》(人文社会科学版) 2012 年第 4 期,第 60 – 64 页。
③ 张康之:《"熟人"与"陌生人"的人际关系比较》,《江苏行政学院学报》2008 年第 2 期,第 58 – 64 页。

的同时，也将对自身行为约束力弱这一特征带入现实社会，不断冲击、瓦解着现实中的熟人关系，使人们之间更加陌生。同时，网络社会在更深层次上影响着现实社会。网络世界中出现的陌生人是人们主观选择的结果，不同于前网络时代陌生人是"纯粹客观的社会运动的结果"，网络社会中的交往方式与交往关系在整个社会中显现出来，整个社会因为网络而成为一个具有人际网络结构特征的社会。"这种社会的网络结构提供了这样一种可能，那就是以制度化的方式把熟人社会中传播信息的路径确定下来，从而使人的信誉能够公示在一切合作行为主体面前。虽然他们是陌生人，但他们可以在需要相互了解的方面和时候，实现相互了解，而且可以达到'熟人社会'中无法达到的理性化的了解。"① 无论是网络社会还是陌生人社会，在某种意义上都是社会发展的必然产物。我们不能因为旧有道德规范在网络社会和陌生人社会中的失效而否定网络社会和陌生人社会形成的必然性和合理性。因此，唯有结合陌生人社会所呈现的特征重新建构道德体系，才是使人们在陌生人社会更为合理地进行道德交往的唯一出路。

二、陌生人社会的道德特征

（一）契约关系

在陌生人社会中，人与人之间的交往更多地表现为一种经济行为，经济行为的双方要实现各自利益，就必须坚持公平、自愿、平等等原则，这就意味着大家都是抽象的"经济人"，"经济人"之间只能是一种理性的利益交换关系。因此，熟人社会以血缘和地缘为基础的情感性关系无法适应陌生人社会，"经济人"不会因为血缘或地缘的远近而违背经济交换的基本原则，陌生人社会不存在人情社会的交换，只可能是一种契约交换，交换双方依据契约交换自己所需要的利益。人与人之间的利益交换关系本质上是一种契约性关系。"契约是一种反映着经济关系的意志关系，而且是任何交换双方的一致的意志，正是通过这种契约关系，才把相互陌生的人紧密地联结到一起。"② 契约双方或多方通过"协议"认可并承诺遵守一定的行为规则，规定了各方的权利和义务以及未能履行义务时的惩罚措施。"在契约社会，人

---

① 张康之：《"熟人"与"陌生人"的人际关系比较》，《江苏行政学院学报》2008年第2期，第58—64页。
② 龚长宇、郑杭生：《陌生人社会秩序的价值基础》，《科学社会主义》2011年第1期，第109—112页。

群和地域都是开放的，契约是陌生人之间的行为准则。"① 陌生人社会与契约相辅相成，正是人们之间以陌生人相待，才需要契约以约束各方，也正是契约的扩大与普遍，才使得具有血缘和地缘关系的熟人变成了陌生人。也就是说，陌生人社会中的人们本来是一群相互陌生的人，但借助于契约，人们彼此之间有了联系，成了"熟人"；同样，本来彼此是"熟人"关系的一群人，由于有了契约，彼此反而成了"陌生人"。陌生人社会，彼此既是"陌生人"，也是"熟人"，使这两种关系同时成立的就是契约，"陌生人社会是契约产生的秘密所在"②。

与契约性关系相对应的是契约精神。契约精神约束主体行为必须遵守公平、自愿和平等等原则，陌生人社会的法律和制度都必须以契约精神为核心，如此才能确保普遍性的契约关系具有约束力，并能够行之有效。契约精神作为贯穿当今社会各领域、各层面的理念，是陌生人社会主体间规范建构的落脚点。当契约精神成为人们行为的基本精神时，不仅在经济交换中，而且在其他各个领域，人们都是以契约关系相连接。

契约关系和契约精神同样延伸到道德领域。在道德范围内，具有"自我中心"倾向的道德主体也唯有以契约式的行为，才能在实现自身利益时不损害、不妨碍他人利益的实现，才能避免在被要求针对他人做出道德行为时无限制地付出。契约式道德不要求道德主体具有圣人般高尚的道德情操，只求付出、不计个人利益的利他行为在陌生人社会中根本无以为继。契约精神的存在，使人们在试图最小付出的同时能够最大化地帮助他人，因此，"陌生人社会要实现和谐的最基本的伦理要求是'自利不损人'"，也就是说，"要实现陌生人社会和谐的最基本的伦理要求是要求大家相互尊重对方的基本人权"。③ 但契约关系并未言明具体哪种道德规范适用于陌生人社会，从而导致陌生人之间无法明确自己与对方的道德关系，进而无法确认何种道德规范可适用于自己与对方所形成的当下关系。一旦发生利益冲突，人们往往会"不讲道德"，但实质上并不是人们不讲道德，而是不知该讲哪种道德。

（二）信任

与契约关系和契约精神相对应的是人们之间的制度性信任。在陌生人社

---

① 张清、王露：《陌生人社会与法治构建论略》，《法商研究》2008 年第 5 期，第 68 - 73 页。
② 张康之：《基于契约的社会治理及其超越》，《江苏社会科学》2006 年第 3 期，第 101 - 107 页。
③ 韩建磊、赵庆杰：《道德失范与陌生人伦理缺失》，《南昌大学学报》（人文社会科学版）2012 年第 4 期，第 60 - 64 页。

会，人们之间的"习俗型信任"消失。习俗型信任是一种因血缘或地缘关系而产生的、以情感为基础的人际信任，在具有习俗型信任的群体中，成员之间信任的程度明显高于对群体外成员的信任，因此，习俗性信任只出现在没有陌生人的社会中。但这种信任也是一种不具有普遍性的信任，因为"它在很大程度上根源于熟人社会中直接交往的人际关系，它的感性特征决定了它无法推广到间接交往甚至疏于交往的人们之间"[1]。习俗性信任具有很强的封闭性，形成习俗性信任的群体很难接受没有血缘或地缘关系的群体外成员。封闭性群体在拒绝群体外成员的同时，也进一步加强了群体成员与群体外成员之间的差异，导致群体成员与群体外成员的冲突进一步激化，"冲突"进而又成为群体成员加强习俗性信任以应对群体外成员的理由，从而强化了熟人社会的封闭性。当发展到极端化形式时，习俗性信任就可能变成同样具有封闭特征的宗教迷信。

陌生人社会形成后，社会复杂性增加，不确定性增多，当交往双方彼此陌生时，由于缺乏关于对方的基本信息，人们对于他人总是抱怀疑态度，这就导致习俗性的信任模式在陌生人社会既没有存在基础也没有存在必要，从而逐渐消失。"传统社会中的基于特殊伦理本位的个体信任机制，已然没有了坚定的社会基础，并日渐转向陌生人化的普遍主义道德信任。"[2] 同时，陌生人社会是一个开放的社会，血缘或地缘差异已不能作为人们是否将他人视作交往对象的标准，任何人都可以作为陌生人成为我们的交往对象，具有封闭特征的习俗性信任已不适用于陌生人社会。

伴随着契约式交往在陌生人社会的出现，并成为人们交往的普遍模式，人们之间的信任呈现契约式特征。契约式信任是陌生人社会的根本特点，能普遍适用于主体与他人的关系中，并以之对自身或他人的行为做出预测，因为契约"以高度的形式化和普遍性约束陌生人之间的交往，由此加强行动结果的可预测性和确定性"[3]，从而避免了陌生人之间因信息缺乏而很难把握行动结果的情况，进而节约了人们的交往成本，同时，契约是人们之间信任关系的物化，人们借助于契约所实现的信任具有了理性的特征，并成为一种能

---

[1] 张康之：《"熟人"与"陌生人"的人际关系比较》，《江苏行政学院学报》2008 年第 2 期，第 58－64 页。

[2] 何绍辉：《论陌生人社会的治理：中国经验的表达》，《求索》2012 年第 12 期，第 216－217 页。

[3] 曹保山：《陌生人社会的出路——三鹿毒奶粉事件引发的法律思考》，《广州广播电视大学学报》2009 年第 2 期，第 94－97 页。

够推广到整个陌生人社会的普遍性信任。实质上，契约信任所体现的理性是一种为适应整合陌生人交往需要的工具理性，这种"工具性"通过契约信任与陌生人社会之间的关系表现在两个方面：一方面，契约本身就是不信任的结果，也是不信任的标志，在具有高度信任的熟人之间根本不需要契约，也不会出现契约型信任；另一方面，契约信任只有在间接意义上才是陌生人之间的信任，实际上，陌生人直接信任的是在人们之间达成的"契约"，正是契约型信任的这一"工具"特征使其与习俗性信任相比较而表现出优越性。习俗型信任以情感为基础，只存在于熟人社会中，血缘或地缘关系对于群体成员而言，本身就能形成一种对于行为的约束，群体成员的行为模式早已被群体所规定，何种行为合理规范、何种行为不合理反规范对于熟人群体内所有的成员而言早已明确，所以陌生人社会中的人们不可能依据这种信任进行行为选择；契约型信任基于理性，并从属于人们利益谋划的需要，作为工具可以被人们在自主决定自身行为时自由地使用。

三、移情伦理对规范陌生人社会的主体行为的意义

移情伦理对规范陌生人社会的主体行为的意义表现在以下两个方面。

（一）主体可以借助移情对陌生人做出道德行为

移情伦理与陌生人社会的契约行为模式和契约型信任相契合。首先，在陌生人社会中，任何主体都要求他人承认自己的平等地位，移情过程中"增加他人福利"的道德动机既来源于平等也契合于平等。移情伦理强调的平等特征符合陌生人社会的平等要求，因为无论是面对熟人还是面对陌生人，主体借助移情都会将对方视为道德对象。判断他人是否应成为道德对象在于对他人消极情感的判断，在感受他人感受过程中，主体针对他人形成"最初认同"即认同他人在当下境遇表现出消极情感是合理的，即使并不认同其具体的情感表现。在"最初认同"的基础上，主体结合对方当下境遇对其情感表现进行判断，当认识到他人当下境遇是其产生消极情感的原因时，主体感受到他人在当下境遇的痛苦，在自己内心产生消除其消极情感的追求，形成"增加他人福利"的道德动机。在这一过程中，无论是"最初认同"还是"增加他人福利"的道德动机，都不会因移情对象的不同而有所差异，因为移情的最初认同的根源在于人类心理和生理结构相似，而不在于是否与他人存在血缘或地缘关系，即使将陌生人作为移情对象，主体同样因为对其具有"最初认同"而可能产生道德动机。即使在消极意义上，主体也可以通过将

他人平等地作为移情对象，反思自身满足自利性需求的行为可能对他人产生的影响，从而对自身行为进行规范，以避免因自身行为导致他人产生消极情感。这也就意味着，移情伦理要求人们在针对他人的行为过程中应具有"增加他人福利"的道德动机，以保证这一行为是一种道德行为的同时，也对人们提出了在针对自身的合理行为过程中不妨害他人利益实现的规范性要求，这与陌生人社会中形成的契约精神和契约性行为模式相一致。

其次，主体通过移情可以对陌生人的价值性自利进行价值判断和行为选择，这解决了陌生人社会中人们缺乏他人信息的问题。在行为过程中，主体通过想象自己身处他人境遇，站在对方立场，结合自身观点，针对他人进行价值判断和行为选择，从而能够通过自身行为满足对方在当下境遇中的自利性需求。移情基础上的行为理由以移情过程中主体对他人的价值性自利判断和行为选择为基础，这一行为理由是否适用于陌生人社会，能否成为陌生人社会人们道德行为的理由，就在于主体能否对陌生人进行合理的价值判断和行为选择。借助移情，主体针对他人的价值判断和行为选择表现出以下特征：第一，针对他人进行价值性自利判断和行为选择，既是主体想象自己身处对方境遇，出于自身为实现长远的好的生活做出的判断，同时也站在他人立场考虑了对方在当下境遇中的需要、偏好，所以这一价值判断和行为选择在主体看来是对方价值追求的体现，与对方所追求的长远的好的生活相统一，能够得到对方的认同。针对他人的价值性自利的判断和行为选择包含了对他人利益、欲望及其当下境遇的考虑，同时也出于主体基于自身观点对对方当下境遇的判断，这一过程与陌生人社会利用"契约"所达到的公平要求相一致。陌生人社会之所以达成契约，其目的在于防止人们利己行为的泛滥，移情伦理所强调的价值判断和行为选择起着与契约相同的作用，都是当主体思考去创建一个道德上公平的社会时，通过权衡利益而将他人的利益考虑进去的过程，同时，移情伦理更是在个人利益与他人、社会利益相冲突时，激发主体产生一种动力去关注他人和社会利益，以保证即使缺乏他人信息，人们也应追求达成一种旨在实现平等的契约。这就避免了因缺乏他人信息人们可能将他人移出作为道德对象考虑范围的问题发生。第二，针对他人的价值判断和行为选择的准确与否不影响对行为是否道德的判断。针对他人的价值判断和行为选择是人们在道德行为中借助移情都必然经历的过程，不会因为对方是熟人才进行这一判断，也不会因为对方是陌生人而不进行这一判断。在将熟人和陌生人作为道德对象时，主体针对对方的价值判断和行为选择在准确性上会存在差异：当面对熟人时，关于他人的偏好、欲望等相关

信息了解得深入，主体对于对方的价值性自利判断和实现这一价值性自利的行为选择比较准确，在行为上更可能实现增加他人福利的结果；当面对陌生人时，主体关于他人的信息了解得较少，价值性自利判断和行为选择可能存在偏差，行为结果有可能无法真正增加他人福利。但这一差别并不影响对于主体行为的道德判断，判断一个行为是否道德，并不基于行为结果，而在于主体是否存在增加他人福利的道德动机。因此，即使缺乏关于他人的信息，无法准确判断他人的价值性自利需求及满足这一需求的合理有效的行为方式，也并不影响具有增加他人福利动机的行为属性，这在明确陌生人社会的道德行为标准的同时，也扩大了主体针对陌生人做出道德行为的可能性。第三，移情伦理的"第二人立场"能够弥补"契约"的不足。在陌生人社会中，人们以契约式的行为模式实现交往，但这一契约所涉及的利益只关乎人们满足自身需求的前提或基础，与之相应的道德规范或伦理要求更加注重对这一前提或基础的保障，由此，陌生人社会"最基本的伦理要求是要求大家相互尊重对方的基本人权"①。尊重对方人权只是人们行为的基本原则，是人们基于作为旁观者的第三人立场对自身和他人交往行为的最低要求，它无法满足人们在具体境遇中借助自身行为实现他人人权，以及借助他人行为实现自身人权的具体要求。也就是说，当面对他人利益受损时，主体仅仅依据"人权"很难知道自身应当针对对方做出何种行为，从而实现自身对于对方基本人权的尊重；当自身利益受损时，主体仅仅依据"人权"很难向他人提出具体的行为要求，从而实现他人对于自身基本人权的尊重。只有采取第二人立场，通过分析当前境遇的自己与他人的关系，主体才能够一方面承认他人具有向自己提出要求的权威，站在对方立场实现对于对方基本人权的尊重，另一方面承认自己享有应被他人尊重的尊严，站在对方立场以合乎尊严的方式要求尊重，以此来实现对方对于自身基本人权的尊重。

陌生人社会因为契约型交往模式的存在，使"熟人"与"陌生人"之间的界限已然模糊，随着人口流动的加剧，每个人与陌生人的交往越来越多，此时，作为人们道德对象的只可能是陌生人。这就要求任何主体都应将他人视为与自身平等的对象，承认他人与自身平等的地位以及向自己提出要求的权威。当面对他人利益需求无法满足或正当利益受损时，即使我们缺乏他人信息，只要站在对方立场，基于自身观点，结合对方当下境遇，我们就

---

① 韩建磊、赵庆杰：《道德失范与陌生人伦理缺失》，《南昌大学学报》（人文社会科学版）2012年第4期，第60–64页。

能够针对他人进行合理的价值判断和行为选择，从而使我们与他人之间的道德关系不会因陌生人社会发生质变，不会在陌生人社会形成道德已无可能或者道德已无必要的错误观点。同时，采取第二人立场，我们在通过自身行为维护他人利益实现的过程中，也实现了对于自身尊严的尊重，从而真正满足陌生人社会平等契约的要求，不使自身在实现他人利益的过程中对自己有过高要求，违背陌生人社会的"平等"原则；也就是说，移情伦理承认人们享有在陌生人社会向他人提出要求的权威。

（二）自利性主体借助移情可以向陌生人提出要求

在陌生人社会，因为血缘、地缘关系的弱化或消失，主体与他人之间不再是一种具有情感联系的熟人关系，他人对主体的责任完全是出于陌生人社会的契约关系或契约精神，当主体自身利益仅依赖自身无法实现时，主体无法像要求熟人那样来要求陌生人针对自己做出某种行为，从而满足主体自身的利益需求。陌生人社会作为契约型社会，要求双方必须认同一样的协议，以尊重彼此利益的实现，这就必然为我们向他人申诉道德主张保留了余地；也就是说，在我们对他人负有一定责任的同时，他人对我们也负有同样的责任。根据契约，因为他人尊重我们的基本权利，所以我们能够向他人申诉基本权利。但在具体生活中，当我们身处某种境遇，自身利益无法实现或利益损害无法消除时，契约基础上的自由、公平、平等等道德权利根本无法满足我们的具体需要，此时唯有通过在与他人形成的道德关系中向他人提出要求，才能使他人明确其针对我们所负有的责任，最终保障我们自身利益的实现。

作为道德性自利的尊严本质在于保障主体的利益。在对陌生人进行双重移情的过程中，主体通过认知和情感手段，想象自己处于他人境遇面对自己时会做出怎样的价值判断和行为选择，在此基础上向他人表明自身的需求。这一过程中，主体处在他人位置对自身境遇做出分析，其中包括对他人针对我们做出增加我们福利行为能力的认知和做出这一行为条件的判断，即他人是否以及应当对我们进行移情，这是对他人能力和条件的理性认知，以此为基础，主体不会向他人提出超出其能力范围的要求。主体虽然考虑了他人的行为能力和条件，但动机和目的仍然是满足自身需要，当主体通过双重移情认识到他人能够通过移情认识到"我"所处的境遇和"我"当前的迫切需要，并做出同"我"一致的价值性自利判断和行为选择，即已经满足他人应当对我做出道德行为的前提，此时，如果他人没有对我做出增加我的福利行为，或者他人增加我的福利行为并没有满足我的需要，主体就可以向他人提出要求。在这一过程中，主体实质是以合乎尊严的方式要求尊严。在陌生人社会，因为彼此价值判断一致性的减弱，人们之间主动维护他人尊严的可能性降低，很多情形中，即使他人因利益需求无法满足或利益损害无法消除而表现出消极情感，我们也会潜在地判断这是他人在满足自身自利性需求过程中的自主性选择，合乎他人的价值性自利判断，这时他人就需要基于自身针对我们所具有的提出要求的权威来向我们提出要求，以通过我们针对他人的行为来实现对于他人尊严的尊重；同时，当我们处于同样或类似境遇时，我们也应当基于自身所享有地位和权威向他人提出要求，维护我们自身尊严的实现。

因此，主体向陌生人提出要求的实质就是道德性自利诉求，这一诉求在陌生人社会的契约关系和契约精神所认同的范围内，是契约所承认的公平、平等、自由等权利在具体境遇中的实现。向他人提出满足自身道德性自利的要求，即是承认他人处于与自身平等地位，彼此具有向对方提出要求的权威，承认他人处于契约的另一方，并不是无限制地向他人索取，甚至践踏他人通过契约所获得的权利。在陌生人社会中，所有人对于他人在某种程度上都是陌生人，不可能完全掌握他人信息，因此指向他人的利益诉求只可能通过自身对他人的分析，这有可能因为归因错误或对他人能力的错误认知，使主体的利益诉求不符合他人对主体境遇的分析，或超出他人的承受能力，但这不代表向他人提出要求的过程是错误的、不应存在的，只能说明，主体在运用双重移情过程中存在认知错误，此时需要主体再次进行双重移情或重新认知自身与他人的道德关系。当主体在双重移情基础上进行道德性自利即尊严诉求时，向他人提出的行为理由即变为一种道德理由，此时不关乎他人与主体的关系。这一道德理由同样适用于陌生人，陌生人担负着满足我们自利性需求的道德责任。

第二节　移情对道德教育的意义

移情在道德生活中居于核心地位，主体可以通过移情以一种敏感的方式了解他人，获得关于他人的信息，从而做出道德判断。移情有可能是道德主体在道德判断过程中必然经历的心理过程，"如果成熟的道德主体认真地考虑他人利益,那他必然能够将自己置于他人境遇,并且获得他人观点或感受"①。移情作为人们的一般能力,使人们能够体验到他人在利益受损时的消极情感,激发主体产生增加他人福利的道德动机,认识到他人在当下境遇中的自利性需要,合理判断满足他人当下需求的行为方式,最终促使主体做出道德行为以消除他人消极情感。由此,移情培养实际是道德教育的重要组成部分。道德教育是指通过体验引导、理性说服、纪律约束等手段,对教育对象的动机和行为加以引导,使其产生应有的道德动机,将外在的行为要求转化为主体的内在动机,从而达到道德内化的最终目的。根据教育对象成长阶段的不同,可以将道德教育分为两个阶段,即早期儿童道德教育和青少年道德教育。在不同的道德教育阶段可以采用不同的移情培养方法,以使移情在教育对象的道德发展中发挥积极作用。

一、移情教育

移情应当被教育不仅仅是因为它在教育对象的道德发展过程中起到重要作用,而且是因为它促进了道德行为和道德决策。移情与道德之间的关系必须被重视,以此为基础,教育对象能够运用移情作为道德决策的一部分成为道德教育的重要内容。② 道德教育的过程与移情教育存在一致性,但不是所有类型的移情都是可教的。

角色扮演或观点采择的移情方式包含一定的移情技巧,是教育过程中的重点内容。观点采择移情的几种方式可以促进移情者产生公平、关怀、利他和了解他人的动机,从而促进公平,弱化针对他人的不公平。与强调认知的观点采择不同,模拟状态、经典条件反射和直接联想的移情不能被教。模仿和经典条件作用根植于自然情感,不能被用于道德思考,而且在道德判断中往往会导致错误的发生。直接联想移情,即移情者直接地、非思考地将自己的情况、经验与他人相联系的移情方式,要求主体自发地将他人经验与自己相连接。通过教育对象熟悉掌握观点采择的移情方式,他们便可以通过想象自身处于他人境遇更为合理地判断他人在当下境遇中表现在消极情感中的利益需求和价值追求。

观点采择的移情包括以下三种方式。

---

① Harvey Siegel, Educating Reason, New York: Routledge, 1990, p.43.
② Julinna C. Oxley, The Moral Dimensions of Empathy: Limits and Applications in Ethical Theory and Practice, New York: Palgrave Macmillan, 2011, p.139.

一是以他人为中心的移情。

在以他人为中心的移情中，A 想象自己是 B，有意识地想象自己身处 B 的境遇，并试着了解 B 如何感受，最后，A 会感受到与 B 相似的感受。当教育对象能够想象自己身处他人境遇并采取他人观点时，以他人为中心的移情就被教会了。当以他人为中心的移情成为一种习惯或自然倾向时，教育对象就能够识别什么样的境遇适合想象他人观点、了解他人情感，由此可以自然地采取他人观点。

通过感受、认同他人情感和观点，移情者可以立即进入他人境遇和观点，并认同他人在当下境遇中表现出的消极情感，以及消极情感表现所蕴含的价值判断和利益需求，即使这种观点不同于移情者自身观点。因此，以他人为中心的移情能够克服偏见，超越对自己与他人之间差异的认知，进而使移情者可以进入他人生活，认同他人与自己之间的差异。以他人为中心的移情可以作为工具，以促进并实现对他人的真正了解和对他人福利的关注，移情者在认同他人境遇、情感表现、价值判断的同时，减弱了因民族、性别或社会经济等方面存在差异而可能导致的偏见。[①]

二是以自我为中心的移情。

与以他人为中心的移情相比，以自我为中心的移情往往经历这样一个过程：当 A 看到 B，想象自己在 B 的境遇，从而感受到与 B 相一致的情感。以自我为中心的移情包括想象自己如何感受他人境遇，它有可能刺激主体产生一种关乎公平的判断。移情过程中，移情者对他人境遇的情感回应与他人的情感表现相一致，从而可以感受到他人被不公平对待所带来的消极感受，促使移情者做出公平判断。通过想象自己处于他人境遇，"善"的公平分配对主体而言变得很重要，从而使他有动机去改变这种不公平。在促进主体产生公平意识的同时，以自我为中心的移情还可以促使移情者产生平等意识。移情者认为，如果在他人境遇，自己会像他人那样表现和感受，因此他可以理解他人在当下境遇中的情感表现，进而将他人视为与自己在地位和权利方面是平等、相近的，促使移情者产生一种与他人之间的平等意识。以自我为中心的移情对促进实现公平或许更有效，因为自我中心动机限制了移情者想象自己处于他人境遇时采取他人观点，更多的是采取自身观点看待当下境遇中的价值判断和行为选择。他人观点表现出的差异或许超出了移情者指向自身

---

① Julinna C. Oxley, The Moral Dimensions of Empathy: Limits and Applications in Ethical Theory and Practice, New York: Palgrave Macmillan, 2011, p.133.

的自利性价值判断,但这与视他人与自己相似和平等相关,不考虑这些因素,对他人的理解就会消失。

三是双重视角的移情。

双重视角的移情教育会强调移情的认知功能,通过鼓励想象性思考开发人类了解和解释他人的不同方式。通过在自我观点与他人观点之间的不断转换,移情者可以对自己与他人之间的相似性和差异性有更深入的了解。这种了解他人的观点采择方式的运用在建立紧密联系、消除偏见、承认他人平等地位,以及促进公平或平等结果实现等方面往往居于中心地位。[①]

总之,移情教育可以使人们更为平等地将所有人作为移情对象,承认他人作为移情对象一方面具有与自己平等的地位,另一方面所有人彼此间具有平等的地位,并更为合理地结合他人当下境遇对其进行价值判断和行为选择;同时,又能出于自身所具有的,比如对于长远的好的生活的追求而对表现在他人消极情感中的利益需求和价值目标进行判断,从而使主体在移情过程中所形成的针对他人的判断,既不会完全出于自身观点以呈现一种不适用于他人的主观性,也不会完全出于他人观点以使自身无法形成对于这一判断的认同,进而无法将它们表现在针对他人的行为中。

二、儿童道德教育

"每个人都希望自身所处社会的儿童变得不再具有侵略性和暴力倾向,而是越来越无私、公平、慷慨、礼貌。"[②] 儿童道德教育的目标或目的是使儿童越来越善。早期,儿童对于自身行为没有约束观念,无法认识到什么样的行为应当被限制,其行为完全被"自我中心倾向"所引导,不考虑自身行为给他人带来的影响,只追求自身欲望的满足,在行为上表现出侵略和暴力倾向。此时,儿童具有先天的移情倾向,具有对他人行为、情感做出移情反应的能力,正是依赖于这种先天的移情能力,在父母的诱导和约束及与同伴的关系处理过程中,儿童逐渐形成对道德行为的正确认知。在这一阶段,道德教育注重儿童道德动机的养成,使儿童依赖自身情感和认知能力,自觉判断自身行为对他人的影响,在认识到自身行为伤害他人时,形成一种"内疚"情感;在初步认知及形成道德标准、道德原则的基础上,儿童能够对他人行

---

① Julinna C. Oxley, The Moral Dimensions of Empathy: Limits and Applications in Ethical Theory and Practice, New York: Palgrave Macmillan, 2011, p.136.

② Larry P. Nucci, Education in the Moral Domain, New York: Cambridge University Press, 2001, p.ix.

为独立做出道德判断。在早期儿童道德教育中，道德规范作为父母引导和教育的手段，对儿童而言是一种外在约束。当能够独立做出道德判断时，自身的道德标准与外在规范存在不一致，儿童在外在规范的约束下不断纠正自身的道德标准，对道德规范的外在认知逐渐变成内在认同，使做出道德行为的外在必要性转化为内在的自愿，即实现道德动机的内化。

  早期道德教育中，儿童借助移情体验获得道德认知和道德意识。在自我中心倾向的驱使下，生活中一再做出违反道德、损害他人利益的行为时，儿童会体验到行为对象，尤其同样是儿童的同伴所表现出来的消极情感，在父母的引导下，儿童因自身行为对他人造成的伤害而产生一种内疚情感。"当儿童一再体验到一系列越轨行为，随后是父母的诱导，然后是儿童的移情忧伤和内疚感时，儿童就会形成越轨行为→诱导→内疚的文本，由于其中含有移情忧伤和内疚的成分，这些文本便具有了动机的性质。"[①] 当这种文本在与他人冲突的实际情境中第一次被激活时，其动机成分可能还不足以克服其自我中心倾向，但是，随着冲突的不断出现和早期文本的一再激活，其动机成分会变得强大起来，尤其是与认知发展及与他人冲突的压力相结合时，就能克服自我中心倾向。也就是说，在日常生活中，通过移情所感受到的外在压力，"迫使儿童认识到他人有自己的要求；认知使他们能够理解他人的观点；移情忧伤和内疚驱使他们考虑他人的要求和观点"[②]。如此，儿童会形成对道德的理解，即什么样的行为是被允许的，什么样的行为会使他人表现出消极情感，是不道德的，这种简单的关于道德的理解被称为"道德文本"。这一道德文本不是消极地获得的，而是儿童在对外在信息进行不断建构、综合和组织加工的过程中，把它和自己的行为及自己所导致的他人情感表现联系起来的过程中积极地形成的。当道德文本形成时，父母的诱导对于儿童判断自身行为是否道德就不再是必要的了，"越轨行为→内疚"的道德文本，可以通过儿童自身认知到对他人的伤害而被激活。当认识和想象到自身行为对他人所造成的消极后果时，如他人因自身行为而表现出消极情感，道德文本就会被激活，儿童就会从自己内心产生一种与这一文本有关的内疚和想要做出补偿的动机，这是一种反对做出这种行为的动机，如果做出这种行为儿童就会感到内疚。道德文本的形成标志着儿童早期道德教育的阶段性完成。

---

  ① ［美］马丁·L. 霍夫曼：《移情与道德发展：关爱和公正的内涵》，杨韶刚、万明译，黑龙江人民出版社2003年版，第12页。
  ② ［美］马丁·L. 霍夫曼：《移情与道德发展：关爱和公正的内涵》，杨韶刚、万明译，黑龙江人民出版社2003年版，第12页。

在儿童阶段的后期，儿童可以通过将他人行为与自身道德文本相联系，判断他人行为是否道德。在接触社会的过程中，儿童不断认识到他人行为带来的后果，当他人行为损害到某人利益时，儿童将这种经验与自身关于公正的经验联系在一起。例如，儿童在受到不公正对待时感到忧伤，他们观察发现，当受到类似的对待时，其他人也会表现出忧伤，他们就会对那种忧伤产生移情，从而判断此类针对他人的行为是不公正的。儿童逐渐能够由此形成日益复杂的以移情为基础的公平感和关心他人的感受，并能够把某些行动区分为道德上错误的、不公正的，最终把它们理解为更普遍的、抽象的，但仍受移情控制的公正原则。在这一过程中，"公正"实际上意味着对于道德规范的遵守，儿童会将遵守规范的行为理解为公正的行为，将违反规范的行为理解为不公正的行为，此时，儿童已形成对于道德规范的基本认知和理解。当儿童能够运用语言表述他人行为道德与否时，就意味着儿童已经形成独立做出道德判断的能力，是早期道德教育的尾声。在运用语言的过程中，儿童能够自行以及在与别人的交流中，根据他人的解释、说明和情绪反应，以及自己作为旁观者及不公正行为对象的认知和情绪反应，做出自己的道德推理。① 语言运用基础上的道德推理意味着儿童对道德规范的积极理解。

早期道德教育涉及相互联系的三个方面，即"建立一个道德的环境和气氛，将价值教育融入教育过程中，形成一个道德自我"②。移情涉及移情者、移情对象，移情对象又因为自身行为涉及对象的不同可分为行为对象（如同伴）和行为监督者（如父母）等，由此，早期道德教育的三个方面就体现在儿童作为移情者与移情对象的关系中。在道德环境方面，当儿童表现出违规行为时，父母进行诱导、约束，比如对儿童的违规行为表现出愤怒等情感，儿童通过移情感受到移情忧伤，并为消除移情忧伤不断纠正自身行为；价值教育方面，当行为损害同伴利益时，作为直接行为对象的同伴会表现出忧伤、痛苦等消极情感，儿童通过移情感受到他人的消极情感，认识到自身欲望并不是行为唯一必须考虑的事情，并通过自然的移情倾向使自己能够接受他人要求，承认他人欲望满足对于他人的重要性；道德自我方面，儿童通过移情的运用不断脱离自我中心，并偏爱具有互惠性的行为。总之，通过与移情对象关系的不断完善，儿童形成一定性格，认知到社会规范，并使自身

---

① ［美］马丁·L. 霍夫曼：《移情与道德发展：关爱和公正的内涵》，杨韶刚、万明译，黑龙江人民出版社2003年版，第20页。

② Larry P. Nucci, Education in the Moral Domain, New York: Cambridge University Press, 2001, p. xix.

行为符合某些特定方式，如远离暴力、乐于助人、乐于分享、关爱他人等，①最终摆脱可能导致自身行为违反规范的"自我中心倾向"，能够胜任社会生活、融入道德生活，同时对自身和社会持一种批判的道德观点。早期道德教育过程中，针对儿童的移情教育应采取诱导训练方法。诱导训练的方法如：父母看到自己的孩子在玩耍时，取笑其他小孩的走路方式，这时父母对自己的孩子说："笑话别人走路，你觉得很开心，但你没有看到你伤害了那个小孩吗？你没有看到，当你取笑那个小孩时，他感到很伤心吗？如果那个小孩取笑你，你一定会觉得很伤心。现在，如果你跟他道歉，他会觉得好受一点。"当父母或其他教育者使儿童考虑他人观点时，儿童就是在通过诱导方法训练移情。这一方法在儿童早期道德教育中起到重要作用：一是强调他人忧伤，并使儿童重视他人忧伤。通过向儿童展示当他处在他人境遇时自己也会感到悲伤，父母唤起了儿童的移情和移情忧伤。二是强调儿童在导致他人忧伤中所扮演的角色，这使儿童因自身行为对他人造成伤害而感到内疚或不开心成为可能。强调儿童的因果角色很重要，否则儿童只会与其他儿童一起哭，而不会意识到是他造成了他人忧伤。②

　　诱导训练方法强调了移情的认知维度：通过诱导训练，儿童认识到他人有自己的理由和欲望（如不被伤害的欲望），并且这些理由和欲望是合理的，与自己的不被伤害的欲望相似。在诱导训练过程中，移情作为一种工具使移情者认识到，当自己的注意力被引入他人的观点和经验时，他人情感与自身情感是相似的。诱导教育强调他人观点，因为儿童没有能力准确认知他人观点，在道德教育过程中，家长和教师帮助儿童学习如何从他人观点看待事情。在诱导训练的移情教育过程中，教育者强调他人观点，重点突出他人忧伤，使儿童清楚意识到是自身行为导致了他人忧伤。这种训练的目的是使儿童感受到移情忧伤和内疚感，意识到他的行为可能导致的伤害，并由做出行为的自利性欲望来评估这一伤害。本质上，诱导训练是一种迫使儿童认识到自身行为对他人影响的方法，帮助他认识到受到伤害的他人如何看待他。③

---

① Larry P. Nucci, Education in the Moral Domain, New York: Cambridge University Press, 2001, p. ix.

② Julinna C. Oxley, The Moral Dimensions of Empathy: Limits and Applications in Ethical Theory and Practice, New York: Palgrave Macmillan, 2011, pp. 138–139.

③ Julinna C. Oxley, The Moral Dimensions of Empathy: Limits and Applications in Ethical Theory and Practice, New York: Palgrave Macmillan, 2011, p. 138.

三、青少年道德教育

道德教育可以影响教育对象对道德的理解，影响自我意识的程度，[1] 这尤其表现在青少年道德教育中。在青少年道德教育中，教育对象通过移情体验完善自身对于一般道德原则的理解，不断纠正自身对于道德规范的原有认知，并以一种批判性观点对待父母、朋友等熟人群体所认同的道德规范。这一阶段的教育目标包括激励教育对象理解、把握"公平""人类福利""权利""社会规范"和"社会组织"等概念，以使他们能够作为社会成员和道德主体参与社会事务，并且对自身行为和社会规范持一种批判性的道德态度[2]，最终使教育对象认识到他人向自己提出的道德要求可以改变，自己应当运用自己对于道德的理解来评价他人所处文化的习俗性行为和合乎规范行为。随着儿童成长为青少年，早期道德教育过程中形成的"道德"已无法适应青少年的交往需要。首先，在早期道德教育过程中，儿童对于道德规范的理解和遵守，一方面源自父母的引导，另一方面来自与周围熟人的交往，这使教育对象易于将移情的多少等同于道德标准，即对他人移情多意味着对对方负有更多的道德责任，对他人移情少意味着对对方负有更少的道德责任。将移情等同于道德就会得出结论，教育对象应按自己所处关系亲疏层次接受不同的道德教育，导致教育对象所理解的道德标准可能最终只适用于自己所身处的熟人关系中。但熟悉或亲近并不意味着任何的行为正当性，移情者与熟人的关系迥异于与陌生人的关系，单纯强调亲疏关系在移情引发道德行为方面的重要性，就会使以移情为基础的道德并不适用于陌生人社会。当儿童成长为青少年或成人时，随着交往范围不断扩大，由父母得来的道德标准不断受到冲击，当与陌生人交往时，教育对象在与熟人交往中形成的道德标准已明显不适用于与陌生人间的关系。

其次，在早期道德教育过程中，教育对象形成道德文本依赖于"内疚"，即当认识到自身行为给他人带来伤害时，自身感受到"内疚"。"内疚"情感的产生是道德阶段性成熟的标志，意味着教育对象能够独立判断自身行为的对错，也是教育对象判断自身行为的标准，教育对象会自觉地将内疚情感

---

[1] Larry P. Nucci, Education in the Moral Domain. New York: Cambridge University Press, 2001, p. 214.

[2] Larry P. Nucci, Education in the Moral Domain, New York: Cambridge University Press, 2001, p. 169.

的产生等同于道德标准:当自身行为后果没有使自身产生内疚情感时,自身行为就是对的;反之,自身行为就是错的。但因为一直局限于熟人关系中,教育对象在将内疚作为道德标准时,会将某些虚假内疚,即实际上并非自身行为导致他人表现出消极情感,涵括进道德标准中。"内疚"情感中有两种是"虚假内疚",一种是"关系内疚",它由亲密关系引起。具有亲密关系的两个人相互依赖,以致他们的情感和情绪极大地依赖于对方的情感、情绪和行动,从而不仅为伤害同伴,而且为想到自己已经伤害同伴提供了更多的机会,因为彼此都知道对方同样依赖于自己,结果双方都会对自己的言行对对方造成的潜在影响形成一种强烈的敏感。由此,当同伴表现出消极情感且原因又不清楚的时候,主体不仅会感到移情忧伤,而且会因为同伴的状态而自责。① 另一种是"责任内疚",它源自主体为伤害过的某个人负责,即使事实清楚地表明不是主体的过错时,主体也会产生内疚感。当主体很重视自身行为导致的他人的痛苦时,就会在心中不断回顾当时的情境,认识到自己本来能够采取不同的行为,本来可以避免导致他人产生消极情感,长此以往,主体会从"我本来能够"转向"我本来应该",因此产生自责、感到内疚。② 虚假内疚的存在表明,在早期道德教育中,虽然"内疚"情感标志着教育对象具有自觉产生利他动机的能力,但这种情感本身并不能作为道德标准,尤其在陌生人社会中,交往对象和交往范围都远远超出了早期道德教育的范围。因此,在青少年道德教育中,对于道德规范和道德原则的认知成为重点内容。

在青少年道德教育过程中,因为不断接受迥异于自身原有道德价值判断的其他社会价值,所以需要教育对象考虑自身道德价值与其他社会价值的关系。"从教育的立场来看,了解道德与其他社会价值的潜在重合与相互关系的本质是教育结构和教育实践的核心。"③ 在道德教育的过程中,教育对象会考虑自身道德与其他社会价值的关系,但道德教育的重点需要始终放在教育对象的"公平概念和对他人福利的关心"的发展中,④ 因为公平和对他人福

---

① [美]马丁·L. 霍夫曼:《移情与道德发展:关爱和公正的内涵》,杨韶刚、万明译,黑龙江人民出版社 2003 年版,第 13 页。

② [美]马丁·L. 霍夫曼:《移情与道德发展:关爱和公正的内涵》,杨韶刚、万明译,黑龙江人民出版社 2003 年版,第 14 页。

③ Larry P. Nucci, Education in the Moral Domain, New York: Cambridge University Press, 2001, pp. 76 - 77.

④ Larry P. Nucci, Education in the Moral Domain, New York: Cambridge University Press, 2001, pp. 104.

利的关心是教育对象在处理与熟人或陌生人关系时的基本原则,这一原则不会改变,改变的只是在熟人社会中形成的基本的道德规范。当教育对象把内化的关怀和公正原则付诸实施,认识到自身能够做出选择和控制,并且为其行动负责时,他就达到了一个新的道德水平,"表现了一个人内化的原则,是对自我的一种肯定。一个人感到,考虑他人和公平地对待他人是一个人的职责或责任"[①]。

因此,青少年道德教育在以儿童早期道德教育为基础的同时也与之存在不同。利他动机培养既是儿童道德教育的重点,也是青少年道德教育关注的内容,但教育过程已不局限于家庭或学校,而是由青少年在不断扩大的社会实践中自觉发现"公平""人类福利"和"权利"及道德规范对于他人的意义,在认识到其他社会价值与自身道德价值存在差异的同时,青少年需要承认其他社会价值的合理性。为保证青少年在社会交往过程中能够准确认知其他社会价值,合理评价其他价值对于他人的意义,学校在道德教育过程中应注重青少年移情技巧的培养。这是青少年道德教育与儿童早期道德教育的不同所在。

对青少年进行移情教育时,教育者往往采取理性的、直截了当的方式,如重复练习、艺术或团队训练等,这一移情教育方式往往被学校和其他教育机构所运用。移情教育的课程包括定义移情、认识自身情感、发展认识他人情感的技术、倾听他人并对其移情、控制自己的情感、将自己的情感放一边以集中考虑他人情感等。此外,还有其他课程将移情与各种各样的道德价值、关注和原则相联系,这些道德原则包括待人友善、和平相处和开放包容,从而达到"教育学生移情的价值,帮助学生认识自己和他人的情感,帮助他们将自己置于他人境遇,并教授学生如何呈现对他人的了解和接受"[②]的目的。在对学生进行移情教育的过程中,学校和教师需要与学生进行积极交流,如保证学校始终营造安全的氛围,并欢迎每一个进入学校的学生,鼓励老师在与学生的交流中对其进行更为深入、合理的移情,并将这种移情作为与学生建立信任关系的首选方法;还包括教育学生一些具体的移情技巧,引导学生对他人进行倾听、尊敬,并针对他人做出慷慨行为等。另外,移情

---

① [美]马丁·L. 霍夫曼:《移情与道德发展:关爱和公正的内涵》,杨韶刚、万明译,黑龙江人民出版社 2003 年版,第 21 页。

② Tonia Caselman, Teaching Children Empathy, the Social Emotion: Lessons, Activities and Reproducible Worksheets (K – 6) That Teach How to "Step Into Others' Shoes", Chapin, SC: Youth Light Books, 2007, p.6.

实践既包括个体的实践也包括团体的实践,如阅读小故事、听歌曲,以及运用与移情发展相关的标准对学生进行评估。① 为使教育对象了解其他文化,学会批判思考的方法,以达到通过移情减少偏见的目的,移情教育还包括鼓励学生将自己的观点和经验与他人相联系,教育学生对某一问题做主题分析,具体包括四种方式的经验性学习,即结合某一主题进行有针对性的学习,了解和想象他人的生活,通过调查以更多地了解他人的经验,以及假定自己在他人境遇中会做出何种选择或如何解决问题。这被称为通过移情了解他人的"思考-感受螺旋"(Thinking-Feeling Spiral)②。

因此,道德教育的过程实际上是这样一种过程:培养教育对象形成一种道德思考的能力和逻辑,以使其在具体的移情过程中,认识到自己对于他人所应承担的道德责任;能够形成对于他人情感表现的认同,并在分析他人表现消极情感的原因,即他人境遇的基础上,做出针对他人的合理的价值判断和行为选择,从而实现自身对于他人的道德责任;形成道德分析和道德判断中的第二人立场,既能使自己站在他人立场看待他人境遇,也能基于自身观点对表现在他人消极情感中的利益需求和价值追求进行判断,以使自身针对他人的行为在可能违反某一规范时得到道德辩护。

总之,移情伦理对于"陌生人社会"和道德教育的积极意义,表明在受同一文化影响的某一社会内部,要求人们形成增加他人福利的道德动机,站在他人立场,基于自身观点,结合他人境遇,针对他人进行价值判断和行为选择不仅是必要的,而且是可行的。这同时说明移情伦理能够通过现实生活的检验。除此之外,还应考虑移情伦理在跨文化交流中可能具有的积极意义,以更好地为移情伦理进行合理性辩护。

---

① David Levine, Teaching Empathy: A Blueprint for Caring, Compassion and Community, Bloomington, Indiana: Solution Tree, 2005.

② Joan Skolnick, Nancy Dulberg and Thea Maestre, Through Other Eyes: Developing Empathy and Multicultural Perspectives in the Social Studies, Don Mills, Ontario: Pippin Publishing Corporation, 2004, p. 4.

第八章

基于移情伦理理解"人类命运共同体"

人类命运共同体作为当代中国在外交方面追求的目标和理念,其中所包含的价值目标和行为规范与移情伦理的价值判断和行为规则相一致。基于移情伦理对人类命运共同体进行阐释,我们不仅能够明确人类命运共同体理念缘起、价值目标和行为规范的合理性,而且也是对移情伦理的进一步检验,在扩大移情伦理适用范围的同时,明确移情伦理在以国家为主体的道德关系中的作用和意义。与以人作为道德主体的道德关系不同,在以国家作为道德主体的道德关系中,适用于以人为主体的道德立场、观点、方法和原则或许无法完全适用于国家。因为国家实际上是一种双重主体,一方面在与其他国家的交往中作为一个主权国家的主体存在,另一方面任何一个国家都由其人民或具体的利益主体所构成,这就使作为主权国家的主体同时也是构成这一国家的作为人民的主体。因此,在对国家进行价值判断和行为选择方面的分析时,不能简单地将其视为一个类似于人的主体,从而认为适用于人的价值判断和行为规则同样适用于国家,同样也不能只是将其作为一个人的集合,认为因为人与人之间存在价值判断的差异,所以作为人的集合的国家没有一个明确的价值目标,这显然是不对的。因此,考量一个国家的价值目标合理与否,不仅涉及其国家层面,也应涉及构成其国家的人民层面。

人类命运共同体既是对当今世界一体化进程中各民族、各国家价值诉求的明确,也蕴含着世界各国交往时应遵守的道德规范。习近平总书记指出:"没有哪个国家能够独自应对人类面临的各种挑战,也没有哪个国家能够退回到自我封闭的孤岛。"[①] 当前,各种严峻挑战摆在全人类面前,尤其是各类

---

① 习近平:《决胜全面建成小康社会 夺取新时代中国特色社会主义伟大胜利——在中国共产党第十九次全国代表大会上的报告》,人民出版社2017年版,第58页。

公共安全事件,阻碍了各国追求实现自身利益的进程,成为需要全人类共同面对的问题。人类交往的世界性比过去任何时候都更深入、更广泛,唯有积极推动构建人类命运共同体才是实现世界各国人民所向往美好生活的唯一出路,只有通过更为合理、正当的共同性行为才能有效应对这些挑战,只有在明确各国行为正当性标准的基础上才能真正实现共同的价值目标。

第一节 人类命运共同体的道德目标

移情伦理以人类一般行为所具有的自利倾向作为其价值论基础。自利指主体出于过一种好的生活的动机而为自己谋取利益,这是人类普遍具有的基本行为动机。自利实际上构成了为使自己的生命变得更好的一种内在动机,它来自主体关于自己整个生命的看法和观点。什么是你的自利?那就是有助于你实现"使自己生命变得更好"这个目的的一切。因此,一个行为是自利的,或者说对我有价值,是因为它能促进我的追求和/或目标的实现,而这一追求和/或目标是我强烈并发自内心地在意的。由自利出发应当做某事,即是指在特定情况下,当且仅当这件事比我所能做的其他事情更能使我的生活变得更好。因此对于主体而言,自利代表着价值,自利性需求的满足意味着价值的实现。人类命运共同体明确了关乎世界各国人民前途命运的价值目标,即建设持久和平、普遍安全、共同繁荣、开放包容、清洁美丽的世界。习近平总书记代表中国共产党和中国人民提出的人类命运共同体目标,实际上就是中国和中国人民为实现自身"强烈并发自内心地在意的"目标——国家富强、民族振兴、人民幸福——而提出的一种价值追求。人类命运共同体的建成有助于这一目标的实现。一种价值性自利判断的得出,一方面取决于主体对自身内在欲望的合理分析,另一方面还与外在对象有关。当我们试图满足自己的欲望时,我们的行为指向外在事物,因此,价值性自利也包括对于外在对象是否具有满足主体自身当下欲望的属性的判断和如何实现外在对象对于自身欲望满足的方式的判断。人类命运共同体的提出,是中国和中国人民进行中国特色社会主义建设的必然,是中国和中国人民基于自身所要实现的长远目标,对当前所处发展阶段、所需解决问题的合理分析而得出的一种合理价值追求,同时也是以对当今世界发展趋势的科学判断为依据,从而保证这一目标不仅对于中国和中国人民,而且对于全世界都是在合理性层面"应当具有"的价值追求。

一种价值目标的明确,首先基于追求这一价值目标实现的主体为自身所设定的长远的好的生活,当有利于长远的好的生活实现时,这一价值追求就是合理的。中国人民所追求的长远的好的生活,是这样一种生活,即其中有更好的教育、更稳定的工作、更满意的收入、更可靠的社会保障、更高水平的医疗卫生服务、更舒适的居住条件、更优美的环境时,孩子们就能成长得更好、工作得更好、生活得更好。① 中国共产党和中国人民认识到,在全球化的今天,只有通过构建人类命运共同体,才能使中国人民实现这样的生活。这种长远的好的生活的实现,离不开中国的发展,而中国以及当今世界任何一个国家的发展都离不开与其他国家的合作共存。经济、文化等各方面交往的加深,使各个国家在实现本国人民所向往美好生活的过程中,都以加强国际交流作为实现这一目标的手段和方式,而且这一手段、方式在当今世界也是唯一合理的方式。各种全球化问题,如经济问题、环境问题等已成为阻碍各国人民尤其是中国人民追求自身所向往美好生活的最大因素,建设持久和平、普遍安全、共同繁荣、开放包容、清洁美丽的世界才能在当今时代保证中国人民所向往美好生活的实现。可以说,人类命运共同体的价值目标与中国人民所向往的长远的好的生活之间存在一种合理性的联系。并且,这一价值目标也是中国和中国人民采取"第二人立场",承认其他国家和民族同样有着对于美好生活的追求,为实现这一美好生活,各个国家和民族必然且唯有在追求人类命运共同体所揭示价值目标的过程中才可能成功。因此,实现建设持久和平、普遍安全、共同繁荣、开放包容、清洁美丽的世界这一目标,既符合中国、中国人民和世界各国的根本利益,也应当成为当前人类社会共同的价值追求。持久和平、普遍安全是人类生存和发展的基础,关系所有国家安全环境的营造,离开国际安全环境这一前提,任何一个国家、任何一个国家的人民都无法追求长远的好的生活的实现;共同繁荣意味着人类所向往美好生活的实现,包括政治、经济、文化、社会、生态文明等各个领域和方面,只有实现了各个国家以及各个领域的共同繁荣,才标志着人类所向往美好生活的实现;开放包容既是保障持久和平、普遍安全实现的前提,也是推动共同繁荣的唯一方式,其中除涉及各国及各国人民安全的实现、福利的增加外,还关乎一个国家、一个民族的尊严,只有实现开放包容,每一个国家、民族才能与其他国家和民族作为平等主体参与到国际交往中;清洁美丽关乎人类共同命运,是人类的共同梦想,无论哪个国家,哪个民族,无

---

① 《习近平谈治国理政》第1卷,外文出版社2018年版,第4页。

论有着怎样独特的文化及价值性自利判断，清洁美丽的环境都是全人类共同的价值追求。因此，建设持久和平、普遍安全、共同繁荣、开放包容、清洁美丽的世界，既是中国和中国人民基于实现自身所向往美好生活对当今世界和各个国家交往过程中应有目标的一种价值判断，也是中国和中国人民站在他国和他国人民立场所做出的有益于他国和他国人民实现其所追求的长远的好的生活的价值判断。

人类命运共同体所明确的价值目标，是中国和中国人民对于自身当前所处境遇进行分析后，认识到能够通过这一价值的实现来消除当前利益损失及增强自身福利的理性判断。中国特色社会主义建设进入新时代，中国近年来在各领域、各方面进行了深层次、根本性的变革，取得了全方位、开创性的成就，但依然面临很多困难和挑战。如在国内，当前中国发展不平衡、不充分，发展质量和效益还有待提高，部分重要领域创新能力不够强，关系国计民生的实体经济水平有待提高，生态环境保护任重道远，意识形态领域斗争复杂，国家安全面临新问题等；① 国际上，霸权主义、强权政治依然威胁我国经济、文化等领域的安全，保护主义、单边主义依然是我国对外经济发展的最大障碍，战乱恐袭、饥荒疫情依然是我国当前需时刻警惕的问题等。② 这些困难和挑战成为中国和中国人民实现自身所向往美好生活和国家富强、民族振兴、人民幸福的最大阻碍。虽然在很大范围和程度上，中国和中国人民依赖自身就有能力和信心解决这些问题，但相较而言，这并不是实现这一目标最为合理的方式。中国和中国人民在革命、建设、改革中所取得的胜利和中国特色社会主义的伟大实践证明，改革开放是强国之路。在当今时代，只有通过建设持久和平、普遍安全、共同繁荣、开放包容、清洁美丽的世界，才能保证中国和中国人民消除自身所面临的困境，才能解决阻碍自身发展的各方面矛盾和问题，最终实现中国人民福利的增加。

人类命运共同体蕴含了中国特色的道德逻辑。习近平总书记指出："一个民族、一个国家的核心价值观必须同这个民族、这个国家的历史文化相契合，同这个民族、这个国家的人民正在进行的奋斗相结合，同这个民族、这个国家需要解决的时代问题相适应。"③ 建设持久和平、普遍安全、共同繁

---

① 习近平：《决胜全面建成小康社会 夺取新时代中国特色社会主义伟大胜利——在中国共产党第十九次全国代表大会上的报告》，人民出版社 2017 年版，第 9 页。

② 中央宣传部编：《习近平新时代中国特色社会主义思想学习纲要》，学习出版社、人民出版社 2019 年版，第 209 页。

③ 《习近平谈治国理政》第 1 卷，外文出版社 2018 年版，第 171 页。

荣、开放包容、清洁美丽的世界不仅指向中国和中国人民所向往美好生活的实现,是解决当前中国在各个领域谋求发展所面临各种困难和挑战的合理行为选择,同时也体现着影响中国和中国人民形成当前价值判断的中华优秀传统文化和中国特色社会主义文化。中国和中国人民受中华优秀传统文化影响,在革命、建设、改革的过程中,创造了中国革命文化和社会主义文化,三者共同构成新时代中国特色社会主义文化。受这一文化的影响,中国和中国人民对自身所要实现的长远目标、追求长远目标实现过程中的阶段性目标,以及实现目标的方式都彰显着中国文化特色。中华民族历来秉持"天下大同"理念,无论是个人还是民族都以追求所有人的共同富裕作为自己的价值追求,自觉将针对自身的价值判断和行为选择融入所有人共同价值目标的实现过程中。对于人类命运共同体所明确的目标,中国和中国人民认为这一目标的实现不仅有利于中国人民所向往美好生活的实现,而且有利于世界各国人民所向往美好生活的实现。即使得益于这一目标的实现,中国和中国人民实现国家富强、民族振兴、人民幸福这一独具中国特色的目标,也以不损害他国人民利益为前提,并且同时寻求与他国人民共同发展。所以,人类命运共同体是中华民族历来秉持的"天下大同"理念的当代表述,符合中国人民怀柔远人、和谐万邦的天下观,体现着中华民族"兼济天下"的道德情怀。

人类命运共同体所明确的目标不仅关涉中国和中国人民自利性需求的满足,而且也关涉他国和他国人民利益的实现,可以说,这一目标表达了中国和中国人民对于他国和他国人民福利的重视。在判断他国和他国人民应有价值追求和价值目标时,中国和中国人民站在对方立场,以自身指向长远的好的生活实现的价值判断为依据,认为自己的价值追求同时也是对方的价值追求,能满足自身价值追求的事物和行为同样能够满足对方需求。在这一价值判断过程中,中国和中国人民表达了一种移情关切,并形成一种他国导向的移情情感,这一情感由他国同样面对的发展困境以及中国和中国人民清楚意识到的他国应有福利所引起,进而产生一种在增加自身福利的同时增加他国福利的动机,追求与他国携手解决共同问题。在这一过程中,中国和中国人民对他国福利的重视,是内在的、目的式的而不是外在的、工具式的重视。中国和中国人民承认各国福利和所追求目标相对于自身的重要意义,即使在结果上,他国福利的增加和所追求价值的实现有利于中国的发展,中国和中国人民也承认他国针对自身所做出的具有独特特征的价值判断和行为选择的合理性,不会为追求中国和中国人民利益的实现而将某种价值目标强加于他

国。当然，与人作为主体的增加他人福利的道德动机产生过程不同，以主权为标志的国家不可能以损害自身利益为前提来实现他国和他国人民利益，若如此，无疑就是以一种国家视角将本国人民的利益置于他国人民利益之后，将本国人民的地位置于他国人民的地位之下，这在任何一个国家都不可能发生。在国家间关系中，当国家作为主体时，对其道德与否的判定明显不同于对人的道德判定。对于人而言，只有当主体关注的是他人福利的实现，而不是自身福利的实现，增加他人福利才可能成为道德动机。但对于国家而言，当国家在追求自身福利实现的过程中，站在他国立场，对他国和他国人福利的实现产生关注，这本身就是一种道德动机。因为在这一过程中，虽然国家做不到像人一样，在价值判断和行为选择中仅以"消除他人消极情感、增加他人福利"为内在目标，并借助自身行为只追求这一目的的实现，但当一个国家在设定针对自身的目标时，站在他国和他国人民的立场上，使这一目标设定不损害他国已有利益，并以一种得到对方认同的方式保证这一目标及其实现必然有益于他国和他国人民利益的实现，则这一目标的得出本身就具有一种道德意义。所以说，建设持久和平、普遍安全、共同繁荣、开放包容、清洁美丽的世界不仅对于中国和中国人民而言是合理的，对于世界各国而言都是合理的，符合任何国家及其人民的根本利益。同时，从全世界角度而言，这一目标的提出本身也是中国和中国人民作为负责任主体担负起自身在世界范围内的道德责任的表现。

第二节 人类命运共同体的道德规范

人类命运共同体清楚指出了世界各国交往时的行为规范，即相互尊重、公平正义、合作共赢，这一规范是为实现人类社会共同价值追求而对世界各国提出的道德要求。只有世界各国都遵从这一规范，人类命运共同体所揭示的共同价值目标才能实现，才能保证各国在交往过程中真正以实现"建设持久和平、普遍安全、共同繁荣、开放包容、清洁美丽的世界"作为唯一目的。

判断一个行为道德与否的标准在于这一行为是否出于一个良善动机，只有出于消除他人利益损失或增加他人福利这一动机的行为才是道德行为，进而保证主体是出于一种内在行为理由而做出这一行为的。对于作为人的行为主体而言，当具有这一内在理由，其行为就必然指向这一理由所对应动机的实现，从而使其行为是一种道德行为。但当国家作为行为主体时，因为价值性自利判断的明显差异，国家主权所关涉利益的核心性，以及国家与构成国家的人民的主体双重性，使国家无法单纯以牺牲自身某种利益为代价来实现他国利益损失的消除或福利的增加。因此，对于作为主体的人而言，保证其具有一种良善的内在行为理由，就可使其行为是一种道德行为，而这一行为往往是一种主体自愿牺牲自身某种利益并将其视为自身责任的行为；但对于作为主体的国家而言，只能对其行为理由做最基本、最低限度的要求，即不是出于损害他国利益的理由，而是出于增加交往双方共同认同的福利的理由就是一种内在理由，由此做出的行为就是一种道德行为。但显然，这一最低限度的行为理由无法保证世界各国在交往中做出积极行为，因此就需要有相应的行为规范，一方面保证各国在交往中不损害他国利益，另一方面保证双方能以一种积极行为的方式实现共同认同的价值目标。"相互尊重、公平正义、合作共赢"是从不同层次对各国交往行为的统一性规范，只有遵守这一规范，人类命运共同体所提出的关乎人类共同命运和福利的美好世界才能实现，才能保证各国共同福利的增加成为任何国家行为的最终目的。

相互尊重是对各国交往中如何看待他国，置他国于何种地位的一种要求。相互尊重要求世界各国无论相互间在制度、种族、文化、信仰等方面存在何种差异，都应当被视作平等主体来对待。只有处于平等地位，各国才有进行交往的可能。因此，相互尊重是对世界各国交往行为的最基本要求，只有实现相互尊重才能保证彼此间针对自身和对方行为的合理性被双方共同认同。相互尊重，首先是尊重他国的主体地位。正因为具有与他国平等的地位，所以世界上任何一个国家都不应被歧视和侵害。这一平等地位的由来是出于本国人民对自身生存的自主决定，而非以领土大小、经济强弱、文明先进与否来衡量和判断国家在世界中的应有地位。对于任何一个国家而言，本国人民无一不视本国主权的独立性和与他国地位的平等性为自身生存的重要前提，这无关乎本国领土大小、经济强弱、文明先进与否，因此，站在他国立场，任何一个国家及其人民也都必须承认他国和他国人民视自己国家主权和与他国平等地位的重要程度的合理性。其次是尊重他国决定自身价值目标和实现这一价值目标方式的合理性。制度、文化、习俗、历史等方面的差异导致各国对本国价值目标和实现这一价值追求方式在自主决断中存在差异，但这一差异显然无法成为任何国家用以判断他国价值追求及实现这一价值追求方式合理与否的标准，任何国家都不应当因他国与本国在价值追求和实现价值方式上的差异，将对方判定为不合理。如果说，国家主权和与他国地位的平等是一个国家及其人民生存的前提,那自主决定自身价值追求和实现价值的方式对于任何一个国家及其人民而言,就是其发展的前提,两者具有同等重要的意义。无法实现发展的生存,必然无法持续。最后是尊重他国在构建人类命运共同体过程中出于自身能力限度而做出相应行为的合理性。构建人类命运共同体作为世界各国和全人类共同的追求,要求各国应当做出积极行为,但不应当要求各国做出某一层面同等程度或同等强度的行为。因为国家综合实力强弱、发展本国某一领域对本国紧迫程度等方面的差异,各国在解决人类共同问题、增加人类共同福祉方面存在能力的大小,不能以发达国家在这些方面所能做出及所应做出的行为来要求发展中国家。对任何一个国家在处理国际问题时行为方式的合理性方面的要求都应以这一国家自身能力范围为前提,做出超出这一国家能力范围的行为要求,虽然在动机和目的层面可能更利于全人类共同问题的解决和福利的增加,却违背了人类命运共同体的本意,必然是不合理的。

公平正义关乎各国在解决全人类共同问题中责任的分担及增加全人类共同福祉方面受益权利和机会的分配,是对相互尊重的向前推进,保证相互尊重的实现。公平正义要求无论世界各国领土大小、经济强弱、文明先进与否,都应在某些层面一律平等,但在这一平等的前提下还应有差异性行为要求。在平等方面,各国承担解决全人类共同问题的责任及受益于全人类共同福祉增加的权利和机会是平等的,这一平等要求世界各国在国际交往中处于平等主体地位。不能因一国综合国力强大,对自身发展就有更高要求,也不能因为一国综合国力不强,对自身发展要求紧迫,就将解决全人类共同问题视为只是他国责任,自身不承担任何责任。同样,也不能因为在领土、人口、发展程度等方面存在差异,各个国家在全人类共同福祉增加过程中受益的机会和权利就有所差异。在差异方面,某些国家因为制度优势、民族精神等,在全球化进程中善于利用自身优势把握发展契机,将发展机遇转化为发展实效,表现出优于其他国家的发展速度,这是这些国家在与其他国家交往中自身正当权利的实现,任何国家都应承认其合理性。同时,在解决全人类共同问题的过程中,世界各国共同承担平等责任,但基于这一平等责任,各国可做出差异化行为。正如在道德行为过程中,利益实现情况优于他人者,在面对利益受损者或仅依赖自身无法实现利益满足者时,对对方负有消除对方利益受损或满足对方利益需求的责任。因此,道德责任的判定以道德主体与道德对象间存在同一类型利益实现状况上的差异为前提。在国际关系中,在自身利益需求满足方面,发达国家与发展中国家存在差异,前者好于后者。虽然任何国家都存在着价值追求尚未实现这一情况，但发展中国家相较于发达国家而言其追求的是一种基础性需求的满足，如果这些需求得不到满足，发展中国家及其人民的生存就无法得到保障。因此，在解决全人类共同问题的国际合作中，发达国家相较于发展中国家更有能力做出旨在解决某一问题的更为合理有效的行为，对于发达国家而言，做出这一行为是其不可推卸的责任，发达国家应积极承担这一责任，从而保证人类共同福利的增加。因此，公平正义是对于相互尊重的保障和实现，承认他国平等的国际地位对于他国而言关乎其核心利益，但这一利益的实现更依赖于在国际合作中，在基于平等承担解决全人类共同问题的责任及平等享受全人类共同福祉增加的权利和机会基础上，各个国家在结合本国实际情况做出某一合理性行为时，能够得到他国认同，能够保证他国对这一行为的合理性判断与本国相一致，即使这一行为与其他国家行为相比，在解决问题和增加福祉的效果上有所差异。

合作共赢代表着构建人类命运共同体进程不断向前推进，是世界各国交往中各方应有的合理目标，也是世界各国交往中应遵守的行为规范。合作共赢要求世界各国认清当前世界发展形势和趋势，在全球一体化的当今时代，任何一个国家的发展都离不开与他国的合作，阻碍世界各国发展的全人类共同问题只有在世界各国的合作中才能解决。因此，合作共赢是相互尊重、公平正义的实现条件，同时也是必然结果，只有在合作中，才有相互尊重、公平正义的必要，也只有实现合作，才意味着相互尊重、公平正义的实现。为实现共赢，世界各国应当进行三个层面的合作。第一个层面是商品、技术层面。任何一个国家的发展都离不开其经济的发展，而一国经济的发展则离不开自身优势在世界市场中的发挥，也离不开世界市场对各国发展过程中存在不足的弥补。商品和技术的互通有无、优势互补成为世界各国合作的基础层面，正是在商品、技术的交换与合作中，世界各国才开始了解其他国家，才共同开启了世界全球化的进程。第二个层面是文化层面。商品和技术实现的是对于各国人民价值需求的满足，但商品等提供的不仅是其满足人们需求的物质属性，还呈现出一种文化属性。在全球化的今天，文化的合作已明显超出商品物质载体的局限，成为与商品交换同等重要、同等频繁的国际合作方式。在文化的交流合作中，世界各国及其人民超越种族、肤色、国家强弱等来看待他国及其人民，承认他国文化即使与本国文化存在差异，同样也是人类文化中的构成部分，其特点特色应得到他国及其人民的承认。同时，也正是在文化合作中，世界各国及其人民了解到其他文化所呈现的人类满足自身各种需求的不同方式,从而为更合理、有效地针对自身进行价值判断和行为选择提供借鉴。第三个层面是制度、理念层面。世界各国在政治制度、政治理念等层面的差异,代表的只是各国人民在自主选择发展道路上有所不同,并不能成为妨害各国合作的因素,更不能成为某些国家敌视他国的借口。任何一种制度、理念在推动本国发展过程中,能够得到本国人民的拥护,自有其基于本国历史、文化、地理等因素的合理性考量,不能因其与其他制度相比在某些方面存在差异就被视为不合理,更不能被他国以任何理由强迫其改变。世界各国在合作过程中,对于他国制度、理念的深入了解,不仅能为承认他国制度、理念的合理性提供条件,更能保障各国进行更深入合作。世界各国在三个层面的合作,为实现共赢提供了保障,只有不断推进国家间的合作,才能为解决全人类共同问题、实现全人类共同福祉的增加提供新思路、新视角和新途径,才能最终实现人类命运共同体所揭示的关乎全人类共同命运的价值目标。

总之,人类命运共同体揭示的价值目标惠及世界各国人民,也必然由世界各国人民通过某种层面一致性的行为来追求其实现。共同的价值追求要求任何国家认识到各方遵守共同的行为规范是一种道德责任,任何违反这一规范的行为都必然妨害他国利益的实现。如果某一国家基于满足自身利益需求考量,以一种损害他国利益的行为方式来追求这一利益需求的满足,那么很显然,这一国家对这一利益需求对于自身重要性的认识,不同于这一利益需求对于他国重要性的认识,从而没有视他国为平等主体,因此,由此出发的任何行为都必将不具有正当性,即使这一行为针对自身在满足利益需求方面相较于其他可选择行为更具有合理性。这就意味着所有国家都应当遵守的行为规范赋予每个国家以平等的道德责任,任何违背这一规范的行为都会被判定为不具有正当性。唯有积极承担起自身道德责任,符合各个国家利益需求的共同的价值追求才能实现。相互尊重、公平正义、合作共赢不仅有利于任何国家自身利益的实现,也关乎他国利益。因此,相互尊重、公平正义、合作共赢是对于各个国家的道德要求,是对于各个国家交往中的道德行为规范,只有遵守这一规范,各个国家才能在谋求自身发展的过程中不妨害他国正当利益的实现;同时,各个国家共同遵守这一规范才能保证人类共同利益的实现。相互尊重、公平正义、合作共赢的道德规范,要求各个国家要坚持不分大小、强弱、贫富一律平等,尊重他国人民自主选择发展道路的权利,任何国家都应视其他国家为追求发展的平等主体;同时,要求各个国家都应认识到自身对共同价值目标的实现负有不可推卸的道德责任,任何国家在谋求自身发展的同时，都应在不损害他国主权独立和领土完整的基础上积极促进其共同发展。任何有违于相互尊重、公平正义、合作共赢的行为都是在将世界导向冲突与矛盾，引入以牺牲世界人民福祉为代价的政治阴谋，不具有行为正当性。

在人类命运共同体理念指导下，中国积极承担起自身道德责任，成为遵守人类命运共同体所要求行为规范的道德表率。人类命运共同体的提出，不仅对于中国和中国人民而言是一种合理性价值目标，是中国和中国人民推进中国特色社会主义建设的必然选择，是中国和中国人民基于自身所要实现的长远目标，对当前所处发展阶段所需解决问题的科学分析进行的合理性判断，同时也是中国和中国人民基于对当今世界发展趋势的科学判断，向世界各国及其人民提出的在合理性层面"应当具有"的价值追求建议，即中国和中国人民认为人类命运共同体的构建有利于世界各国人民共同福利的增加，世界各国都应追求这一目标的实现。显然，在提出人类命运共同体这一合理价值目标建议的过程中，中国和中国人民站在他国和他国人民立场上，将关乎自身发展的问题判定为同样是关乎他国和他国人民发展的重要问题，视其他国家为与自身平等的主体，承认他国在世界上享有平等的发展权利，负有解决全人类共同问题的平等责任。由此，可以说，人类命运共同体的提出本身就是中国和中国人民向世界各国及其人民所提出的道德建议，体现了中国在国际交往中的道德主体地位，彰显了中国对于自身道德责任的担当。

以人类命运共同体所揭示的"建设持久和平、普遍安全、共同繁荣、开放包容、清洁美丽的世界"为目标，在中国共产党的领导下，中国和中国人民坚持集中精力把自己的事情办好，实现国家更加富强、人民更加富裕，依靠不断发展的力量更好地走和平发展道路。中国和中国人民深刻认识到，推动构建人类命运共同体、追求全人类共同价值目标的实现，以及担负起在这一进程中自身所应承担的道德责任，应以提升自身的道德行为能力为基础。只有实现国家富强、民族振兴、人民幸福，中国才有能力担负起推动构建人类命运共同体的责任，才能使这一责任真正体现在切实的行动中；若超出中国自身的道德行为能力，这一责任就会成为一种不合理的道德要求。同时，在发展自身的过程中，中国实现了针对他国和他国人民最基本的道德责任，即通过和平发展来实现国家富强、民族振兴、人民幸福，没有将自身利益需求的满足建立在损害他国和他国人民合理利益的基础上。这同时也是通过自身实践向世界各国表明，通过不妨害他国和他国人民利益需求的满足来实现本国国家富强、民族振兴、人民幸福是可行的，是可以作为世界各国追求自

身利益满足可供选择的方式之一的。这就通过为全人类提供实现价值目标的合理性行为方式，明确了世界各国在追求自身利益实现过程中应遵循的最基本行为规范。显然，这是对于一种新的道德理念的倡导。同时，中国和中国人民提出和坚持和平共处五项原则，确立和奉行独立自主的和平外交政策，向世界做出永远不称霸、永远不搞扩张的庄严承诺，始终做维护世界和平的坚定力量，这是中国通过实际行动来践行这一道德理念的表现。这一做法既符合人类社会共同的价值追求和中国人民的根本利益，也是中国为实现"建设持久和平、普遍安全、共同繁荣、开放包容、清洁美丽的世界"积极承担自身道德责任所做出的道德表率。

第三节　推动构建人类命运共同体的中国实践

基于移情伦理我们可以认为，任何国家对于他国和全世界的道德责任都体现在两个层面。首先，任何国家在基于满足自身利益需求，确定价值目标和选择实现价值目标最为合理的行为方式过程中，应对自身价值目标和行为选择所涉及的现实的或可能的其他国家进行移情判断，分析自身行为及价值目标的实现是否会损害他国利益，即判断自身行为是否会损害他国既有利益或妨害他国合理利益的实现。如果一个行为虽然能够实现本国利益追求，但可能或必然损害他国既有利益或妨害他国合理利益的实现，那么该行为指向价值目标的合理性就被其应具有的正当性所否定，最终可判定这一行为不在该国可供选择的范围内。这就意味着，任何国家都承担着不应当损害他国既有利益或妨害他国合理利益实现的道德责任。其次，任何国家站在他国立场，判定在自身行为能力范围内可以做出的某一行为能实现他国福利的增加或消除其利益损失，该国实际上赋予自身一种内在的行为理由，负有一种做出这一行为以增加对方福利或消除其利益损失的道德责任。前一层面的道德责任相较于后一层面的道德责任更为基础，在前者意义上，任何国家通常都可以通过一种不作为的方式来实现对于其他国家的道德责任；而在后者意义上，任何国家往往应当以一种积极的行为方式来实现对于他国的道德责任。正是在此意义上，任何国家除应尊重他国主体独立、领土完整外，还应以自身合乎规范的行为满足他国利益诉求或共同的价值诉求。在两个层面的道德责任实现过程中，任何国家实际上都应当视他国为与自身平等的主体，并将其利益实现对于他国的重要性与自身利益实现对于自身的重要性同等对待。

中国和中国人民不仅以不妨害他国和他国人民利益实现的方式追求自身国家富强、民族振兴、人民幸福，从而以一种最基本的行为方式来遵守人类命运共同体所表明的道德规范，更是以人类命运共同体所提出的道德规范来引导自身行为，以一种积极的行为方式实现人类命运共同体所赋予中国和中国人民的道德责任，通过与世界各国积极合作、共同追求各方一致性利益的实现来推动构建人类命运共同体，即促进"一带一路"国际合作。

"一带一路"建设不仅是中国向世界各国提出的道德建议，指明在可供选择的积极行为方式中，这一行为相较于其他行为对于实现人类命运共同体所明确的价值目标更为合理，是世界各国在追求建设持久和平、普遍安全、共同繁荣、开放包容、清洁美丽的世界过程中都应当做出的合理行为，并因为这一行为合乎人类命运共同体所指明的道德规范，所以也是世界各国应当做出的道德行为。同时，"一带一路"建设也是中国实现自身对于人类命运共同体构建所负道德责任的表现。

中国通过与"一带一路"沿线友好国家在政策、设施、贸易、资金、文化等多层面进行深入合作，实现相关各方优势互补、互利共赢，共同应对当今世界在经济等方面所面临的共同问题。中国和中国人民深刻认识到，解决当今人类共同问题，实现人类共同价值追求，单纯依赖各个国家在单一层面的合作已远远不够。在政策方面，任何一个国家对外开放的战略规划、政策实施，如果得不到其他国家的认同和响应，那么这一战略政策即使再科学有效，也只是一种理论和思想上的假设。只有实现各国间的政策沟通，在一致性的价值目标引导下，实现各国战略政策的有效衔接，各国积极合作才成为可能。在设施方面，受地域地理因素的影响，国家间商品贸易等方面的合作天然存在一定的障碍，只有促进国家间基础设施建设，实现互联互通，才能为商品贸易的畅通提供基础。在贸易和资金方面，各个国家只有不断改善自身营商环境，推动贸易和投资便利化，才能实现国家间贸易的畅通、资金的融通，推动相关国家经济方面优势的发挥，从而为提升本国经济实力提供条件。在文化方面，各个国家、民族间文化的差异使共同的价值目标及实现方式成为各国共识存在一定难度，但并不能因此就否认存在全人类共同价值目标，以及全人类共同认同的实现这一目标的合理方式。只有加深各个国家、民族间的文化往来，实现各种文化在价值观上的交流沟通，国家间的合作才会更加合理有效。在"一带一路"建设过程中，中国与各参与国秉持和遵循共商共建共享原则，从而使各方面各领域的合作成为各参与国的共识，依赖各参与国的共同行动来完成，并使最终成果惠及每一个参与国。在共商共建共享原则指导下，中国与"一带一路"参与国的国际合作真正实现了既有过程也有结果上的"和平合作、开放包容、互学互鉴、互利共赢"。①

"和平合作、开放包容、互学互鉴、互利共赢"是对于各个国家应遵守的"相互尊重、公平正义、合作共赢"道德规范的推进与深化。和平合作强调了国家间合作的基础和前提，只有建基于和平环境的营造，国家间的合作才有益于增加合作各方的福祉，才能真正指向合作各方共同追求的价值目标的实现。同时，和平的实现依赖国家间的相互尊重，同时也对国家间的相互尊重提出要求，尊重彼此主权、尊严、领土完整，尊重彼此作为独立国家所应享有的合法地位和权利；尊重彼此发展道路和社会制度，尊重彼此独立决定关乎自身前途命运的价值目标和实现方式；尊重彼此核心利益和重大关切，尊重彼此结合自身实际指向长远价值目标实现的当前利益判断。开放包容、互学互鉴是对于国家间互相尊重的更进一步要求，强调在相互尊重的基础上，国家间各方面各领域合作的实现方式。开放包容、互学互鉴承认彼此间发展道路和社会制度及文化等方面虽然存在差异，但这一差异既不应当也不可能成为国家间合作的障碍，相反却成为国家间合作的必要，正是基于这一差异，国家间才可能实现优势互补式的合作。开放包容、互学互鉴涉及经济、制度、文化等多层面，要求在政策沟通的基础上打造开放型合作平台，实现开放型的多边贸易，在实现各方经济增长的同时解决彼此发展平衡问题，并以文化的交流、文明的互鉴使各方更加深入合理地看待彼此的价值目标设定和实现方式，从而有益于全人类共同价值目标的实现。互利共赢是合作共赢的重新表述，互利既是合作的目标，也是共赢的前提。只有在和平合作、开放包容、互学互鉴这一合作方式下，互利才有可能实现；只有实现了互利，实现了各方经济增长、国家安全等，才是真正地实现了共赢。任何不能保证各方自身福祉增加的合作，只能将各方引入最终冲突的境地。同时，互利共赢也保证了公平正义的实现，各个国家以彼此增进对方福祉的方式，消除了阻碍公平正义实现的各种因素，并通过相互认同对方价值目标及实现方式，解决文化层面可能导致公平正义无法实现的深层次问题，保证以一种符合各方共同认同的公平正义标准的方式来实现互利。但我们也应当认识到，"和平合作、开放包容、互学互鉴、互利共赢"不是对于"相互尊重、公平正义、合作共赢"的否定，同时，在很长一段时间内，前者也无法在世界范围内取代后者。"相互尊重、公平正义、合作共赢"的国家间行为规范，

---

① 《习近平谈治国理政》第 2 卷，外文出版社 2017 年版，第 507 - 508 页。

是对于世界各国的道德要求，指向全人类共同问题的解决和共同价值目标的实现，而"和平合作、开放包容、互学互鉴、互利共赢"作为"相互尊重、公平正义、合作共赢"真正实现后的更高要求，虽然在任何国家间以及全世界范围内都应当也最终会实现，但在当前一段时间内可能只存在于部分国家间，即"一带一路"建设中的各参与国间。因为，"和平合作、开放包容、互学互鉴、互利共赢"是中国与各参与国在历史交往中形成的一种体现于当前交往中的理念，这一理念已渗入参与国的文化，被各参与国共同认同为是实现民族共存、文化繁荣、地区发展的前提和保证。

总之，共建"一带一路"倡议，顺应时代要求和各参与国加快自身发展的愿望，其最高目标就是在"一带一路"建设国际合作框架内，各方携手应对世界经济面临的挑战，共同开创发展新机遇、谋求发展新动力、拓展发展新空间，实现优势互补、互利共赢。显然，"一带一路"建设是中国和中国人民在构建人类命运共同体，追求建设持久和平、普遍安全、共同繁荣、开放包容、清洁美丽的世界过程中的具体举措，是以实际行动来推动人类命运共同体的实现，并切实将世界人民对美好生活的向往当作自己的追求来谋划，这是中国对于国家间"相互尊重、公平正义、合作共赢"行为规范的遵循与践行。随着对"一带一路"建设的推进和所采取的实际行动，中国在世界上树立了积极的道德形象，占领了道义制高点。"一带一路"建设是中国和中国人民为世界各国提供的解决全人类共同问题和实现共同价值目标的道德行为方式之一，重塑了当今世界各国实现自身所承担道德责任的要求和标准，提出了平衡自身发展与解决全人类共同问题间关系的合理方案，在未来必然会影响更多国家反思自身行为，反思全人类共同问题的解决和共同价值目标的实现赋予自身的道德责任，从而有益于持久和平、普遍安全、共同繁荣、开放包容、清洁美丽世界的实现。

另外，在交往过程中，各个国家间不仅相互承担道德责任，同时也相互具有向彼此提出要求的地位和权威，也就是尊严。正是基于自身尊严，任何国家都有权利要求其他国家不得破坏本国主权领土完整，不得妨害自身在当今世界谋求发展的权利和机会。同时，也正是基于尊严，任何国家当仅依赖自身无法实现自身正当利益时，就有权威向其他国家提出要求，希望其他国家能够通过针对自身的帮助行为或者说道德行为满足自身利益需求。任何国家，尤其是发展中国家在向他国提出要求时，可能存在两种情形。一是当仅依赖自身无法消除利益损害或实现福利增加时，任何国家都可以要求他国针对本国做出旨在消除利益损害或增加福利的行为，此时，该国应对自身自利

性需求做出明确判断,并基于与他国所处移情关系中自身应当所处移情对象位置,认为他国应当或可能通过对自己移情,认识到作为移情对象的自己当下所处境遇中自身利益受损或自身自利性需要仅依赖自身无法得到满足,并认识到他国在其能力范围内可以或应当做出针对自身的行为来消除自身利益受损或实现自身福利增加。二是当他国针对本国的行为没有满足自身自利性需要时,该国拥有进一步向他国提出要求的权威。如果该国对自身自利性需要的判断不明确,只是认为自身利益受损或自身自利性需要没有得到满足,但对于他国何种行为或何种对象能满足自身自利性需要,或者是他国针对该国的价值判断和行为选择与该国针对自身的判断不一致,此时该国可希望他国能够改变自身行为,以一种更为合理的行为方式来实现该国的自利性需求满足。显然,两种情形中,该国都对他国提出一种"你应当……"的行为理由,并且因为认识到自身应当处于与他国道德关系中的道德对象位置,所以使这一行为理由成为他国的道德行为理由,以通过他国针对自身的道德行为来实现道德性自利。此时,该国所提出"你应当……"的行为理由中的规范性是一种道德规范性,也就是说,这里的"应当"是一种道德性应当,是该国为满足自身价值性自利而对他国提出的道德性应当要求。这一道德性"应当"以合理性"应当"为前提。首先,该国对自身利益需求及实现方式的判断合理,该国当下判断的自身利益需求的满足指向自身所设定的长远目标的实现,对于实现方式的判断与利益需求满足之间存在方式、手段与目的的逻辑关系;其次,该国对于当下所处与他国间的道德关系判断合理,该国以自身作为道德对象判断与他国间的道德关系,认定他国对自身负有某种道德责任;最后,该国对于他国作为道德主体针对自身应做出的道德行为判断合理,这一道德行为应被他国判定为在自身行为能力范围内。

人类命运共同体作为世界各国向彼此提出的要求,关乎当今世界所有国家的尊严,任何国家都应尊重他国对这一目标的追求,并以自身的积极行为推动这一目标的实现,以回应他国对本国提出的要求。中国和中国人民清楚认识到,人类命运共同体的构建离不开全球治理体系的改革和建设,而公正合理的全球治理体系必须以符合世界各国普遍需求为目标,以有利于人类命运共同体构建为目标。因此,在全球治理体系改革和建设与人类命运共同体的构建之间存在紧密联系。习近平总书记指出:"什么样的国际秩序和全球治理体系对世界好、对世界各国人民好,要由各国人民商量,不能由一家说了算，不能由少数人说了算。"① 全球治理体系的改革和建设不能单纯依赖某一国家或某几个国家的行为，必须坚持共商共建共享原则，这一原则不仅利于世界各国将全球治理体系变革的主张转变为共识，从而形成一致行动，并且在"一带一路"建设中，已经被证实是合理的、可行的，是能有效促进不同制度、不同文化的国家和民族各自利益需求的满足及共同价值追求实现的。因此，中国积极参与引领全球治理体系改革和建设，不仅有利于共建共商共享的全球治理体系的形成，也是基于对满足自身利益需求的合理考量，世界各国都应尊重中国为积极参与引领全球治理体系改革和建设所提出的主张和要求。这一主张和要求是中国维护自身正当权益的合理主张，在国际交往中，尤其是在推动全球治理体系改革过程中，不容许其他国家无视或妨害其实现。作为人类命运共同体理念的提出者和积极倡导者，中国积极参与引领全球治理体系改革和建设，是中国维护自身正当权利的表现。无论是主张更加平等地尊重大多数国家特别是新兴市场国家和发展中国家的意愿和利益需求，还是主张坚定维护以联合国宪章宗旨和原则为核心的国际秩序和国家体系，从而维护和巩固第二次世界大战胜利成果，以维护开放型世界经济体系，主张推动建设和完善区域合作机制，加强国际社会应对全球性挑战的能力，都无一不是中国和中国人民基于当前中国和世界各国所面临形势、所应有利益要求、所应做出合理行为而做出的合理判断。这一系列为推动全球治理体系改革的主张，是有效应对当前各国所面临国际局势的有效主张，满足了世界各国对自身利益需求和和平繁荣国际环境的要求，并且是世界各国基于自身现有能力能够实现的。因此，中国关于全球治理体系改革的主张不仅是一种合理性主张，也是一种道德性主张，是世界各国为实现共同价值目标都应承担的道德责任。

---

① 《习近平谈治国理政》第2卷，外文出版社，2017年版，第41页。

参考文献

• 著作

［奥］艾·阿德勒:《理解人性》,陈刚、陈旭译,贵州人民出版社1991年版。

［德］T. W. 阿多诺:《道德哲学的问题》,谢地坤、王彤译,人民出版社2007年版。

［德］恩斯特·图根德哈特:《自我中心性与神秘主义——一项人类学研究》,郑辟瑞译,上海译文出版社2007年版。

［德］弗兰克:《个体的不可消逝性:反思主体、人格和个体,以回应"后现代"对它们所作的死亡宣言》,先刚译,华夏出版社2001年版。

［德］卡西尔:《人论》,甘阳译,上海译文出版社2004年版。

［德］马克斯·舍勒:《价值的颠覆》,罗悌伦、林克、曹卫东译,生活·读书·新知三联书店1997年版。

［德］叔本华:《伦理学的两个基本问题》,任立、孟庆时译,商务印书馆1996年版。

［德］西美尔:《生命直观:先验论四章》,刁承俊译,生活·读书·新知三联书店2003年版。

［德］伊曼努尔·康德:《道德形而上学原理》,苗力田译,上海人民出版社2005年版。

［德］伊曼努尔·康德:《实用人类学》,邓晓芒译,上海人民出版社2005年版。

［法］保罗·利科:《论公正》,程春明译,法律出版社2007年版。

［法］克劳德·列维-斯特劳斯:《结构人类学——巫术·宗教·艺术·神话》,陆晓禾、黄锡光等译,文化艺术出版社1989年版。

［法］路易·迪蒙:《论个体主义——对现代意识形态的人类学观点》,

谷方译，上海人民出版社 2003 年版。

［法］皮埃尔·布尔迪厄：《实践理性：关于行为理论》，谭立德译，生活·读书·新知三联书店 2007 年版。

［古罗马］西塞罗：《论至善和至恶》，石敏敏译，中国社会科学出版社 2005 年版。

［加拿大］威尔·金里卡：《自由主义、社群与文化》，应奇、葛水林译，上海译文出版社 2005 年版。

［美］爱德华·O. 魏尔生：《人性是什么？——人类本性》，宋文里译，台北心理出版社 1984 年版。

［美］爱因·兰德：《新个体主义伦理观——爱因·兰德文选》，秦裕译，生活·读书·新知三联书店 1993 年版。

［美］伯格：《人格心理学》（第 7 版），陈会昌等译，中国轻工业出版社 2010 年版。

［美］查尔斯·霍顿·库利：《人类本性与社会秩序》，包凡一、王源译，华夏出版社 1999 年版。

［美］戴维·迈尔斯：《社会心理学》（第 8 版），侯玉波等译，人民邮电出版社 2006 年版。

［美］汉娜·阿伦特：《人的条件》，竺乾威等译，上海人民出版社 1999 年版。

［美］罗纳德·德沃金：《至上的美德：平等的理论与实践》，冯克利译，江苏人民出版社 2008 年版。

［美］马丁·L. 霍夫曼：《移情与道德发展：关爱和公正的内涵》，杨韶刚、万明译，黑龙江人民出版社 2003 年版。

［美］麦特·里德雷：《美德的起源：人类本能与协作的进化》，刘珩译，中央编译出版社 2003 年版。

［美］乔治·H. 米德：《心灵、自我与社会》，赵月瑟译，上海译文出版社 1992 年版。

［美］斯蒂芬·达尔沃：《第二人称观点：道德、尊重与责任》，章晟译，译林出版社 2015 年版。

［美］托马斯·卡思卡特：《电车难题》，朱沉之译，北京大学出版社 2014 年版。

［美］威廉·K. 弗兰克纳：《伦理学》，关键译，生活·读书·新知三联书店 1987 年版。

［美］伊恩·罗伯逊：《社会学》（上册），黄育馥译，商务印书馆1990年版。

［日］西田几多郎：《善的研究》，何倩译，商务印书馆1965年版。

［瑞士］托马斯·弗莱纳：《人权是什么?》，谢鹏程译，中国社会科学出版社2000年版。

［苏］鲍·季·格里戈里扬：《关于人的本质的哲学》，汤侠声、李昭时等译，三联书店1984年版。

［英］C. D. 布劳德：《五种伦理学理论》，田永胜译，中国社会科学出版社2012年版。

［英］F. C. S. 席勒：《人本主义研究》，麻乔志等译，上海人民出版社1986年版。

［英］R. D. 莱恩：《分裂的自我——对健全与疯狂的生存论研究》，林和生、侯东民译，贵州人民出版社1994年版。

［英］伯纳德·威廉斯：《道德运气》，徐向东译，上海译文出版社2007年版。

［英］布莱克波恩：《牛津哲学词典》（英文），上海外语教育出版社2000年版。

［英］戴维·罗斯：《正当与善》，林南译，上海译文出版社2008年版。

［英］蒂姆·莫尔根：《理解功利主义》，谭志福译，山东人民出版社2011年版。

［英］亨利·西季威克：《伦理学方法》，廖申白译，中国社会科学出版社1993年版。

［英］莱斯利·史蒂文森：《人性七论》，赵汇译，国际文化出版社1988年版。

［英］齐尔格特·鲍曼：《通过社会学去思考》，高华等译，社会科学文献出版社2002年版。

［英］乔治·摩尔：《伦理学原理》，长河译，上海译文出版社2005年版。

［英］史蒂文·卢克斯：《个人主义》，阎克文译，江苏人民出版社2001年版。

［英］威廉·麦独孤：《社会心理学导论》，俞国良、雷雳、张登印译，浙江教育出版社1997年版。

［英］约翰·穆勒：《功利主义》，徐大建译，上海人民出版社2007

年版。

［英］约翰·密尔：《论自由》，程崇华译，商务印书馆1959年版。

《习近平谈治国理政》第1卷，外文出版社2018年版。

《习近平谈治国理政》第2卷，外文出版社2017年版。

习近平：《决胜全面建成小康社会 夺取新时代中国特色社会主义伟大胜利——在中国共产党第十九次全国代表大会上的报告》，人民出版社2017年版。

中央宣传部编：《习近平新时代中国特色社会主义思想学习纲要》，学习出版社、人民出版社2019年版。

崔宜明：《道德哲学引论》，上海人民出版社2006年版。

甘绍平：《人权伦理学》，中国发展出版社2009年版。

高国希：《道德哲学》，复旦大学出版社2005年版。

韩东屏：《人本伦理学》，华中科技大学出版社2012年版。

赵敦华：《人性和伦理的跨文化研究》，黑龙江人民出版社2003年版。

王晓升：《价值的冲突》，人民出版社2003年版。

周晓亮：《〈人性论〉导读》，四川教育出版社2002年版。

A. C. Ewing, The Definition of Good, New York: The Macmillan Company, 1947.

A. M. Colman, A Dictionary of Psychology, London: Oxford University Press, 2001.

Bernard Williams, Morality: An Introduction to Ethics, New York: Cambridge University Press, 1993.

C. Daniel Batson, Altruism in Humans, New York: Oxford University Press, 2011.

Charles Taylor, The Ethics of Authenticity, Cambridge: Harvard University Press, 1991.

Craig Taylor, Sympathy: A Philosophical Analysis, New York: Palgrave Macmillan, 2002.

Daniel Goleman, Emotional intelligence: Why It Can Matter More than I. Q, New York: Bantam Books, 1995.

David Gauthier, Morals by Agreement, New York: Oxford University Press, 1986.

David Levine, Teaching Empathy: A Blueprint for Caring, Compassion and

Community, Bloomington, IN: Solution Tree, 2005.

Edward B. Titchener, Lectures on the Experimental Psychology of the Thought Processes, New York: Macmillan, 1909.

Elliott Sober and David Sloan Wilson, Unto Others: The Evolution and Psychology of Unselfish Behavior, London: Harvard University Press, 1998.

Gemma Corradi Fiumara, Spontaneity: A Psychoanalytic Inquiry, East Sussex: Routledge, 2009.

George Herbert Mead, Mind, Self and Society, Chicago: University of Chicago Press, 1934.

George Herbert Palmer, Altruism: Its Nature and Varieties, New York: Charles Scribner's Sons, 1919.

George Kateb, Human Dignity, Massachusetts: The Belknap Press of Harvard University Press, 2011.

Gilbert Harman, The Nature of Morality: An Introduction to Ethics, New York: Oxford University Press, 1977.

Harvey Siegel, Educating Reason, New York: Routledge, 1990.

J. Halpern, From Detached Concern to Empathy: Humanizing Medical Practice, New York: Oxford University Press, 2001.

Jean Piaget, The Moral Judgment of the Child, London: Kegan Paul, Trench, Trubner, 1932.

Joan Skolnick, Nancy Dulberg and Thea Maestre, Through Other Eyes: Developing Empathy and Multicultural Perspectives in the Social Studies, Don Mills, Ontario: Pippin Publishing Corporation, 2004.

Julia Driver, Uneasy Virtue, New York: Cambridge University Press, 2001.

Julinna C. Oxley, The Moral Dimensions of Empathy: Limits and Applications in Ethical Theory and Practice, New York: Palgrave Macmillan, 2011.

Krister Bykvist, Utilitarianism: A Guide for the Perplexed, New York: Continuum International Publishing Group, 2010.

Larry P. Nucci, Education in the Moral Domain, New York: Cambridge University Press, 2001.

Lidewij Welmoed Niezink, Considering Others in Need: On Altruism, Empathy and Perspective Taking, Groningen: Rijksuniversiteit Groningen, 2008.

M. H. Davis, Empathy: A Social Psychological Approach, Boulder: Westview Press, 1994.

M. J. Bennett, The Empathic Healer: An endangered species, San Diego, CA: Academic Press, 2001.

Marco Iacoboni, Mirror People: The Science of Empathy and How We Connect with Others, New York: Picador, 2009.

Marek Konh, Trust: Self-interest and the Common Good, New York: Oxford University Press, 2008.

Michael Slote, Morals from Motives, New York: Oxford University Press, 2001.

Michael Slote, The Ethics of Care and Empathy, Abingdon: Routledge, 2007.

Mohammadreza Hojat, Empathy in Patient Care: Antecedents, Development, Measurement and Outcomes, New York: Springer, 2007.

N. Eisenberg, Empathy and Related Emotional Responses (Vol. 44), San Francisco: Jossey-Bass, 1989.

Nel Noddings, Caring—A Feminine Approach to Ethics and Moral Education, Berkeley: University of California Press, 1984.

Nicholas Bunnin and Jiyuan Yu, The Blackwell Dictionary of Western Philosophy, Oxford: Blackwell Publishing, 2004.

Oliver Letwin, Ethics, Emotion and the Unity of the Self, Oxon: Routledge, 2010.

Paul Strohm, Conscience: A Very Short Introduction, New York: Oxford University Press Inc., 2011.

Phillip Montague, In the Interests of Others: An Essay in Moral Philosophy, Dordrecht: Kluwer Academic Publishers, 1992.

R. L. Katz, Empathy: Its Nature and Uses, New York: Free Press, 1963.

Richard B. Brandt, Morality, Utilitarianism, and Rights, New York: Cambridge University Press, 1992.

Richard Kraut, Against Absolute Goodness, New York: Oxford University Press, 2011.

Robert Audi, Moral Value and Human Diversity, New York: Oxford University Press, 2007.

Robert Audi, The Cambridge Dictionary of Philosophy (second edition), Cambridge: Cambridge University Press, 1999.

Robert Peter Sylvester, The Moral Philosophy of G. E. Moore, Philadelphia: Temple University Press, 1990.

Roger Crisp, Reasons and the Good, New York: Oxford university Press, 2006.

Ruth C. MacKay, Jean R. Hughes and E. Joyee Carver (Eds.), Empathy in the Helping Relationship, New York: Springer, 1990.

Sigmund Freud, Jokes and their relation to the unconscious. In J. Strachey (Ed. & Trans.), The Standard Edition of the Complete Psychological Works of Sigmund Freud (Entire Vol. 8), London: Hogarth Press and the Institute of Psychoanalysis, 1960.

Simon Blackburn, Ethics: A Very Short Introduction, New York: Oxford University Press, 2001.

Stephen Darwall, The Second-Person Standpoint: Morality, Respect, and Accountability, London: Harvard University Press, 2006.

Ted Trainer, The nature of Morality: An Introduction to the Subjectivist Perspective, Newcastle upon Tyne: Athenaeum Press Ltd., 1991.

Thomas Nagel, The View from Nowhere, New York: Oxford University Press, 1986.

Tonia Caselman, Teaching Children Empathy, the Social Emotion: Lessons, Activities and Reproducible Worksheets (K-6) That Teach How to "Step Into Others' Shoes", Chapin, SC: Youth Light Books, 2007.

Willam D. Casebeer, Natural Ethical Facts: Evolution, Connectionism, and Moral Cognition, Cambridge: The MIT Press, 2003.

William Ickes (Ed.), Empathic Accuracy, New York: Guilford Press, 1997.

- 论文

曹保山：《陌生人社会的出路——三鹿毒奶粉事件引发的法律思考》，《广州广播电视大学学报》2009年第2期。

岑国桢、王丽、李胜男：《6～12岁儿童道德移情、助人行为倾向及其关系的研究》，《心理科学》2004年第4期。

成海鹰：《人的尊严与人的异化》，《哲学动态》2012年第3期。

丁芳：《儿童的观点采择、移情与亲社会行为的关系》，《山东教育学院学报》2001 年第 1 期。

方德志：《关怀伦理与儒家及马克思在感性学上的会通——基于对关怀伦理"移情"概念的追溯》，《吉首大学学报》（社会科学版）2016 年第 5 期。

方德志：《移情的启蒙：当代西方情感主义伦理思想述评》，《道德与文明》2016 年第 3 期。

冯必扬：《人情社会与契约社会——基于社会交换理论的视角》，《社会科学》2011 年第 9 期。

甘绍平：《尊严：一种不容情境权衡的价值》，《中州学刊》2018 年第 1 期。

甘绍平：《作为一项权利的人的尊严》，《哲学研究》2008 年第 6 期。

高永晨：《跨文化交际中文化移情的适度原则》，《外语与外语教学》2003 年第 8 期。

高兆明：《论尊严：基于权利维度》，《桂海论丛》2016 年第 3 期。

龚群、兰超：《共同体规则意识和人格尊严——对近来伦理事件的反思》，《道德与文明》2019 年第 4 期。

龚群：《论人的尊严》，《天津社会科学》2011 年第 2 期。

龚长宇、郑杭生：《陌生人社会秩序的价值基础》，《科学社会主义》2011 年第 1 期。

韩建磊、赵庆杰：《道德失范与陌生人伦理缺失》，《南昌大学学报》（人文社会科学版）2012 年第 4 期。

韩玉胜：《斯洛特移情关怀伦理学的价值内涵及其局限》，《哲学研究》2017 年第 11 期。

韩玉胜：《移情能够作为普遍的道德基础吗？——对斯洛特道德情感主义的分析与评论》，《哲学动态》2017 年第 3 期。

何怀宏：《底线伦理的概念、含义和方法》，《道德与文明》2010 年第 1 期。

何绍辉：《论陌生人社会的治理：中国经验的表达》，《求索》2012 年第 12 期。

寇彧、徐华女：《移情对亲社会行为决策的两种功能》，《心理学探新》2005 年第 3 期。

李晓明、傅小兰、王新超：《移情在道德强度对企业道德决策影响中的作用》，《心理科学》2012年第6期。

李义天：《移情概念的渊源与指称》，《湖北大学学报》（哲学社会科学版）2017年第1期。

郦平：《移情能否为道德奠基——情感主义德性伦理学的回应》，《社会科学战线》2020年第6期。

刘晗：《平等、移情与想象他者：普遍人权的道德情感基础》，《清华法学》2017年第4期。

刘俊琦：《跨文化交际中的文化移情能力及其培养》，《理论导刊》2012年第1期。

罗赛清：《播音员主持人的移情与受众的注意》，《湖南大众传媒职业技术学院学报》2003年第4期。

齐贵云：《移情：道德情感主义中的"先天"性元素——兼论斯洛特对近代英国情感论的判性继承》，《渤海大学学报》（哲学社会科学版）2018年第6期。

齐贵云：《移情的功能理论对高校德育的启示》，《重庆交通大学学报》（社会科学版）2015年第3期。

齐贵云：《移情关怀伦理学：斯洛特情感主义美德伦理学新进路》，《求索》2012年第2期。

齐贵云：《移情视角下大学生社会主义核心价值观的培育》，《浙江工商职业技术学院学报》2019年第4期。

宋凤宁、黎玉兰、方艳娇、江宏：《青少年移情水平与网络亲社会行为的研究》，《广西师范大学学报》（哲学社会科学版）2005年第3期。

王大贤：《尊严的本质与当代中国人尊严的实现》，《安徽理工大学学报》2012年第2期。

王建斌：《"移情"作为正义的基础何以可能？——斯洛特道德情感主义正义观探析》，《齐鲁学刊》2020年第2期。

徐孝霞：《道德情感教育中的"同情"与"移情"》，《鞍山师范学院学报》2004年第2期。

薛勇民、骆婷：《论麦金太尔的移情想象力》，《山西大学学报》（哲学社会科学版）2016年第5期。

杨兴鹏：《加强儿童移情训练，促进儿童亲社会行为发展》，《黄石教育学院学报》2006年第1期。

余其彦：《移情理论能为普世伦理做些什么》，《理论月刊》2005年第

4期。

翟振明、刘慧：《论克隆人的尊严问题》，《哲学研究》2007年第11期。

张康之：《"熟人"与"陌生人"的人际关系比较》，《江苏行政学院学报》2008年第2期。

张康之：《基于契约的社会治理及其超越》，《江苏社会科学》2006年第3期。

张清、王露：《陌生人社会与法治构建论略》，《法商研究》2008年第5期。

张忠仁：《移情的德育价值的心理学释义》，《吉林省教育学院学报》2010年第10期。

赵桂华：《跨文化交际中的移情障碍及其克服》，《学术交流》2006年第3期。

Albert Mehrabian, and N. A. Epstein, A measure of emotional empathy, Journal of Personality, 1972(40), pp. 525 – 543.

B. J. Kalisch, What is empathy? American Journal of Nursing, 1973(73), pp. 1548 – 1552.

B. Underwood and B. Moore, Perspective-taking and altruism, Psychological Bulletin, 1982(91), pp. 143 – 173.

C. Daniel Batson, and J. S. Coke, Empathy: A source of altruistic motivation for helping? In J. P. Rushton & R. M. Sorrentino (Eds.), Altruism and Helping Behavior: Social Personality, and Developmental Perspectives, Hillsdale, NJ: Erlbaum, 1981, pp. 167 – 211.

C. Daniel Batson, Jim Fultz, and Patricia A. Schoenrade, Adults'emotional reactions to the distresss of others. In N. Eisenberg & J. Strayer (Eds.), Empathy and Its Development, Cambridge, MA: Cambridge University Press, 1987, pp. 163 – 184.

C. Daniel Batson, These Things Called Empathy: Eight Related but Distinct Phenomena. In Jean Decety & William Ickes (Eds), The Social Neuroscience of Empathy, London: The MIT Press, 2009, pp. 3 – 15.

Carl R. Rogers, A theory of therapy: Personality and interpersonal relationships as developed in the client-centered framework, In S. Koch (Ed.), Psychology, A Study of Science: Foundations of the Person and the Social Context, New York: McGraw Hill, 1959, pp. 184 – 256.

Carl R. Rogers, Empathic: An unappreciated way of being, Counseling Psychologist, 1975(5), pp. 2 – 11.

Charles D. Aring, Sympathy and empathy, Journal of the American Medical Association, 1958:167, pp. 448 – 452.

D. Cohen and J. Strayer, Empathy in conduct-disordered and comparison youth, Developmental Psychology, 1996(32), pp. 988 – 998.

Elmer Ernest Southard, The empathic index in the diagnosis of mental diseases, Journal of Abnormal Psychology, 1918(13), pp. 199 – 214.

Greif, E. B. and Robert Hogan, The theory and measurement of empathy, Journal of Counseling Psychology, 1973(20), pp. 280 – 284.

H. Kohut, Introspection, empathy and psychoanalysis, Journal of American Psychoanalysis, 1959(7), pp. 459 – 483.

J. Levasseur and A. R. Vance, Doctors, nurses, and empathy. In H. M. Spiro, M. G. Mccrea Curnen, E. Peschel, and D. St. James (Eds.), Empathy and Practice of Medicine, New Haven: Yale University Press,1993, pp. 76 – 84.

J. P. Rushton, The altruistic personality. In P. J. Rushton & R. M. Sorrentino (Eds.), Altruism and Helping Behavior: Social, Personality, and Developmental Perspectives, Hillsdale, Indiana: Erlbaum, 1981, pp. 251 – 266.

James Bohman, The Importance of the second person: Interpretation, practical knowledge, and normative attitudes. In Hans Herbert K. Gler and Karsten R Stueber(Eds.), Empathy and Agency: The Problem of Understanding in the Human Science, Colorado: Westview Press, 2000, pp. 222 – 242.

Jørgen B. Hunsdahl, Concerning Einfühlung (empathy): A concept analysis of its origin and early development, Journal of History of the Behavioral Sciences, 1967(3), pp. 180 – 191.

Julia Annas, Virtue ethics and the charge of egoism. In Paul Bloomfield (Ed.), Morality and Self-interest, New York: Oxford University Press, Inc. 2008, pp. 205 – 221.

Kim B. Clark, Empathy—A neglected topic in psychological research, American Psychologist, 1980(35), pp. 187 – 190.

Lauren Wispé, The distinction between sympathy and empathy: To call forth a concept, a word is needed, Journal of Personality and Social Psychology, 1986 (50),pp. 314 – 321.

M. F. Basch, Empathic understanding: A review of the concept and some theoretical considerations, Journal of the American Psychoanalytic Association, 1983(31), pp. 101 – 126.

M. L. Hoffman, The development of empathy. In J. Rushton & R. Sorrentino (Eds.), Altruism and Helping Behavior: Social Personality and Developmental Perspectives, Hillsdale, NJ: Erlbaum, 1981, pp. 41 – 63.

M. R. C. Shamasundar, Reflections: Understanding empathy and related phenomena, American Journal of Psychotherapy, 1999(53), pp. 232 – 245.

Mark Ottoni Wilhelm and René Bekkers, Helping behavior, dispositional empathic concern, and the principle of care, Social Psychology Quarterly, 2010(73), pp. 11 – 32.

N. Blackman, K. Smith, R. Brokman and J. Stern, The development of empathy in male schizophrenics. Psychiatric Quarterly, 1958(32), pp. 546 – 553.

N. Eisenberg, and P. A. Miller, Empathy, sympathy, and altruism: empirical and conceptual links. In N. Eisenberg and J. Strayer (Eds.), Empathy and Its Development, Cambridge, MA: Cambridge University Press, 1987, pp. 292 – 316.

N. G. Hamilton, Empathic understanding. In J. Lichtenberg, M. Bornstein, & D. Silver (Eds.), Empathy II, Hillsdale, NJ: The Analytic Press, 1984, pp. 217 – 222.

P. S. Bellet and M. J. Maloney, The importance of empathy as an interviewing skill in medicine, Journal of the American Medical Association, 1991(266), pp. 1831 – 1832.

Peter Salovey and John D. Mayer, Emotional intelligence, Imagination, Cognition, and Personality, 1990(9), pp. 185 – 211.

R. Schafer, Generative empathy in the treatment situation, Psychoanalytic Quarterly, 1959(28), pp. 342 – 373.

Ralph Wedgwood, Butler on virtue, self-interest and human nature. In Paul Bloomfield(Ed.), Morality and Self-interest, New York: Oxford University Press, 2008, pp. 177 – 204.

Robert Hogan, Development of an empathy scale, Journal of Consulting Psycholoty, 1969(33), pp. 307 – 316.

Rosalind F. Dymond, A scale for the measurement of empathic ability,

Journal of Consulting Psychology, 1949(13), pp. 127 – 133.

S. D. Hodges and D. M. Wegner, Automatic and controlled empathy. In W. Ickes (Ed.), Empathic Accuracy, New York: Guilford, 1997, pp. 311 – 339.

Simon Baron-Cohen and Sally Wheelwright, The Empathy quotient: An investigation of adults with Asperger syndrome or high functioning autism, and normal sex differences, Journal of Autism and Developmental Disorder, 2004, 34 (2), pp. 163 – 175.

Stefano Bolognini, Empathy and "empathism", International Journal of Psychoanalysis, 1997(78), pp. 279 – 293.

Stephen Darwall, Empathy, sympathy, care, Philosophical Studies: An International Journal for Philosophy in the Analytic Tradition, Vol. 89, No. 2/3, The American Philosophical Association Pacific Division Meeting 1997 (Mar., 1998), pp. 261 – 282.

Stephen Finlay, Too much morality. In Paul Bloomfield (Ed.), Morality and Selfinterest, New York: Oxford University Press, 2008, pp. 136 – 154.

Theodore Schroeder, The psycho-analytic method of observation, International Journal of Psychoanalysis, 1925(6), pp. 155 – 170.

W. D. Falk, Morality, self, and others. In Paul Bloomfield (Ed.), Morality and Self-interest, New York: Oxford University Press, 2008, pp. 225 – 250.